SV

Helmuth Plessner
Gesammelte Schriften

Herausgegeben von
Günter Dux, Odo Marquard und Elisabeth Ströker
unter Mitwirkung von
Richard W. Schmidt, Angelika Wetterer
und Michael-Joachim Zemlin

Helmuth Plessner
Gesammelte Schriften
V
Macht und menschliche Natur

Suhrkamp Verlag

Die Editionsarbeiten wurden durch die Werner-Reimers-Stiftung,
Bad Homburg v. d. H., gefördert

Erste Auflage 1981
© dieser Ausgabe Suhrkamp Verlag Frankfurt am Main 1981
Alle Rechte vorbehalten
Gesamtherstellung: Hieronymus Mühlberger, Augsburg
Printed in Germany

Plessner, Helmuth:
Gesammelte Schriften / Helmuth Plessner.
Hrsg. von Günter Dux ... unter Mitw. von Richard W. Schmidt ...
– Frankfurt am Main : Suhrkamp.
NE: Plessner, Helmuth: [Sammlung]
Bd. 5. Macht und menschliche Natur. – 1. Aufl. – 1981.
ISBN 3-518-06529-7 kart.
ISBN 3-518-06528-9 Lw.

Inhaltsübersicht

1. Grenzen der Gemeinschaft. Eine Kritik des sozialen Radikalismus (1924) 7

2. Macht und menschliche Natur. Ein Versuch zur Anthropologie der geschichtlichen Weltansicht (1931) 135

3. Über das gegenwärtige Verhältnis zwischen Krieg und Frieden (1939/1949) 235

4. Die Emanzipation der Macht (1962) 259

5. Editorische Notiz 283

Grenzen der Gemeinschaft

Eine Kritik
des sozialen Radikalismus
(1924)

Arthur Baumgarten
Professor der Rechte in Basel
in Verehrung und Freundschaft
zugeeignet

Inhalt

Vorwort 11
Problem und Methode der Kritik 14
Zwischen Herrenmoral und Gemeinschaftsmoral 28
Blut und Sache: Möglichkeiten der Gemeinschaft 42
Der Kampf ums wahre Gesicht. Das Risiko der Lächerlichkeit 58
Wege zur Unangreifbarkeit: Zeremoniell und Prestige . . . 79
Die Logik der Diplomatie. Die Hygiene des Taktes 95
Die Utopie der Gewaltlosigkeit und die Pflicht zur Macht 113

Vorwort

Die vorliegende Schrift wendet sich nicht allein an die philosophische Fachwelt. Ihre Form ist leichter gehalten, als es die Wichtigkeit der angeschnittenen Fragen eigentlich gestattet, um auch demjenigen den Zugang zu ihnen offenzuhalten, der nicht von der Wissenschaft, sondern vom Leben her ihre Problematik erfährt. Gemeinschaft und Gesellschaft, durch Tönnies zu einer bekannten Antithese geformt,[1] ist als Alternative seit Jahren Schnittpunkt öffentlicher Diskussionen, zumal in Deutschland. Kulturpolitische, erziehungspolitische, wirtschaftspolitische Themen hängen in ihrer Behandlung von dem Ergebnis der Diskussion ab. Das seit 1914 wieder lebhaft erörterte Verhältnis von Politik und Moral – erinnert sei an die lehrreichen Schriften von Scholz, Baumgarten, Tröltsch, Vierkandt, Meineke, Scheler und Th. Litt –, das Revolutionsproblem und die Idee der sozialen Erneuerung, sowie die von der letzten Dekadenzphilosophie vollzogene Kontrastierung zwischen Kultur und Zivilisation haben ihren gemeinsamen Ort in dem Beziehungsproblem von Gemeinschaft und Gesellschaft.

Unnötig an dieser Stelle auf die Faktoren einzugehen, welche die vorwärtsdrängenden Kräfte der Jugend ausschließlich mit dem Gemeinschaftsgedanken sympathisieren lassen. Indem sich die Untersuchung solche Schätzung der Gemeinschaft zum Gegenstand macht, muß ihr Augenmerk auf jene aktivistische Folgerung daraus gerichtet sein, die den Gemeinschaftsgedanken über die gesellschaftliche Lebensordnung triumphieren lassen will. Der soziale Radikalismus hält seine Zeit für gekommen. Obwohl keineswegs mit Marxismus identisch, wie überhaupt auf keine parteipolitische Formel festgelegt, wirkt er doch besonders im Bewußtsein des Proletariats, schwächer im bürgerlichen Bewußtsein durch das Trugbild einer Überwindbarkeit der Gewaltmittel im weitesten

1 Ferdinand Tönnies, Gemeinschaft und Gesellschaft, Berlin ²1912 (Neudruck der 8. Aufl. von 1935: Darmstadt 1979).

Sinne, einer schließlichen Befreiung der Menschen von den Vorsichtsmaßregeln der Feindseligkeit in Diplomatie und Politik, einer Beseitigung des Krieges nicht nur im Physischen, sondern ebensosehr im Geistigen. Unsere Zeit versteht sich nicht dazu, die Hoffnung aufzugeben, daß einmal überall mit offenen Karten gespielt werden kann und Offenheit, Ehrlichkeit, Brüderlichkeit auf der Erde herrschen. Zieht man die den politischen Willen lähmenden Einflüsse in Betracht, die von derartiger Sentimentalisierung ausgehen, so dürfte sich eine Kritik wohl lohnen. Wenn es eine Dialektik des Herzens gibt, ist sie sicherlich gefährlicher als eine Dialektik der Vernunft. Von der Vernunft können nur wenige Gebrauch machen, aber seinem Herzen will doch ein jeder, auch der einfachste Mann, folgen.

Für den Fachmann, der an der leichten Form der Beweisführung begreiflichen Anstoß nimmt, sei bemerkt, daß jene Partien einer Philosophie des Psychischen im vierten Kapitel allerdings neuartig sind, doch ihre ausführliche Begründung dort nicht finden konnten. Auch an anderen Stellen ist jedes noch so verlockende Abbiegen von der einen auf das Ziel führenden Hauptstraße vermieden. Wir hoffen, in Jahresfrist den zweiten Band unserer Erkenntnistheorie herauszubringen, deren erster, die Ästhesiologie des Geistes,[2] die Theorie der Empfindung behandelte. Unter dem Titel »Pflanze, Tier, Mensch – Elemente einer Kosmologie der lebendigen Form« soll dann die Theorie der Wahrnehmung entwickelt werden, in deren Zusammenhang die Darstellung der Prinzipien der Anthropologie gehört.* Aber auch methodisch geht die vorliegende Abhandlung den analogen Weg, wie er in unserer »Einheit der Sinne« eingeschlagen wurde. Hier wie dort steht im Zentrum der Analyse das Anwendungsproblem des Apriorischen. Die Ästhesiologie untersuchte die Anwendungsmöglichkeit gewisser

---

2 Helmuth Plessner, Die Einheit der Sinne. Grundlinien einer Ästhesiologie des Geistes, Bonn 1923. Jetzt in: Gesammelte Schriften, Bd. III.

*Das hier angekündigte Werk erschien einige Jahre später als angenommen unter dem Titel: Die Stufen des Organischen und der Mensch. Einleitung in die philosophische Anthropologie, Berlin und Leipzig 1928. Jetzt in: Gesammelte Schriften, Bd. IV.

Wertgeltungen im Bereich sinnlichen Erlebens. Sie gelangte dadurch zu einem Sinnverständnis der wertfernsten Schicht unserer Existenz, unseres Leibes und der Modalitäten der Sinnlichkeit. Zu dieser Untersuchung verwandte sie die anerkannt am schärfsten ausgebildete Methode eben derjenigen Philosophie, der kritizistischen Kants und der Kantianer, welche ein Sinnverständnis der Sinnlichkeit in ihren Modalitäten und damit einen verstehenden Zugang zur Natur mit den tiefsten Argumenten bestritten hatte. Auch hier wird in ähnlicher Weise vorgegangen. Wir fragen im Sinne des Anwendungsproblems der Sozialethik nach der Möglichkeit, nach ethischer Haltbarkeit eines Verhaltens, das in prinzipieller Wertferne an die konkrete Situation und ihre Forderungen gebunden ist. Dabei nehmen wir die idealistische These des Radikalismus von der absoluten Wertferne des Leibes – entgegen unserer philosophischen Ansicht – als methodische Spielregel an, nur in dem Bestreben, den Gegner auf seinem Felde und mit seinen eigenen Waffen zu schlagen. Hier wie dort ist das Ergebnis ein Objektivismus, der auf ethischem wie auf ästhetischem und erkenntnistheoretischem Gebiet den Expressionismus oder die Philosophie der Rückhaltlosigkeit überwindet. Unter diesem Aspekt dürfte die vorliegende Arbeit sich jener Bewegung zurechnen, die, um die produktivsten Männer zu nennen, in der Ontologie Nicolai Hartmanns, in der Metaphysik des Rechts Arthur Baumgartens, im Neuhumanismus Sprangers, im Objektivismus Hans Freyers und im Klassizismus Hefeles vielleicht unter sich schwer vereinbare, doch jeweils für sich harmonische Formungen in dem Streben nach Unbefangenheit, in dem Mut zur Wirklichkeit findet.

Köln, Januar 1924

Problem und Methode der Kritik

> You must give the Devil his due
> Sprichwort

Unter Radikalismus verstehen wir allgemein die Überzeugung, daß wahrhaft Großes und Gutes nur aus bewußtem Rückgang auf die Wurzeln der Existenz entsteht; den Glauben an die Heilkraft der Extreme, die Methode, gegen alle traditionellen Werte und Kompromisse Front zu machen. Sozialer Radikalismus ist daher die Opposition gegen das Bestehende, insofern als es immer einen gewissen Ausgleich zwischen den widerstreitenden Kräften der menschlichen Natur einschließt und den Gesetzen der Verwirklichung, dem Zwang des Möglichen gehorcht. Seine These ist Rückhaltlosigkeit, seine Perspektive Unendlichkeit, sein Pathos Enthusiasmus, sein Temperament Glut. Er ist die geborene Weltanschauung der Ungeduldigen, soziologisch: der unteren Klassen, biologisch: der Jugend.

Radikalismus heißt Dualismus. Nur Zwiespalt rechtfertigt Schroffheit, nur Widerstand Angriffshaltung. Bereitet das Bestehende und Gegebene Widerstand, so wird das Prinzip des Angreifers dem Gegebenen überlegen sein müssen, an Güte, Dauer und Kraft. Ist das Bestehende Kompromiß, Vermittlung, Mischung, so wird das Angreifende lauter, einseitig, unvermittelt sein, bedeutet das Gegebene Anpassung an das jeweils Mögliche, so fordert es das ewig Unmögliche zum Kampf heraus. Der Radikalismus ist die Partei des Geistes, dessen Ideen Wegweiser ins Unendliche aufrichten und in jeder Lage das Gewissen der Zukunft mahnen. Er ist der Verächter des Bedingten, Begrenzten, der kleinen Dinge und Schritte, der Verhaltenheit, Verschwiegenheit, Unbewußtheit, freudig, aber nur zum Großen, andächtig, aber nur zum Gewaltigen, puristisch, daher pharisäisch, prinzipiell, daher verdrängerisch, fanatisch, daher zerstörend.

Der Feind des Radikalismus ist die Natur, da sie dem Unendlichkeitsstreben Schranken setzt, sind die Triebe, welche mit den Forderungen, die Sinne, welche mit dem Denken streiten. Immer findet der Radikale seine Waffen in den Arsenalen der rationalisti-

schen Philosophie. Je hilfloser sie dem Leben, der Wirklichkeit gegenübersteht, je entgeisteter sie das unmittelbare Dasein ansieht, desto größer gähnt die Kluft zwischen Existenz und Geist, dem überhaupt und dem eben noch Möglichen. Dem Radikalen heißt Leben und schlechtes Gewissen haben, Dasein und Verrat am Geiste ein und dasselbe. Seine Haltung wird von einem dauernden Insuffizienzbewußtsein getragen, so daß er es durch Überbetonung der Geistigkeit, durch Verabsolutierung seiner Ziele, durch Überspannung seines Willens zu kompensieren sucht. Radikal sein bedeutet Moralismus der Leistung, Mißtrauen gegen Freude und Genuß, Verachtung des Scheins, des Leichten, alles dessen, was von selbst geht, Verehrung der Schwierigkeit und nur zu williges Bejahen der Bitterkeiten, die aus der Inkongruenz unseres Willens mit der Welt hervorgehen.
Für den Radikalen gibt es nur ein Gesetz: Gründlichkeit. Wo es sich um Dinge des Lebens, des Zusammenlebens handelt, wird er durchaus nicht die Hände in den Schoß legen, alles laufen lassen, wie es will, sondern er wird von Grund aus beginnen und Prinzipien zu den allein gestaltenden Kräften zu erheben suchen: seine Gründlichkeit ist ein Ausdruck seiner Vorurteile gegen das Leben. Doch spottet die ewige Undurchsichtigkeit der konkreten Situationen, in die wir mit dem Augenblick unserer Geburt hineingesetzt sind, die uns nicht loslassen bis in den Tod, extremistischer Haltung; in flüssigem Element faßt die Hand nichts, wenn sie sich zur Faust ballt. Aber sie faßt auch nichts, wenn sie ganz offen bleibt. Ein auf Kosten des Geistes und Verstandes das Leben bejahender, die irrational-dynamischen Elemente zum Sturm entfachender Radikalismus ist deshalb nicht weniger lebensfeindlich und zur schließlichen Wirkungslosigkeit verurteilt als ein rationalistischer. Auch er hört nicht auf die Stimme des Ausgleichs und will die Wurzel der Existenz zum Ansatzpunkt unseres Handelns machen, auch er lebt Theorie, freilich atheoristische Theorie, wo nur Fingerspitzen, Biegsamkeit, Mäßigung entscheiden dürfen.
Durch alle noch so verschiedenen Erscheinungsformen des Radikalismus geht der Zug nach Restlosigkeit und Hemmungslosigkeit des Ausdrucks. Dazu verführt ihn sein Glaube an die Macht des

Bewußtseins. Um seine geisteshistorischen Quellen aufzuspüren, müßte man also die Entstehungsgeschichte der modernen Welt aus ihren Anfängen entwickeln. Ohne die Überzeugung des Individualismus, daß nur das wahrhaft gut getan ist, was in der aktuell lebendigen Gesinnung wurzelt, ohne seine Ansicht, daß das Individuum sich selbst genügt und, je mehr es an Selbstgenügsamkeit gewinnt, an Wert gewinnt, ohne den Gedanken der Höherwertigkeit des Autonomen vor dem Heteronomen und schließlich, was damit gegeben ist, ohne die Emanzipation des Geistes von der Wirklichkeit, der Natur, dem Leben, ohne das Prinzip größtmöglicher Bewußtheit ist Radikalismus nicht denkbar.

Wenigstens nicht in dem letzten Sinne, in dem er jeder Tradition zu schaffen macht, als Opposition gegen den Grundsatz des Lebens: »Der kommt am weitesten, der nicht weiß, wohin er geht.« Denn in zunehmendem Maße hat die abendländische Welt diese Weisheit des Verborgenen vergessen. Ihre Entwicklung ist Kampf um Aufklärung, um das Bewußtmachen der Kräfte, durch welche wir Erfolg haben, zu Gesetzen, nach denen wir den Erfolg zwingen können. Dieser Idee genügt die Welt nur als Mechanismus. Solange ihr noch Eigenwilligkeit und Irrationalität vorbehalten bleibt, kann der Mensch nicht hoffen, sie jemals vollständig zu beherrschen. Was aber aus sich selbst, streng nach allen Richtungen bestimmbar, abläuft, weil es so ablaufen muß, das fügt sich der Voraussicht und damit der Macht. Nach diesem Prinzip hat die moderne Naturwissenschaft ihre Siege errungen, die sich in der zunehmenden technischen Gewalt des Menschen über die Dinge ausweisen und in der Industrialisierung sich bezahlt machen. Prinzip und Methode empfahlen infolgedessen ihre Anwendung auf alle Lebensgebiete. Neben den Naturwissenschaften entstanden Geistes- oder Kulturwissenschaften, von denen die Öffentlichkeit ähnlichen Nebenerfolg in der steigenden Beherrschbarkeit der menschlichen Beziehungen erwartete, wie ihn die Naturwissenschaft in der Beherrschbarkeit der Natur gebracht hatte. Hemmungslose, restlose Rationalisierung propagierte die Weisheit des Intellekts: Der kommt am weitesten, der weiß, wohin er geht.

An Widersprüchen gegen diese These hat es nie gefehlt, zumal da die immer gewaltigeren Unzuträglichkeiten ihrer Wirkung: Zerfall der patriarchalischen Lebensordnung, Revolutionierung der Stände, Entstehung der Industriearbeiterschaft Probleme auf Probleme türmten, vor denen die Ruhe des Glaubens und Lebens floh. Aber die Widersprüche nahmen in der Form die Hemmungslosigkeit und Restlosigkeit an, mit welcher die Rationalisierung sich durchsetzen wollte; dem Gift mußte ein gleich starkes Gegengift entgegengebracht sein. Dieses Gegengift, der radikale Irrationalismus, sucht ebenfalls dem Leben durch Mobilisierung seiner ihm innewohnenden Grundkräfte beizukommen. Was unter der Voraussetzung der mechanischen Struktur aller Dinge der Rationalismus will, die Erzwingung des Erfolgs durch Entbindung der im Weltgeschehen ohnehin sich vollziehenden Prozesse, durch Einpassung in die Maschinerie und kluges Sichmitführenlassen von dem großen Uhrwerk der Natur, erstrebt unter der Voraussetzung eines durch und durch produktiv überschäumenden Wesens der Welt der Irrationalismus. Auch er fordert eine bestimmte eindeutige Haltung, »weil« das Leben und die Wirklichkeit so ist. Er fordert Kampf gegen die Erstarrung im Gewordenen, Zertrümmerung des Alten, weil es das frische Wachstum unter Vernunft zu ersticken droht, Revolution, Anarchie, weil die Gottheit nur im Werden, im schöpferischen Akt, in der Bewegung lebt, wie der rationalistische Radikalismus das gleiche fordert, nur aus umgekehrten Gründen. Beide suchen zu Prinzipien der Lebensgestaltung die Kräfte der Lebensgestaltung zu disziplinieren, das, was ohnehin da ist und wirkt, ins Bewußtsein zu heben, um es durch diese Transformation in die Gewalt zu bekommen und seine Schöpfermacht zu verstärken. Und wenn der radikale Irrationalist und Lebensfanatiker das Bewußtsein negiert und die Ursprünglichkeit vor der fressenden Gewalt der Reflexion schützen will, so doch nur in und aus der Bewußtseinsgewißheit von dieser Gewalt über die Unbekümmertheit des Lebens.

Radikalismus heißt Vernichtung der gegebenen Wirklichkeit zuliebe der Idee, die entweder rational oder irrational, aber in jedem Sinne unendlich ist, Vernichtung der Schranken, die ihrem vollkommenen Ausdruck gezogen sind, um ihrer Materialität, Ungei-

stigkeit, Unlebendigkeit willen. Alles Konkrete läßt seine Komponenten nur ahnen, aber die Radikalität will die Komponenten isolieren und eine zum schöpferischen Prinzip des Konkreten machen. Der Glaube, die Wirkungen zu reinigen, indem man die Faktoren reinigt, und das, was man für erstrebenswert hält, dadurch zu verwirklichen, daß man die Bedingungen seiner Möglichkeit zu Kräften seiner Produktion werden läßt, trägt, weil er der Lebensnerv der Radikalität ist, selbst extremste Ausformungen des Radikalismus, in der Kunst etwa Impressionismus – Expressionismus, in der Politik Kommunismus – Anarchismus.
Unsere Zeit leidet unter den Wirkungen dieser extremistischen Geisteshaltung, die schon darin vorbereitet ist, daß die geistige Schicht durch Dissoziierung der modernen Gesellschaft, die immer schwieriger werdende Möglichkeit, sich neben einem Beruf noch mit ihrem Ganzen bekannt zu machen, vom Volk getrennt wird, wie das Volk durch die steigende Technisierung und Industrialisierung von der Natur. Alle Ausgleichsversuche helfen dagegen nichts. Volkshochschulkurse verbinden den Intellektuellen so wenig mehr mit den anderen Volksschichten wie Spaziergänge den Fabrikarbeiter mit dem Landleben. Der Städter wieder isoliert sich in seinen Berufen vom Ganzen, so daß die Stadt als Organismus einem immer abstrakter werdenden Funktionssystem von Arbeitsmöglichkeiten Platz gemacht hat. In der zunehmenden berufsmäßigen Dissoziierung des Lebens, die sich unter dem Zeichen des extremen Rationalismus vollzieht, in der Mechanisierung der Berufe wird die Natur entwertet. Bestenfalls als schöner Anblick und Stätte der Erholung respektiert, bedeutet sie das Energiereservoir und Arbeitsfeld des Menschen. Die moderne Welt lebt in der Isolierung ihrer eigenen Komponenten den Radikalismus, die Entgeistung der Wirklichkeit und hat darum zu ihrer Apologie wie zu ihrer Opposition radikalistische Theorien nötig.
Eine entgeistete Wirklichkeit wird purer Stoff, Hemmung, sinnloses Hindernis. Überall hat nach der radikalistischen Ansicht der Mensch mit Sinnlosem zu kämpfen, mit dem Gegenspieler des Geistes, des Lebens, der Idee: mit Natur, dem Inbegriff blinder Macht. Und aller Haß gegen das blinde Prinzip, das uns in die

Endlichkeit verbannt, richtet sich gegen diesen Zwang der Macht, unter dem alle Wesen stehen, gegen den Willen zur Macht, der das schlechthin Sinnlose, Sündige wird. Der Radikalismus sieht in der Behauptung der Macht in jedem Fall eine Gewissenlosigkeit, als Rationalist und Moralist mit schlechtem, als Irrationalist und Immoralist mit »gutem« Gewissen. In seiner Perspektive erstarrt der Kreislauf der Geschöpfe wie der menschlichen Dinge zum Kampf ums Dasein, sinkt alles Leben, da es der Idee ewig unangemessen bleibt, um eine Stufe tiefer, der Mensch auf die Stufe des Tieres, das Tier, das Lebendige, auf die Stufe des Automaten. Das Wirkliche wird das Minderwertige schlechthin, und die Tatsache, daß ohne Respektierung dieser minderen Wertmacht nichts geschieht, degradiert natürlich die Arbeit, die ihren ganzen Sinn auf Verwirklichung richtet.

Zweifellos gehört zu den lebendigsten Antrieben des Radikalismus das Christentum der Evangelien und sein Bewußtsein von der Erbsünde, von dem gefallenen Charakter des Menschen. Seine unausgleichbare Inadäquatheit zum reinen Geist, wie er in der Offenbarung und im eigenen Selbstbewußtsein deutlich wird, legt ihm Gesetze des Handelns auf, welche allerdings vor seinem Forum nicht bestünden, wenn nicht eine ausgleichende Macht sich ins Mittel gelegt hätte durch die Fleischwerdung Gottes in Christus. Mit der Entschuldung des Menschen durch den Opfertod des Herrn ist aber der beruhigenden noch eine aufreizende Kraft insofern beigestellt, als durch ihn ganz neue Möglichkeiten zu einem geistadäquaten Leben erschlossen werden. In diesem Möglichkeitsgefühl, in dieser Gewißheit neugewonnener Kraft wurzelt der Radikalismus des Urchristentums.

Erst als die Katakomben verlassen waren und der christliche Gedanke das oberirdische Rom gewonnen hatte, vermochten die ausgleichenden und beruhigenden Elemente der Lehre zur Verfestigung ihrer neuen Macht in der Organisation der Kirche und des Papsttums beizutragen. Die maximale Ruhelage erreichte der Ausgleichsgedanke von der relativen Heiligung alles Wirklichen im System des Thomas von Aquino. Hier war jede dualistische Zerklüftung in Geist und Erde als unversöhnt sich entgegenstehende

Wesenheiten überwunden. Ein Kontinuitätssystem der Wertstufen umschloß mit mütterlicher Liebesgewalt das Lauterste wie das Trübste in der Überzeugung von ihrer gegensinnig sich bedingenden Notwendigkeit. Allen Dingen waren ihre Plätze angewiesen, allen war verziehen, denn auch das Unverzeihliche, das absolut Finstere war in seiner relativen Theologik begriffen. Es gab kein sinnloses Geschäft auf dieser Erde, der Radikalismus hatte keine Argumente mehr.
Die Kirche im Geiste der Urchristen reformieren, hieß dem Radikalismus neue Möglichkeiten verschaffen. Als Deutscher brachte Luther der Welt den Ernst, der keine Kompromisse kennt, den Fanatismus des Gewissens, das alle Wahrheiten vor die Seele halten will und sich nicht beugt, es sei denn, daß es dazu selbst Ja sagt. Der Deutsche ist schwer und über ihm wird alles schwer, heißt es bei Goethe; er hat ein Wort für das zentrale Wesen der menschlichen Natur, das Wort Gemüt, das mit dieser Tönung in andere Sprachen unübersetzbar ist, und diese Gemüthaftigkeit verbietet ihm, was andere Völker haben, eine Unbekümmertheit, die das Leben spielend lebt, spielend in doppelter Bedeutung: heiter in dem Bewußtsein, daß nichts unbedingt verpflichtet, sondern auch noch im Letzten ein Gran Beliebigkeit steckt, und mit Verstand, der die Dinge nimmt, wie und weil sie einmal so sind. Der Deutsche ist stolz darauf, in seinen besten Männern das Gewissen der Welt zu sein, aber heißt das nicht auch für die anderen den Spielverderber zu spielen? Heißt es nicht auch unglücklich sein?
Protestantismus ist die Religion der Konzessionslosigkeit, weil jeder Mensch unmittelbar zu Gott ist, und damit ein Bruch mit der Wirklichkeit. Protestantische Menschen, die eine Berufung zur Wirklichkeit kennen und nicht auf Gottes Werk verzichten, haben nur zwei Möglichkeiten: den tragizistischen Dualismus ewiger Unvereinbarkeit zwischen den Forderungen der sündigen Realität und den Geboten Gottes, das Ethos Luthers des Deutschen, oder das gleichsam alttestamentarische System der Eintracht zwischen weltlichem Erfolg auf Gottes Erde und Erwähltheit durch Gottes Gnade, das Ethos Calvins. Aus diesem Ethos holte der anglikanische Mensch seine kolonisierende Kraft und die Idee des neuen

Weltreichs, das kein Rom mehr zum hierarchischen Mittelpunkt hat, das mittelpunktlose, demokratische, in jedes Mannes Gewissen gleich verankerte Common wealth. Deutschland aber, dessen Idee also gesiegt hatte, trat, ein Opfer seines Wahrheitssinnes, mit der Reformation die weltpolitische Rolle an die kolonisierenden Völker allmählich ab, es wurde europäische Provinz. Der Schlag gegen Rom war ein Schlag gegen sich, da es durch seine Erkenntnis der alten Welt gleichsam das Recht zur Weltherrschaft bestritt und die neue Welt damit in den Sattel setzte.

Jedes Volk hat seinen Radikalismus, Rußland, die Romanen, Amerika, nach Temperament und Denkart verschieden, aber bei keinem Volk gefährdet er den Sinn für die Wirklichkeit und die praktische Entschlossenheit wie bei den Deutschen. Deutschland hat nicht nur einen Radikalismus wie die anderen, den seine Verfechter, so ernst es ihnen auch darum zu tun ist, doch als Anweisung zum seligen, nicht zum praktischen Leben verstehen, in seinen Radikalisten ist es radikal und sucht eine Überzeugung zu leben ohne die Konsequenzen der Weltflüchtigkeit. Denn wäre der Deutsche so passiv wie der Russe, so litte er nicht am Radikalismus. Nur weil er aktiv, tatfreudig, erfinderisch und lebensfroh ist, zerreißt ihn seine innere Schwere, sein Überzeugungsdrang, zerreibt er sich in dem Antagonismus von Tatendrang und Gewissenhaftigkeit. Deutschlands klassisches Problem ist also die Frage der Vereinbarkeit von Wirklichkeit und Idee, sozial gefaßt von Politik und Moral.

Drei Antworten auf diese Frage sind möglich, wenn man eine unbedingte moralische Bindung des Menschen in irgendeinem Sinne zugibt: die thomistische, die calvinistische und die lutherische. Im System des Thomas (als Typus genommen) wird die Eigengesetzlichkeit des auf Verwirklichung gehenden Handelns bei absoluter Unterordnung unter reine Prinzipien durch den Gedanken des Stufenbaues des Universums gewahrt. Der calvinistische Typus harmonisiert das gute Gewissen mit dem irdischen Macht- und Erfolgsstreben durch den Gedanken der Gnadenerwähltheit des glücklichen Gottesstreiters, der, gäbe ihm Gott kein Glück und damit das Recht zum Glück, auch nicht die Erde für Gott erobern könnte. Der lutherische Typus schließlich beruhigt das Gewissen durch die Idee der Amtsmoral, welche trotz ihrer Gegensätzlichkeit zur Privatmoral ebenso vom Menschen gefordert ist wie diese, beruhigt also nicht durch innere Harmonie, sondern inneren Streit. Gegen das schlichte Heldentum des Cromwellschen Reiters steht das tragische Heldentum des deutschen Staatsmannes, dem (in seinen höchsten Exemplaren) ein Schwert durch die Seele geht, wenn er die Mächte dieser Welt, und nicht nur die perfiden, besiegen will. Lutherischer Christ sein, und darum ist diese Religiosität im tiefsten deutsch, heißt alle Wertforderungen gleich tief, gleich unmittelbar, gleich ernst erleben und dennoch unter der Last ungebeugt dastehen und die Kraft zur Entschlossenheit, Schlichtheit, Eindeutigkeit aufbringen. Dem Katholiken nimmt die Synthesis der Gegensätze die Kirche ab, dem Calvinisten Gottes Gnadenwahl, dem Lutheraner aber ist sie nicht abgenommen, sie wuchtet mit unermeßlicher Schwere auf seinem Gemüt, er selbst, der Mensch, soll Schauplatz des Kampfes und der Versöhnung aller Gegensätze in Gott sein.

In der Struktur des deutschen Geistes steckt eine die Willensbildung des einzelnen, und wie erst des Staates, hemmende Eigenschaft, deren Dämpfung und Disziplinierung durch die lutherische Religiosität bedeutend erschwert wird. Anstatt die innere Kluft zwischen Idealgebundenheit und Wirklichkeitsverantwortung, Privatmann und Berufsmensch zu schließen, arbeitet sie vielmehr an ihrer beständigen Erweiterung. Niemandem ist wohl bei der Lehre von der gottgewollten Abhängigkeit des praktischen Lebens, wenn es Skrupellosigkeit und Machiavellismus verlangt, nur um den einzelnen noch tiefer aufzuwühlen und ihn die Wucht der irdischen Sündenexistenz fühlen zu lassen. Dem Deutschen ist nicht leicht ums Herz, wenn er Politik treibt, weil er sich nicht zu spielen getraut. So kommt er in jene verbissene extremistische Haltung, zur Überkompensation seiner inneren Labilität, zur Übersteigerung aller methodischen Disziplin in Wissenschaft, Erziehung, militärischer Ausbildung, zur Überschätzung der rationalistischen These, daß man, um in der Welt sein Glück zu machen, die Prinzipien des Erfolgs vorwegnehmen müsse. Das ist gut und

richtig da, wo es hingehört. Wendet man sie aber maßlos an, so ist die natürliche Folge, daß ein Volk nur geübt, aber nicht für die Gefahr, für die Entscheidung erzogen wird. Ein solches Volk fängt an, die Probleme höher zu schätzen als die Lösungen, den Drill zum Selbstzweck zu erheben und zum Knecht von Mechanismen zu werden. Es ist Zeit, daß wir anfangen, die Tragizismen hinter uns zu lassen und uns darauf besinnen, daß der Geist, in welchem Nationalerziehung zu treiben ist, vom Gedanken der Bereitschaft belebt und durchdrungen sein muß. Dann werden wir erkennen, wie sehr Bereitschaft, Entschlußkraft und Wagemut, Elastizität, Anpassungsfreudigkeit und Tatendrang von innerer Sicherheit abhängen, die nie durch eine formalistisch-methodisch überakzentuierte Schulung allein, sondern erst durch eine auf ihrem Fundament sich erhebende material gefüllte, anschaulich große, gedanklich erhebende und klar gefügte Bildung erworben wird.
An solcher Aufgabe, die vom Lutheraner eine Weiterbildung seiner religiösen Überzeugungen verlangt, arbeitet ein ganzes Volk in allen seinen Tätigkeitsgebieten, nicht die Philosophie und der Erzieher allein. Doch fällt der Philosophie dabei eine ganz bestimmte Rolle zu, die Revision der politischen, ja der gesamten angewandten Ethik, und zwar zunächst in ihren anthropologischen Voraussetzungen. Denn wie zu erwarten, entspricht dem tragizistischen Dualismus des Luthertums eine bestimmte dualistische Lehre von der menschlichen Natur und dem Verhältnis des Menschen zur Gesamtnatur, die konform mit der Ausbildung der modern aktivistischen Weltanschauung (seit dem Zerfall der mittelalterlichen Geistesordnung) auf einer Degradation der Wirklichkeit und des Gegebenen besteht. Mit seltsamer Logik führen die verschiedensten Richtungen der neueren Kultur auf die Entgegensetzung und Verfeindung von Innerlichkeit und Wirklichkeit, im großen von Gottesreich und Staatsmacht, in den Elementen von Seele und Körper. Die auf diese Art geist- und seelenlos gewordene physische Natur, der bloße Stoff, das bloße Leben, wird das allzu unzulängliche, jedoch völlig hinreichende Prinzip der irdischen Einrichtungen. Ihnen gegenüber erwächst jene sentimentale Opposition des reinen Idealismus, der das Unbedingte gegen das Beding-

te, den Geist und das Herz gegen die Gewalt ausspielt. Es entwickelt sich eine idealistisch-sentimentale Lehre von der menschlichen Natur nach dem Prinzip der platonischen Kerkertheorie der Seele, derzufolge das Höhere, Reinere im Menschen Gefangener seines Körpers und darum das Unsichtbare und Innere ist. Als Geist und Seele steht das menschliche Wesen in einem schlechthin überindividuellen oder wenigstens überpersönlichen Seinskontakt, in einer unsichtbaren Gemeinschaft, während es als körperliches Wesen zur Vereinzelung und Vereinsamung, damit zur Verteidigung seiner persönlichen Eigeninteressen gezwungen ist.

Das Grundschema der neueren, zumal der lutherisch betonten Anthropologie ist also die Zerklüftung im Menschen zwischen Innerlichkeit und Körper, Geist oder Gemüt und Gewalt, kampflosem Gemeinschaftskontakt und physisch bedingtem Egoismus. Weil das Wertvolle damit der körperlichen, der äußeren Welt des Kampfes schlechthin entgegengestellt ist, können sich zwei Tendenzen sinngemäß entwickeln: die Verrohung der Kampfsitten und die Revolutionierung der Gesellschaft. Der Verrohung der Kampfsitten entspricht ihre allmähliche Technisierung und Mechanisierung in Berufsdiplomatie, Berufspolitik und Berufssoldatentum. Ritterlicher Geist, dem das Leben in seiner ganzen Fülle und seelisch-geistigen Tiefe ein Kampfplatz, darum aber auch ein edler Spielraum war, worin die Gesetze des Anstands, der gegenseitigen Achtung der Würde, der Unantastbarkeit der zentralen Elemente des Menschen beobachtet wurden, dieser Geist weicht dem Zwiespalt von seelisch-intellektuell motiviertem Pazifismus und von der Macht der Tatsachen aufgedrungenem Interessenegoismus. Während der Pazifismus alle edlen Instinkte resorbiert, fließen die unedlen seinem Widerspiel zu. So hat die neuere Welt in zunehmendem Maße den Mut zum Kampf, das gute Gewissen des ritterlichen Kriegers und Staatsmannes verloren. Der Krieg entartet, und je pazifistischer die Ideologie wird, um so militaristischer werden die Ideologen.

Was man mit schlechtem Gewissen tut, gerät auch danach. Der Teufel, um seinen gerechten Anteil am menschlichen Leben betrogen, rächt sich dadurch, daß er das Ganze okkupiert. Ruhte die neuere Welt nicht auf seiner Verdrängung, auf jener Vogelstraußpolitik des puritanischen Idealismus und jener Degradation des Gewaltgedankens, so stünde es bedeutend besser um sie. Es entfielen die beständigen Anreizungen zur Erneuerung der Gesellschaft, die Revolutionen, in denen die kräftig gewordene Tiefenschicht eines Volkes das Bestehende nicht nur stürzen will, um sich selbst an die Macht zu bringen, eine universalhistorische Selbstverständlichkeit, sondern um den Menschen aus seinen Wurzeln, die ihn mit seiner wahren Heimat, mit dem unsichtbaren Geisterreich verbinden, zu erneuern. Ein Exponent dieser Haltung ist Rousseau. Großes ist von ihm ausgegangen, aber etwas Furchtbares hat sich durch seine Lehren in den Köpfen verfestigt, der Glaube an die Erneuerungsmöglichkeit des Menschen durch bewußten Rückgang auf die Quellen der menschlichen Natur. Solange man diesen Glauben rassenbiologisch und rassenhygienisch, bevölkerungspolitisch nimmt, ist er in vielem berechtigt und wird uns allmählich Gewißheit. Nur die Hoffnung auf Rückkehr zum entkomplizierten Urleben, auf Wiedergewinnung des Gemeinschaftsfriedens ist trügerisch, ein Symptom jener schlechten Zwiespältigkeit der neueren Welt. Rousseaus Idee vom hinter uns liegenden goldenen Zeitalter darf man ja nicht einfach mit prähistorischen Gegenargumenten für erledigt halten. Dieses »hinter uns« hat auch einen unzeitlichen Sinn, den Sinn des uns Zugrundeliegens, unserer ursprünglichen, radikalen, eigentlichen und unverfälschten Bestimmung.

»Radikal sein«, heißt es bei Marx, »ist die Sache an der Wurzel fassen. Die Wurzel für den Menschen ist aber der Mensch selbst.«[3] Wenn die Auffassung von der Struktur des Menschen dualistisch ist und eine Unversöhnlichkeit zwischen Geistseele und Körper, zwischen seiner Zugehörigkeit zu dem überindividuellen, vergemeinschaftenden Wertreich und seiner Eingeschmiedetheit in das isolierende Naturreich annimmt, muß die Ethik *wertrigoristisch* werden. Was nicht innerlich verankert vor dem Wertgewissen sich ausweist, fällt dann unter das Prinzip des Wertfeindlichen oder

3 Karl Marx, Zur Kritik der Hegelschen Rechtsphilosophie. Einleitung. Karl Marx/Friedrich Engels, Werke (MEW), Bd. I, Berlin (DDR) 1972, S. 385.

Wertlosen. Der Wertrigorismus, gestützt auf den Wertindifferentismus, ja Wertnegativismus des Daseins, trägt den Radikalismus in seiner Verneinung der Wirklichkeit als des Gegebenen schlechthin, in seiner Auflehnung dagegen und in seiner Hoffnung, die Wirklichkeit durch neue, tiefere Verwurzelung im Geiste besser machen zu können. Sozialethisch gefaßt heißt das die Verneinung der gesellschaftlichen Lebensbezüge zwischen Menschen, die im Unterschied zu den gemeinschaftlichen »unnatürlich« erscheinen, d. h. Werte nur in Trübungen und Verhüllungen bergen und wertlose, wertfeindliche Mittel der Gewalt verwenden. Gewalt bedeutet dabei den Inbegriff alles Minderwertigen, das – vom Physischen her gesehen – nur zu natürlich, vom Psychisch-Geistigen her gesehen, künstlich wirkt.

Man kann das Problem einer Kritik des sozialen Radikalismus, wie man sieht, auf die Formel bringen: Läßt sich in einem idealen Zusammenleben der Menschen die Gewalt ausschalten? Verträgt es sich, wenn die physische Seinszone, die ja dem Menschen auf Schritt und Tritt Gewaltmittel niederster Art aufzwingt, mit seiner seelisch-geistigen Persönlichkeit, ohne Gewaltmittel, ohne Künstlichkeit und Verhaltenheit auszukommen? Soll und darf der Mensch sogar als außerleibliche Person ausschließlich die Werte der Aufrichtigkeit sich zur Richtschnur machen, soll und darf er sogar als Seelenwesen und Geistwesen überall direkt sein? Gibt es nicht auch Werte der Indirektheit und lassen sich diese Werte nicht nur in einer – wie immer speziell gearteten – gesellschaftlichen Lebensordnung erfüllen und nie in einer Gemeinschaft? Hat die dualistische Anthropologie recht, wenn sie den Menschen als Seele und Geist einer unsinnlichen Gemeinschaft eingliedert und darum jede Gesellschaft mit dem Makel der Minderwertigkeit, weil der Erzwungenheit durch die bloß physische Existenz, behaftet? Erträgt die Seele überhaupt die Direktheit der Gemeinschaft?

Die Methode der Kritik muß demnach die sein, alle die Gewalt im menschlichen Verkehr verteidigenden Argumente, soweit sie sich auf die Notwendigkeiten, Triebe und Strebungen der physischen Schichten unserer Existenz stützen, auszuschalten und gleichsam zum Versuch die These von der eigentlichen Gemeinschaftsbestimmtheit der geistseelischen Person aufzunehmen; sodann positiv mit den artspezifischen Begriffen der geistseelischen Sphäre die These zu prüfen und schließlich die Konsequenzen für Anthropologie und Sozialethik zu ziehen. Der Radikalismus, natürlich nicht als eine ganz unbestimmte Gesinnung der Grundsätzlichkeit, sondern, wie hier auch geschah, als Überzeugung von der grundsätzlichen Umwälzbarkeit der gesellschaftlichen, auf Gewalt basierten in gewaltlose, gemeinschaftliche Lebensbezüge verstanden, wird in dem Augenblick als Lüge entlarvt sein, in welchem zur Klarheit gediehen ist, daß auch das seelische Leben und Sein für sich genommen nur unter besonderen Kautelen den Werten der Direktheit Raum gewährt, im übrigen aber die Methoden der Indirektheit, der Gewalt befolgen muß. Eine derartige Kritik des Gemeinschaftsradikalismus hat den positiven Gewinn in der Erkenntnis einer gewissen Eintracht zwischen Geistseele und Körperleib, die man nicht zu gering veranschlagen soll, weil sie die Möglichkeit einer Vergeistigung und Verfeinerung der Gewaltmittel enthält, die dem Menschen durch seine physische Existenz ohnehin aufgedrungen sind, die Möglichkeit zu einer gesellschaftlichen Kultur in den engsten Grenzen persönlichen Lebensstils wie in den weitesten politisch-diplomatischer Verkehrsformen der Völker.

Zwischen Herrenmoral und Gemeinschaftsmoral

Das Idol dieses Zeitalters ist die Gemeinschaft. Wie zum Ausgleich für die Härte und Schalheit unseres Lebens hat die Idee alle Süße bis zur Süßlichkeit, alle Zartheit bis zur Kraftlosigkeit, alle Nachgiebigkeit bis zur Würdelosigkeit in sich verdichtet. In ihren Prägungen, den Phantomen allzu gequälter Herzen, drängt unter schauriger Roheit Verschüttetes wieder hervor. Maßlose Erkaltung der menschlichen Beziehungen durch maschinelle, geschäftliche, politische Abstraktionen bedingt maßlosen Gegenwurf im Ideal einer glühenden, in allen ihren Trägern überquellenden Gemeinschaft. Der Rechenhaftigkeit, der brutalen Geschäftemacherei entspricht im Gegenbild die Seligkeit besinnungslosen Sichverschenkens, der mißtrauischen Zerklüftung in gepanzerte Staaten der Weltbund der Völker zur Wahrung ewigen Friedens. Das Gesetz des Abstands gilt darum nichts mehr, die Vereinsamung hat ihren Zauber eingebüßt. Die Tendenz nach Zerstörung der Formen und Grenzen fördert aber das Streben nach Angleichung aller Unterschiede. Mit der gesinnungsmäßigen Preisgabe eines Rechts auf Distanz zwischen Menschen im Ideal gemeinschaftlichen Aufgehens in übergreifender organischer Bindung ist der Mensch selbst bedroht.
Verständlich als Ideologie der Ausgeschlossenen, Enttäuschten und Wartenden, des Proletariats, der Verarmten und der die Ketten noch frisch spürenden Jugend, gerechtfertigt als Protest der unter Großstadt, Maschinentum und Entwurzelung Leidenden, entfaltet das Idol der Gemeinschaft seine Anziehungskraft auf die Schwachen dieser Welt. In seinem Zeichen sind Armeen entstanden und Tausende zum Sterben bereit. Darum bedient sich seiner Macht über das Gemüt unbedenklich der Machthaber, die eigene Position im Lichte der Sozialdienlichkeit zu erklären, sich zu schützen und zugleich die gegen ihn erhobene Waffe der Unterdrückten abzustumpfen. Von beiden Parteien gerufen siegt aber der Ruf über die Parteien. Das Wort, zum Phantom verdichtet, wird Fleisch. Die

Nivellierung wächst. Expansive Kraft wird schließlich sozialisierungsreif. Jeder Sieg über die Gesellschaft ist ein Pyrrhussieg: der Große stirbt an seiner Größe und verfällt der Allgemeinheit. Warum? Weil der Machthaber das Gewissen fühlt, das er nicht wahrhaft mehr zu deuten versteht. Weil er, in dem die Masse Möglichkeit zu höherer Existenz hat, sich untreu wird und diese Möglichkeit als Verrat an sittlichen Forderungen empfindet. Warum? Weil seine Stärke, Machtfülle, Reichtum an physischen und seelischen Mitteln, ererbt oder erworben, seine vitale oder intelektuelle Überlegenheit über die anderen ihm primär im Lichte einer drückenden Schuld, einer unverdienten Bevorzugung erscheint. Die Stärke, wo sie naiv als Naturkraft wirkt, fragt nicht. Deshalb weiß sie nicht zu antworten, wenn sie gefragt wird.
An der Konfrontation mit dem Problem ihrer moralischen Rechtfertigung wird die Stärke irre, ihre Naivität gebrochen. Außerstande, den Deutungen des Gewissens, wie sie die Masse der Ausgeschlossenen in der oppositionellen Ethik der Gemeinschaftspflichten ausgebildet hat, eine mindestens gleichwertige entgegenzustellen, bleibt ihr nur die Zuflucht zur Moralverneinung. Der heroische Amoralismus und Immoralismus wird das letzte Kampfinstrument und verzweifelte Rettungsmittel des Adelsmenschen, des Mächtigen.
Nietzsche ist sein Prophet. Aber seine Beschwörung der ungebrochenen Stärke, sein Appell an die vor- und übermoralischen Rechte des Lebens war mit der Abkehr nicht nur von der christlichen Moral, sondern von der Moral schlechthin, vom Gewissen als geistig-seelischer Entscheidungsinstanz unseres Wollens erkauft. Er sah diese innere Stimme überhaupt als Gegnerin der ungebrochenen, zu höchster Steigerung fähigen Vitalität, er glaubte mit dem Abbiegen von der Unbekümmertheit einfachen Aus-sich-heraus-Lebens, mit dem In-sich-hinein-Hören vor der Tat die Ungebrochenheit gefährdet, ja schon zerstört. Der große Moralist wider Willen, der Apologet des Fleisches, des Blutes, der Rasse aus Liebe zum Geist sah keinen Ausweg aus der Verzwergung des Geistes durch die Vergötzung des Gewissens als die definitive Zerstörung des Gewissens selbst. Um dem Menschen die Veredelungsmög-

lichkeit wieder zu geben, die ihm die angebliche Sklaven- und Tschandalamoral des Christentums genommen hatte, empfahl er die Radikalkur ausschließlichen Aufbauens auf der Vitalsphäre. Aus heroischer Rückkehr zur eigenen Tiefenkraft glaubte er Reinigung und Wiedergeburt, nach dem Selbstverzicht des moralisch verbogenen Christenmenschen, den das Gewissen oder der Geist der Masse, die Ethik der Gemeinschaftsbejahung (im Kern nur die Versicherung aller Schwachen auf Gegenseitigkeit) überlistet hatte, sah er Renaissance des Heidentums, die Basis des höheren Menschen, kommen.

Aber man gibt den Menschen kein gutes Gewissen, wenn man ihnen sagt, daß sie überhaupt keins zu haben brauchen. Gewissensinhalte lassen sich desavouieren, das Gewissen selbst nie. Vom Christentum kann man die Leute vielleicht abbringen, die menschliche Natur in ihren Wesenskonstanten jedoch ist unverrückbar. Was war geleistet? Dem Starken war mit der Demaskierung des Gewissens zwar nicht heidnische, ja vormenschliche Unbekümmertheit wiedergegeben, wohl aber der Wille zum Gebrauch einer höheren, geistigen und darum gewaltigeren Waffe, als alle Natur zur Verfügung hat, lahmgelegt. Gegen die spirituelle Argumentation der Schwachen mußte seine naturalistische versagen, weil das Gewissen, wenn ihm kein Recht, kein Raum, keine Deutung wird, zu mahnen beginnt. Der heroische Gewissensverzicht bedingte ein schlechtes Gewissen, eine chronische Spaltung zwischen dem natürlichen Kraftbewußtsein, dem schöpferischen Machtwillen und der verdrängten moralisch-geistigen Komponente. Nachdem der Rechtfertigungswille selbst schon zum Sündenfall gemacht war, vermochte der Mensch seine Unbekümmertheit nicht mehr zu wahren. Die Vitalität zum ausschließlichen Ethos erhoben, büßte die Kraft, um derentwillen sie erhoben war, ein. Ihrer produktiven Macht war mit solcher Apostrophierung der Todesstoß versetzt, wie es das Gesetz der Vitalsphäre, die nur unbemerkt wirken kann, verlangt. Nur wer vom Leben fort lebt, wahrt ihm seine Kraft; wer zu ihm zurückschaut, fällt der Erstarrung anheim. Nietzsches Tragik liegt in diesem Gesetz beschlossen. Sein wunderbarer Ruf zur Rettung des lebensgeborenen

Machtwillens beschleunigt die Entartung, anstatt sie aufzuhalten; er, der nichts anderes gewollt hat als über sie hinaus zu greifen, gibt der Roheit und Vertierung den Vorwand. Nietzsche rührt an den Schlaf der Welt, deshalb muß, was nur in ihm gedeiht, vergehen.
In der einseitig biologischen Blickrichtung liegt der Fehler. Solange man den Starken nur als Starken, den Schwachen nur als Schwachen kennt, entrinnt man dem Schicksal der Nietzscheschen Lehre nicht. Denn die vitalen Grad- und Artunterschiede bedürfen einer spezifischen Form der Vergeistigung, um in dem Spiel um den Menschen als Einsätze zu gelten. Haben wir es nicht erlebt, wie depravierend Übermenschenlehre und Proklamation der blonden Bestie, Emanzipation des Fleisches und Kraftvergötzung gerade auf den Vitaltypus eines Volkes wirkten, der sie mit Recht auf sich beziehen durfte? Warum ist Deutschland in erschreckendem Maße arm an Führern geworden, wenn nicht dadurch, daß seine Führerschicht im Kampf der Ideen nichts anderes und höheres für sich zu sagen wußte als was der geistige Mensch einem Verrat an der Idee gleichsetzt? Heute sind die Ideen, das Rechtfertigungsbewußtsein Monopole der Schwäche geworden, und der Mächtige, da er sein Gewissen nicht los werden und nicht im Zeichen des Sozialidealismus und der Gemeinschaft kämpfen kann, stirbt daran.
Freilich, wer ist stark, wer schwach? Hier führt einseitige Rassentheorie ebensowenig wie einseitige Klassentheorie weiter. Der Gegensatz ist nicht mit Blond – Schwarz, Arier – Semit, Germane – Romane, Germane – Slave zum Ausdruck gebracht, deckt sich aber auch nicht mit dem von Unternehmer – Arbeiter, Bourgeois – Proletarier. Stark ist, wer die Gesellschaft beherrscht, weil er sie bejaht; schwach ist, wer sie um der Gemeinschaft willen flieht, weil er sie verneint; stark ist, wer die Distanz zu den Menschen, die Künstlichkeit ihrer Formen, das Raffinement des Lebens, die Steigerung seiner Reizmöglichkeiten nicht nur erträgt, auch nicht als Kompensation seiner vitalen Schwäche aufsucht und wollüstig von ihrer Wucht sich erdrücken läßt, vielleicht auch in heroischer Resignation sie gleich Schwertern in seine gemeinschaftsselige Brust stößt, – stark ist, wer den ganzen Wesenskomplex der Ge-

sellschaft um der Würde des einzelnen Menschen und der Gesamtheit willen bejaht, schwach ist, wer die Würde um der Brüderlichkeit in der Gemeinschaft willen preisgibt.
Vom Wesenskomplex der Gesellschaft ist die Rede, nicht von ihrer heutigen oder gestrigen Daseinsform. Wie kurzsichtig, wie demagogisch, wie parteipolitisch handeln jene Theoretiker, welche vor lauter rotem Tuch nur Kapitalismus, Militarismus, Industrialismus sehen. Wie beschränkt sind die Lobredner einer bestimmten Staatsform, Wirtschaftsform, Lebensform, die Wiedererwecker partriarchalischer Werte nicht minder wie die Apostel der Expropriation der Exproprateure. Gewiß, es kommt darauf an. Doch zutiefst steht etwas Elementareres in Frage, das wohl in allen diesen Wirtschafts- und Sozialprogrammen sich spiegelt – die Alternative Gesellschaft – Gemeinschaft. An ihr und nicht so sehr an volkswirtschaftlichen und politischen Sonderfragen scheiden sich die Geister. Differenzen in Sachen des Verstandes, der Zweckmäßigkeit lassen sich kühlen Herzens erledigen. Hier aber steht Gesinnung gegen Gesinnung.
Ihre Träger sind soziologisch kaum einfach faßbar. Sie fallen nicht in bestimmte Schichten, Berufe, Gruppen. Der Machthaber ist nicht ohne weiteres schon der Starke in unserem Sinne, der wirtschaftlich Schwache umgekehrt nicht unbedingt schwacher Gemeinschaftsapostel. Daß durch die rapid sich vollziehende wirtschaftliche Machtverlagerung die organisationsfähigen Berufsklassen mit Streikgewalt de facto nach oben gelangt sind, das Heer der Industrie in seiner Einheit von Trust- und Syndikatskapitänen und Arbeitnehmern erdrückend wächst, während mit abnehmender Organisationsfähigkeit die Gefährdung des einzelnen zunimmt, wirtschaftlich, politisch und sozial der heute am schwächsten ist, der allein steht, hat das Proletariat der Not entzogen und ihr den kleinen Kaufmann, die freien Berufe, die Intelligenz ausgeliefert. Das Lebensrisiko wächst mit abnehmender Lebenswichtigkeit der Beschäftigung, und doch kann man nicht sagen, daß nach diesem Gesetz die starken Gesellschaftsbejaher und die schwachen Gesellschaftsverneiner zu finden sind. Das allerdings ist richtig, wenigstens innerhalb gewisser Grenzen, daß die wirtschaftliche Gesi-

chertheit Zufriedenheit mit den Sicherungsfaktoren, d. h. mit den bestehenden Zuständen bedeutet. Insofern schaut der bedrohte Mensch stets über die Gegenwart hinaus und ersehnt goldene Zukunft oder Wiederkehr goldener Vergangenheit. Es ist aber nicht gesagt, daß dieses Sehnsuchtsbild etwas vom Wesen der Gemeinschaft haben muß. Auch der gesicherte Proletarier kann, wie der bedrohte Bürger, sich von der ihm, seiner sozialen Natur in gewissem Sinne wahlverwandten Gesinnung freimachen, zu einem Ethos der Gemeinschaft oder der Gesellschaft sich bekennen, weil seine Interessen nicht davon betroffen werden. In unserem Sinne Starke und Schwache kann es in allen Teilen des sozialen Organismus geben, weil *die* Wesensmerkmale von Gesellschaft und Gemeinschaft, welche sie gegeneinander ausspielen, ethischen Charakters sind, also nicht zu den wirklichen Einrichtungen des sozialen Gefüges, wenigstens nicht unmittelbar, gehören. Und nur das steht als wahrhaft Elementares in Frage: der Gegensatz zwischen Gesellschaftsgesinnung und Gemeinschaftsgesinnung, zwischen dem Ethos, das die Wesenszüge sozialer Ordnung vom Gepräge einer Gesellschaft, und dem, das die Wesenszüge sozialer Ordnung vom Gepräge einer Gemeinschaft beseelt – oder immerhin beseelen sollte.

Deutschland, hat man gesagt, leidet am unverstandenen Bismarck. Fügen wir noch zwei Leidensursachen hinzu: den unverstandenen Nietzsche und den unverstandenen Marx. Liegt der Fall bei dem ersten insofern schwieriger, als die Mißverständnisse, die falschen Anwendungen, wie oben erwähnt, zur paradoxen Konsequenz seiner Lehre selbst gehören, so droht dem Verständnis des zweiten Gefahr in den Instinkten derer, an die er sich wendete. Dem unentwickelten Intellekt des Fabrikarbeiters lassen sich die feinen Gedankengänge der von der Entwicklung des Produktionsprozesses selbst besorgten Überführung des Privatbesitzes in Allgemeinbesitz nicht klar machen, ohne daß sie ihm als Wegweiser zur Befreiung aus Maschinensklaverei und grauem Alltag erscheinen. War Nietzsche bewußter Gesellschaftsfeind aus Aristokratismus, so wirkt Marx gesellschaftsfeindlich aus Sozialismus durch die Mobilisierung des Masseninstinkts. Der Individualist hebt die Gesellschaft zugunsten des großen einzelnen, der Sozialist zugunsten der Gemeinschaft auf. Gegen diese Umkehr der Lehre ihres Führers in den Herzen der Geführten, gegen diese sentimentale Umprägung sozialökonomisch gemeinter Überzeugung haben weder der revisionistische noch der bolschewistische Sozialismus angehen können noch (natürlich) angehen wollen. In dieser Verkettung gleichsam naturwissenschaftlicher Beweisführung und eschatologischer Erweckung ruht ja die werbende Kraft des Marxismus. Die zwei Naturen in Marx, Evolutionär aus nüchterner Soziologie und Revolutionär aus messianischem Pathos, haben ihm die riesige Wirkung auf das Industrieproletariat verschafft, an deren Doppelcharakter es jetzt selbst am meisten leidet.

Tatsächlich liegt es so, daß die sich und Marx mißverstehenden Arbeitermassen vornehmlich im Ethos der Gemeinschaft verankert sind (soweit sie überhaupt ein Lebensbewußtsein haben oder erstreben), obwohl sie ihren Berufsinteressen nach, was Marx gerade zu beweisen suchte, einer gesellschaftlichen Ordnung verpflichtet sind. Ihnen gegenüber steht nicht etwa der von der Theorie ihnen zugesprochene Erbfeind, der Unternehmer, sondern (soweit hier kollektive Kennzeichnung möglich ist) der Vertreter älterer und ihrer einstigen Macht allmählich entkleideter Lebensform, der Gutsbesitzer, der Offizier, wohl auch in manchem der Literat, der Gelehrte, der Künstler. Hier kann man noch von geborenen Individualisten, Herrenmenschen sprechen, hier lebt etwas von Nietzsche.

Wir finden also die Gesellschaft gemeinsam von zwei einander diametral entgegengesetzten Theoremen bekämpft, nicht ohne Mißverständnis und inneren Widerspruch, und wir suchen vergeblich ein Theorem der wahrhaften Stärke, eine Idee, welche die Gesellschaft, das Ethos einer Gesellschaft trägt und verteidigt.

Hebt die Marxsche Doktrin auch die Gesellschaft nicht auf (das tun nur Marxsche Doktrinäre), sondern setzt an die Stelle der alten eine neue: die sozialistisch geordnete, so überläßt sie die Frage des Ethos doch dem kommenden Zustand, getreu ihrem materialistischen Prinzip, wonach Geist und Gesinnung von den realen Verhältnissen hervorgebracht werden. Aber ihre Kritik an der kapitalistischen Gesellschaft wirkt als Todesurteil über *alle* Gesellschaft, weil die revolutionär-messianische Komponente radikalen Gesinnungswandel voraussetzt. Nietzsche wirft in seinem individual-aristokratischen Ethos des Herrentums Gemeinschaftsgesinnung und Gesellschaftsgesinnung in einen Topf. Er kämpft gegen die einheitliche Front der Sozialität und Kollektivität, ohne auf die Wesensverschiedenheiten sonderlich Gewicht zu legen. Jedes Miteinander auf gleichem Niveau, wie es Gesellschaft und Gemeinschaft gemeinsam ist, steht ihm für Sklavengeist. Also sehen beide, Sozialismus und Nietzsche, ein Gesellschaftsethos überhaupt nicht.

Nichts beweist deutlicher diese Ideenlage als das Verhalten der Jugend. In ihm gewinnt, was in Rede steht, Anschaulichkeit und Zuspitzung. Von Natur radikal sieht sie den ewigen Zwiespalt von Vater und Sohn im Lichte des Kontrastes alter und neuer Sozialordnung. Die Avantgarde der Utopie versteht das ewige »in tyrannos« als Kampfruf gegen die Ordnungen der Gesellschaft. Eine ihrer noch ungebrochenen Gläubigkeit, ihrem Liebebedürfnis, ihrer Freundschaftsseligkeit unverständliche Kälte in den Beziehungen von Mensch zu Mensch, Rechenhaftigkeit, Misanthropie, Skepsis nimmt sie für überwindbare Symptome überwindbarer, weil schon überlebter Verfassung des Zusammenseins. Was ihr in Freundschaftszirkeln, auf der Wanderschaft gelingt, offen zu sein und rückhaltlos in der Gemeinschaft von Überzeugungen sich selbst steigern zu können, wird ihr zum Vorbild kommender Lebensordnung eines Volkes, einer Völkergemeinschaft. Die Jugendbewegung wuchs aus dem Protest gegen die Großstadt und Degenerationsideale, gegen Versnobtheit und Müdigkeitspathos. Und der Wald allein tut es nicht. Wenn sie eine Bewegung der Erneuerung und nicht bloß der Asphaltfeindschaft sein wollte, mußte sie Ideen haben.

Ihre Idee war: Los von der Zivilisation, empor zur Gemeinschaft. Sollten die ewig nörgelnden Väter, die erfahrenen Skeptiker recht behalten? Ließ sich gegen die Voraussetzung des Zeitalters des Liberalismus, der Toleranz, des Einerseits-Andererseits aus zu tiefer Erkenntnis von allem, der rigorosen Geschäftsmoral mit ihrer

Erfolgsvergötzung nicht angehen? Das Leben nur ein Kampf ums Dasein einzelner Personen? Volk und Vaterland, Völker und Vaterländer auch Personen in der großen Anarchie, die nur das Gesetz der Stärke kennt? Und wenn dieses alles von dem Ziel und den Methoden des Fortschritts verlangt wird, wer sagt denn, daß die Menschheit fortschreiten soll? Was ist mit Auto und drahtloser Telegraphie gewonnen? Hier war eine Frage angeschnitten, welche die Generation der Väter und Großväter endgültig im positiven, fortschrittsoptimistischen Sinne erledigt glaubte, hier rührte die Jugend an das Fundament ihres Zeitalters, und ihre vielleicht vorschnelle, maßlose Verneinung des Fortschritts und der Zivilisation war sicher die konsequente Angriffsformel im Kampf gegen die Gesellschaft von heute und überhaupt.

Nur der Jugend gelang, was theoretisch nie hätte gelingen können und sich gedanklich auch nicht widerspruchslos verteidigen läßt, die Verschmelzung Nietzsches und Marx' im Lebensgefühl heroischer Gemeinschaftsbejahung. Allerdings hätte sich weder Nietzsche noch Marx darin wiedergefunden. Vom einen kam der antidemokratische Geist, die Verpflichtung zur Form, Exklusivität, die Sehnsucht nach Größe, Aufopferung, Irrationalität, vom andern (wenn auch fälschlich verabsolutierte) Gesellschafts- und Zivilisationsfeindschaft, eschatologische Haltung und Liebe zu den Armen. Die Synthese aus beiden läßt freilich keinen Individualismus, keine Massenverachtung, keine rücksichtslose Geistverneinung um des schöpferischen Lebens willen, auch keinen Materialismus, keine Dogmatisierung des wirtschaftlichen Betriebes mehr zu. Eine neue Jugend war da, körperlich ertüchtigt, aber ganz und gar geistgläubig, Pharisäer, wo die Väter large, religiös, wo diese aufgeklärt, ernst und enthaltsam bis zum Haß gegen Freiheit, wo sie feuchtfröhliche Burschen und Bohemiens gewesen waren.

Der bloßen Oppositionslust und dem unerträglich gewordenen Großstadtdruck hatten sich mächtige Hilfsmittel gedanklicher Art zugesellt. In der Kunst, der Philosophie und den Einzelwissenschaften ging es von den naturalistischen Thesen in einen neuen Idealismus der bewußten Form, der Überlegenheit über die Wirklichkeit des Tages. Bourgeoisie jeder Art suchte man auszutreiben, und was war die Darwin-Haeckelsche Schöpfungsgeschichte schließlich anderes als eine grandios nach rückwärts verlängerte und verlagerte Welttheorie von bürgerlich-kapitalistischen Wertmaßstäben? Der Kampf ums Dasein, die Auslese der Tüchtigen nach dem Prinzip der besten Angepaßtheit als Triebmomente eines kontinuierlichen Aufstiegs vom Einfachen zum zerebral Kompliziertesten verankerten die industriellen Errungenschaften des 19. Jahrhunderts unmittelbar verständlich. Europäer und Amerikaner sahen sich auf höchster Entwicklungsstufe eines riesigen Konkurrenzkampfes, der mit den Mitteln der Amöben begonnen, über das Stadium der Weichtiere, Wirbeltiere, Affenmenschen, der Stein- und Bronzezeit, der Assyrer, Ägypter, Griechen, Römer, überall abgelebte Natur- und Kulturstadien zurücklassend, wie die australische Urbevölkerung oder die afrikanischen Neger, die Chinesen oder die Eskimos, durch alle diese Etappen sich mehr und mehr zuspitzend mit den Mitteln des raffinierten Intellektmenschen seine bis jetzt bewunderungswürdigste Ausgestaltung gefunden haben sollte. Nach diesem Schema war das Weltbild gegliedert. Das Frühere war das noch nicht so Kluge wie das ihm Folgende. Ägyptische Kunst und Religion waren primitiver als die Griechenlands, der Katholizismus noch nicht so weit wie die Reformation. Fortschrittstypen der exakten Wissenschaften, der Technik und Industrie hatten hier eine unzulässige Anwendung auf den Werdegang der ganzen Natur und des Geistes erfahren. Als sich die Kulturhistoriker, die Geschichtsphilosophen dagegen erhoben, als die pessimistische Zeitkritik im späten 19. Jahrhundert tausendfaches Echo fand, brach die gedankliche und gefühlsmäßige Ablehnung der europäischen Perspektive durch. Ein materialistisch verballhorntes Hegelsystem hat den Zusammenbruch des Entwicklungsgedankens beschleunigt, um einer neuen Philosophie der Gleichberechtigung aller Kulturen Platz zu machen, die zugleich eine mindestens stark abschwächende Haltung zu den technischen Leistungen des Abendlandes einschloß. Wir sind hier noch am Anfang. Aber es wird jetzt verständlich, warum die neue Jugend den Mut fand, die väterliche Position an einem Punkte zu berennen, dessen Erschütterung geradezu fünfhundert Jahre menschli-

cher Geschichte in Frage stellt. Wie die erste Phase des Entwicklungsglaubens mit der Romantik, so schließt die letzte Phase mit dem Geistestypus der deutschen Jugendbewegung, der Trägerin des heroischen Gemeinschaftskultes, ab.
Es bleibt nur noch die Alternative, die sich *innerhalb* des Gemeinschaftsethos hält, zwischen heidnischer und christlicher Lebensform, zwischen dem Stern des Bundes und dem Stern Bethlehems. Für eine gesellschaftliche Lebensordnung wie immer, für eine Zivilisation, die Kultur nicht als Ziel und Bindung, sondern als Mittel und Befreiung empfindet, in welcher nichts auf Intimität, alles auf Abstand angelegt ist und nicht der Triumph des Wertes über den Zweck, sondern der Sieg des Spieles über den Ernst am höchsten geschätzt wird, für das Ethos der Grazie und Leichtigkeit ist diese Jugend nicht zu haben.
Bewußte Bejaher gesellschaftlicher Ordnung überhaupt trotz allem Zivilisationselend der Massensysteme, welche durch ihre rohe Form kulturelle Arbeit mehr bedrohen als fördern, die wahrhaft Starken in unserem Sinne, die Zuversichtlichen quand même, die heroischen Optimisten des Maschinenzeitalters sind selten. Wer einfach mitmacht, Ingenieur, Politiker, Militär, Wissenschafter, ist es ohne weiteres noch nicht, denn wie wenigen geht die Fraglichkeit ihres Milieus überhaupt auf, und wie gut ist es, daß sie ihnen nicht aufgeht. Der heroisch Heitere auf resignativem Hintergrund aber ist bei aller Bewußtheit nicht der Typus des Starken, denn er bringt wohl Tätigkeit und Ausgleich, aber keinen Glauben mehr auf. Gesellschaft bejahen um der Gesellschaft willen, die ihr eigenes Ethos, ihre eigene, der Gemeinschaft überlegene Größe hat, und einsehen lernen, daß eine unendlich zu steigernde Anspannung des Intellekts für die steigende Vollendung gesellschaftlichen Lebens, für die immer größere Souveränität gegenüber der Natur verlangt ist, die Maschinen bejahen, an deren Sozialfolgen die Gegenwart leidet, die ganze Pflichtenlast der Zivilisation, wie sie das Abendland erfunden hat und ausbildet, um der wachsenden Spielmöglichkeiten, die sie bringt, auf sich nehmen, das ist die wahrhafte Stärke, auf welche es ankommt. Nicht als Tugend aller gedacht, sondern als Ethos der Herrscher und Führer. Die Mehrzahl bleibt

unbewußt und soll es bleiben, nur so dient sie. Wer aber zu voller Bewußtheit durchdringt, muß die Verantwortung kennen. An ihm dürfen die Menschen der Maschine nicht mehr irre werden.
Aber wir stehen noch mitten im Asiatismus, Exotismus, in der Verneinung der abendländischen Idee. Ihrem Eroberungszug über die Erde widerspricht allmählich das Verhalten der Geistigen in dem technisch führenden Volk Europas, in Deutschland. Wo hätte sich wirkliche Opposition gegen diesen zivilisationsfeindlichen Geist erhoben? Coudenhove-Kalergi schrieb seine tapfere Apologie der Technik[4] und nahm in Schutz, geistig und bewußt, was bei Spengler einen ganz wesentlichen Teil seiner Verfallssymptomatologie bildet. Gerade die Technik läßt sich sehr gut aus der ihr innewohnenden Zielidee, aus dem utopischen Gehalt, den von Bacon an alle Erfinder, alle Zukunftsdichter bis zu Jules Verne, Max Eyth und Kurd Laßwitz erschaut haben, rechtfertigen. Und doch fehlt zu dem Reiz ungeahnter Perspektive kommender Menschenkraft über die Natur die eigentlich verpflichtende Idee. Diese Jugend mit ihrem Ernst hat keine Lust am Abenteuer, sie steht zu sehr darin, daß Milieu ist selbst aus allen Fugen, das Höchste im Leben, die Möglichkeit, bedeutet ihr nichts mehr. Sie will Entschiedenheit, Verantwortung, Gebundenheit. In der Steigerung des möglichen Umfangs unserer Existenz, an der auch die Technik arbeitet, sieht sie nur Ablenkung von der intensiven Aufgabe, das Leben inhaltlich zu vertiefen.
Eine Rettung der Technik, der Gesellschaftsmittel vor dem Forum des Geistes ist ethisch oder sie ist nicht. Sie ist durchführbar nur als eine Verteidigung der Gesellschaft und hängt ab von dem Nachweis ihrer Notwendigkeit, gemessen an dem Grundwesen der menschlichen Natur. So wahr es ein solches Grundwesen gibt, ein Menschliches sich durch alle Rassen, Völker, Kulturen und historischen Wandlungen hindurchzieht – und muß es derartiges nicht als Idee geben, da wir überall von Menschen und Menschlichem sprechen? – so dauerhaft kann dieser Nachweis gelingen. Es wird immer Ethiker geben, welche behaupten, daß die Wesenskenntnis der

---

4 Richard Nikolaus Coudenhove-Kalergi, Apologie der Technik, Leipzig 1922.

menschlichen Natur für sie nicht maßgebend sein dürfe. Wir sind nicht dieser Ansicht. Gewiß verlangt jede radikale Forderung vom Menschen ein gegen sich Angehen. So wie er ist, genügt er nicht dem Soll, welches ja gerade die Wirklichkeit überfliegt. Hat es aber Sinn, anzunehmen, daß der Mensch durch diese Forderungen seines Gewissens, Herzens, Geistes aus seiner Bahn, aus seinen Möglichkeiten, die ihm durch eine gewisse Form des Leibes und der Seele vorgezeichnet sind, herausgeworfen werden soll? Lieber sollte man doch einmal die Angelegenheit aus der Nähe betrachten und sich die Frage vorlegen, ob nicht in den wirklichen Verhältnissen und Widerständen *gegen* die Radikalität geistig-sittlicher Forderungen ein besonderer, nicht weniger respektabler Sinn verborgen liegt, gegen den selbst um dieser geistig-sittlichen Forderungen willen zu verstoßen die Existenzgrundlagen für die Besserung und Erhöhung menschlicher Verhältnisse vernichten heißt. Wir achten zu wenig jener antimephistophelischen, aber den Ausgleich des Lebens nicht weniger wie Mephisto bedrohenden Kraft, die stets das Gute will und stets das Böse schafft.

Gesellschaft ohne Technik und Zivilisation ist nicht möglich, Technik im weitesten Sinne genommen. Jeder Verkehr zwischen Menschen, welcher des Werkzeugs, des künstlichen Mittels bedarf, hebt sich aus der Gemeinschaftssphäre heraus und wirkt gesellschaftlich. Er wirkt so freilich noch nicht durch dieses äußere Merkmal, sondern erst in dem geistigen Moment, da die Künstlichkeit als solche Wertschätzung genießt. Auch die Gemeinschaft kann ohne Hilfsmittel künstlicher Art nicht existieren, der Mensch als geistiges Wesen ist darauf angelegt, aber sie wird diese Künstlichkeit einzuschränken suchen, weil sie darin die Gefahr einer verdeckenden, entseelenden Zwischenschicht wittert. Darum bleibt eine vorherrschend gemeinschaftlich sich empfindende Sozialordnung beispielsweise auf der Stufe der Werkzeugtechnik, da das Handwerk die größtmögliche Persönlichkeitsnähe und Beseelungsfähigkeit besitzt. Was hier der Tendenz nach zur Aufhebung der Künstlichkeit und Lebensfremdheit, des Unpersönlichen im ausgesprochenen Sinn, führt, macht den Reiz und das wahre innere Wesen, das Ethos der Gemeinschaft aus. Die gesellschaftliche

Lebensordnung sucht dagegen ihre Beziehungen unpersönlich zu gestalten. Sie pflegt alles, was aus der Intimität zur Distanz, aus der Rückhaltlosigkeit zur Verhaltenheit, aus der individuellen Konkretheit zur allgemeinen Abstraktheit führt. Die Gemeinschaft duldet diese Lebensformen nur als Handgriffe, als Hilfsmittel, als Wege zu lebensnotwendigen Zielen und vermag sonst in ihnen nichts Positives zu sehen. Ja, ihre Feindschaft gegen das Unlebendige, Trennende, Künstliche wird immer den Wunsch wachhalten, es zu vernichten und zur Natur zurückzukehren. Zum Grundcharakter des Gesellschaftsethos gehört hingegen die Sehnsucht nach den Masken, hinter denen die Unmittelbarkeit verschwindet. Die Gesellschaft gibt den bloßen Handgriffen und Hilfsmitteln notdürftigen Lebens über ihre Zweckmäßigkeit hinaus einen neuen Sinn und den Antrieb, aus diesem Sinn heraus zu gestalten, die Stärke, das Widernatürliche zu ertragen.

Derart eine Mitte geistig-sittlicher Art zu finden, aus der heraus gleichmäßig die Grundmomente gesellschaftlichen Lebens, nicht eines bestimmten Zeitstils, sondern gewissermaßen die Grundmomente aller Gesellschaftlichkeit als Sicherungsfaktoren menschlicher Würde verständlich und notwendig erscheinen, ist das Problem einer Sozialphilosophie, die nicht untätig an der entsetzlichen Diskrepanz zwischen der wirklichen Tendenz der Dinge und der Tendenz der Geister vorbeisehen will. Es geht nicht gegen das Recht der Lebensgemeinschaft, ihren Adel und ihre Schönheit. Aber es geht gegen ihre Proklamation als ausschließlich menschenwürdige Form des Zusammenlebens; nicht gegen die communio, wohl aber gegen die communio als Prinzip, gegen den Kommunismus als Lebensgesinnung, gegen den Radikalismus der Gemeinschaft.

Blut und Sache:
Möglichkeiten der Gemeinschaft

In der ganzen Welt beobachtet man eine geistig-politische Rückläufigkeit des Bürgertums. Die mittleren Schichten wissen sich gegen ihre ökonomische Bedrohung durch die organisierte Wirtschaftsmacht allenfalls ökonomisch, aber nicht mehr ideell zur Wehr zu setzen. Sie nehmen nicht nur die Methoden genossenschaftlichen Zusammenschlusses, sondern sogar seine Ideologie an und arbeiten dadurch an ihrer Selbstvernichtung. Zwischen Herrenmoral und Gemeinschaftsmoral scheint es ein Drittes, vielleicht Versöhnendes und Weiterführendes, nicht zu geben. Wo der Bürger über den Durchschnitt wächst, beginnt er die eigene Position zu verspotten. Freilich hat alles Mittlere seine Lächerlichkeit, und der vor Not einigermaßen Geschützte, der Satte, Behäbige wird als Typus des stockenden Lebens stets die Mißachtung verdienen, die ihm ein für das Große und Extreme noch nicht unempfindlich gewordener Sinn entgegenbringt. Dabei verfällt aber die Sache, die Arbeitswelt des Bürgers, die den Proletarier erzeugt hat und die individualistisch-patriarchalische Lebensverfassung früherer Zeiten immer weiter verdrängt, der gleichen Animosität und Ablehnung. Eine gewaltige Opposition gegen alles, was moderne Gesellschaft bedeutet: Stadt, Maschinentum, Industrialismus des ganzen Geistes, eint heute die einander Widerstrebenden vom feudalen Gutsbesitzer bis zum Fabrikarbeiter. Und wer soll gegen diese steigende Flut der Zivilisationsmüdigkeit ankämpfen, wenn die geistige Jugend selbst zur Opposition gehört?
Hier liegt, in dieser Disparatheit von faktischer Tendenz und ideeller Richtung des Zeitalters, ein geistiger Hauptgrund für den Niedergang der politischen Haltung, wenigstens in Deutschland. Der geschichtliche Sinn der modernen Gesellschaft, die Missionsidee der abendländischen Welt: vor keinem äußeren Hindernis zurückschreckende, durch nichts aufzuhaltende Ausdehnung technisch-wissenschaftlicher, auf Dienstbarmachung der Naturkräfte ge-

gründeter Zivilisation beginnt in Widerspruch zum Kulturbewußtsein des Abendländers zu geraten. Bedeutende Köpfe, wertvolle Jugend meutern gegen die Konsequenzen der abendländischen Idee, weil sie ihren sozialethischen Prämissen die Anerkennung verweigern.

Die eigentlichen Beweggründe sind in der vorhergehenden Betrachtung auseinandergesetzt. Eine heroische Lebensauffassung, welche gegen die bürgerliche Welt der Abstraktionen und stellvertretenden Mittel, gegen den Verlust der Unmittelbarkeit, gegen die blutleere Mechanisiertheit sein muß, setzt sich nur im Zeichen der Gemeinschaft durch. Marschiert heute die Diktatur, in Rußland den Privatbesitz enteignend, in Italien und Spanien ihn schützend, so wagt sie es doch nur aus dem Gemeinschaftsethos heraus, das ihr, ob bolschewistisch oder faschistisch, als Unterstützung ihrer Macht immer willkommen ist.

Denn wie im Heroischen Herrenmoral und Gemeinschaftsmoral innerlich verbunden sind – die Jugendbewegungsideale beweisen es –, so führen auch von ihren soziologischen Untergründen her Verbindungen von einem zum andern Ethos. Echtes Herrentum schafft Gemeinschaft, gedeiht nur in ihr, denn echte Gemeinschaft braucht den Herrn und Meister, ohne den sie zerfallen müßte. Wo immer das Leben sich gemeinschaftlich gestaltet, in der Familie, im hauswirtschaftlichen Verband von Herrschaft und Gesinde, dem Gutshof patriarchalischen Stils, oder im Bund, der unter geistiger Idee steht, in der religiösen Gemeinde, bringt es ein emotional getragenes Führertum hervor. Hingabe heischend bildet der Herr und Meister den lebendigen Knüpfungspunkt aller unmittelbaren Beziehungen zwischen den Gemeinschaftsgliedern, die persönliche, vorbildhafte Gestalt, um welche der Kreis sich schließt. Gemeinschaft ohne Mitte, Herrschaft ohne Dienschaft ist nicht denkbar. Den Starken schützt sein Gefolge, es lebt für ihn und aus ihm. Soziologisch immer wieder verschieden anzusehen bleibt diese Korrelation in allen Typen von Lebensgemeinschaft und Glaubensgemeinschaft grundsätzlich erhalten. Ob sie auch Entgegengesetztes im Auge haben, konsequent durchgedacht, ergeben Aristokratismus und Kommunismus eine Harmonie in der Lebensgesinnung, nur daß jede Idee eine Seite der Lebensgemeinschaft sozusagen isoliert und verabsolutiert. Der Gegensatz in der Wirtschaftstheorie, der hauptsächlich auch ein Spiegel der gegensätzlichen sozialen Interessenlage ihrer Verfechter ist, darf nicht darüber hinwegtäuschen.

Was den Kampf für die Idee einer gesellschaftlichen Lebensordnung, und das heißt für das Verständnis der Notwendigkeit von Technik, Politik, Diplomatie, der Heilsamkeit des Unpersönlichen um des Persönlichen willen, schwer macht, ist nicht so sehr die fast vollkommene Isoliertheit für den, der den Kampf aufnimmt, als diese Unklarheit im gegnerischen Lager. Der Individualist verneint den Kommunisten, der Marxist den heroischen Ekstatiker, die Jugend das Alter. Seine Gesellschaftsfeindschaft spricht jeder von ihnen anders aus und orientiert sie nach anderen Zielen.

Demgegenüber ist festzuhalten: Gemeinschaft bedeutet ihren Verfechtern den Inbegriff lebendiger, unmittelbarer, vom Sein und Wollen der Personen her gerechtfertigter Beziehungen zwischen Menschen. Echtheit und Rückhaltlosigkeit sind ihre wesentlichen Merkmale, Gebundenheit aus gemeinsamer Quelle des *Blutes* zunächst ihre einheitstiftende Idee.

Ohne blutsmäßige Verbundenheit der Glieder, und darunter ist sowohl biologische Verwandtschaft als auch geheimnisvollere Gleichgestimmtheit der Seelen zu verstehen, lebt keine Gemeinschaft, so daß da, wo nicht ursprünglich-natürliche Gemeinsamkeit der Abkunft besteht, sie wenigstens in der Bereitschaft der Glieder liegt, für einander und das Ganze zu opfern, oder die spirituelle Bindung überdies aus vergossenem Blute erwächst wie etwa das Christentum aus dem Opfertode des Herrn. Zu je größerer Freiheit der einzelne aus dumpfer Naturgebundenheit der Familie, des Stammes aufsteigt, desto verantwortlicher wird er für die Gemeinschaft. Eine Stufenleiter von unbewußt organischer Einheitlichkeit bis zur bewußt und individuell in jedem Teil bloß noch vertretenen Einheit der Solidarität dient zur Wertskala der Gemeinschaftstypen. Aber auch die geistigste Gemeinschaft, wie sie der Typus der solidarischen Lebensordnung mit virtueller Existenz des Ganzen (d. h. im Denken und Handeln aller einzelnen)

darstellt, braucht, um Gemeinschaft zu sein, die einheitliche Durchblutung der Individuen. Kommt sie nicht aus der Geburt, so muß der einzelne in die Gemeinschaft nach bestimmtem Zeremoniell aufgenommen sein. Es soll dadurch die Person sozusagen mit Haut und Haaren, existentiell, nicht nur auf Treu und Glauben, in die Bindung eines überpersönlichen Lebens übergehen.
An Verzicht auf letzte Reserve ist hier der Bestand des Lebensganzen geknüpft. Mit ihm gibt sich die einzelne, verschlossene Person auf, um ihre Selbständigkeit aus einer übergeordneten Seinsquelle, dem Zusammenhang aller Glieder, dem in ihrem Haupt gestalthaft gegenwärtigen Stiftungsgedanken, neu zu empfangen. Alle zeremoniösen Veranstaltungen der Einweihung und Aufnahme, alle Zeichen der Zugehörigkeit zu einer Gemeinschaft bedeuten letztlich die Aufhebung der Intimsphäre der Person, wenn nicht affektiv wie im Verband biologischer Blutsverwandtschaft, so doch geistig, ideell und symbolisch.
Es versteht sich also von selbst, daß Gemeinschaft darum Affektwerte höchsten Grades einschließt. Aus ihr spricht, ob Lebens- oder Glaubensgemeinschaft, die Gewalt unmittelbarer Lebendigkeit letzter Entschleierung. Nicht die Teilnahme an einem den anderen Menschen vorenthaltenen Geheimnis, sondern das Bewußtsein, keine Geheimnisse voreinander haben zu müssen, ergibt die emotionale Bindung aller. Schon die zeremoniös bekräftigte Exklusivität, noch ohne Rücksicht auf besonderen Inhalt des Bundes, schafft aus dem gewöhnlichen ein besonderes Lebensgefühl.
Empfängt die Gemeinschaft aus dem Blut ihre Legitimation, aus realer Verwandtschaft, aus ideeller Bereitschaft, für sie zu opfern, aus übernatürlicher Einheit mit vergossenem Blut, so ruht sie, sehr zum Unterschied von Lebensordnungen anderer Art, materiell in der *Liebe* ihrer Träger. Plato hat diese Einsicht zuerst bewußt formuliert. Seine Staatsutopie, ein Urbild gemeinschaftlicher Lebensordnung, gründet in der Philosophie als dem Lebenselement der zur politischen Führung Berufenen. Philosophie aber, nach ihm, ist der menschliche Ausschnitt und Aspekt der in allen Dingen drängenden Bewegung zu ihrer eigenen inneren Wesenhaftigkeit, der Liebe. Dieser Drang, könnte man weiter sagen, bringt die

Spannung, in der ein die Liebe individuell aktualisierender Funke überspringt: wenn der Person das erhöhende Gegenbild erscheint, das ihr zur Wesenhaftigkeit weiterhilft. Liebe bedarf nicht der Gegenliebe, um den Menschen auszufüllen, es gäbe sonst keine unglückliche Liebe, und niemand liebt wahrhafter als der unglücklich Liebende, aber sie bedarf eines Gegenpols, eines Gegenbildes, in dem der Mensch bis auf den Grund Gottes schaut. Wo dieses Gegenverhältnis nicht sein kann, da gibt es auch keine Liebesmöglichkeit, sondern höchstens Liebesgesinnung.

Liebe und Liebesgesinnung werden oft miteinander identifiziert, die Leute schmeicheln sich damit, und doch weiß jeder genau, daß hier zweierlei vorliegt. Lieben kann man nur Individuelles, das in konkreter Gestalt dasteht, und erst durch das Individuelle hindurch das Allgemeine. Was ist es, wenn ich mein Volk, mein Land, die Menschheit, die Welt liebe? Eine liebende Gesinnung, die darum nicht kühler zu sein braucht als wahre erotische Bewegtheit. Den gewöhnlichen Menschen, wenn er überhaupt bei Vaterlandsliebe, Menschenliebe, Nächstenliebe etwas Echtes empfindet, nicht nur Traditionelles dabei im Kopf hat, erfüllt innige Zuwendung, nicht volle, bindende, steigernde Liebe. Erst die große Emotion in Zeiten politischer Hochspannung oder bei Katastrophen, die eben das Allgemeine uns durch ungewöhnliche Konstellation einzelner Erscheinungen plötzlich sichtbar machen, treibt den spannungslösenden Funken echter Liebe hervor. Derartig fühlbare Nähe des Ganzen im einzelnen Volksgenossen haben die Deutschen in den ersten Augusttagen 1914 erfahren. Je größer der Abstand zwischen den Trägern der geforderten Liebesbeziehung ist, je ungreifbarer der Gegenstand wird, desto schwerer kommt es zu wirklicher Liebe und damit zu wirklicher Gemeinschaft.

Wir sind sehr freigebig mit den Worten: Bruder, Schwester, Volksgenossen, Volksgemeinschaft, Menschengemeinschaft immer gewesen, denn es schmeichelt der Liebesfähigkeit des einzelnen, es täuscht Genialität des Herzens vor. Auch hier wird das Große, die Ausnahme auf Alltagsniveau gedrückt. Aber es ist einfache Verlogenheit, auch wenn sie aus gutem Willen kommen mag, über das wesensmäßige Unvermögen des Menschen hinwegzusehen und etwas zum Dauerzustand zu machen oder wenigstens zur Dauerbereitschaft, was nur der Ausnahme und dem begnadeten Augenblick vorbehalten ist. Vielleicht kommt die Liebe zu den überpersönlichen Realitäten Volk, Land, Menschheit im Lauf des Lebens einmal über jeden, aber legitimiert ihn diese Möglichkeit schon, die ganz wesentliche Mithilfe einer niemals herbeizwingbaren Begnadung beiseite zu setzen und von Liebe zu sprechen, wo bestenfalls Liebesgesinnung dem normalen Seelenzustand entspricht? Man wendet natürlich ein, daß durchschnittlich auch zwischen den einzelnen Personen von echter Liebe nicht gesprochen werden darf, die im Wesen sexuelle Anziehung bleibt. Das ist richtig. Aber immer da, wo diese physische Harmonie, die stets auch im Psychischen eine gewisse Bindung erzeugt, vorhanden ist, schafft sie Disposition zur echten, geistig-seelischen Liebe. Ein derartig disponierendes Fundament fehlt dem Verhältnis von Person zur Überperson, ihm fehlt weiter die Möglichkeit der Erwiderung der Liebesintention durch sie, und deshalb bleibt es ganz und gar der Begnadung überlassen, hier echte Liebe zu erzeugen.

Liebe kann sich, wofern sie nur von Konkretem getragen wird, in Individuellem fundiert, durchaus auf Irreales und Abstraktes richten. Aber die Umsetzung von dem Übergreifenden in alles einzelne, in dem es verankert ist, vermag echte Liebe nicht zu vollziehen. Man ist versucht, von einer Analogie zu der Trennung in volonté générale und volonté de tous zu sprechen. Zu einem Ganzen wird die Liebesintention immer gehen können, zu allen Elementen dieses Ganzen dagegen niemals. Da jedoch die Liebesintention zu einem Ganzen wie Volk, Vaterland, Menschheit solche Einlösung in Liebe zu jedem einzelnen gleichsam mitfordert, wenigstens vor solcher Einlösung nicht zurückscheuen darf, wenn sie gefordert würde, läuft jede Ideologie, die sie zum Leitstern macht, Gefahr, in Schwärmerei zu enden.

Eine Grenze der Gemeinschaft wird deutlich: Die Chance ihrer Verwirklichung nimmt mit der Wahrscheinlichkeit der Liebe, d. h. mit wachsender Distanz zu individueller Wirklichkeit ab. Das bloße Zugehörigkeitsgefühl zu einem Glauben, einer Sache, einer Lebensart wird freilich von diesem Gesetz nicht betroffen; ein Gegensatz genügt, um es lebendig zu halten. Aber im Zugehörigkeitsgefühl ist Gemeinschaft noch nicht beschlossen, es bedarf echter Liebe zwischen ihren Gliedern, um sie in Wirklichkeit aufzubauen. Darum schließen sich echte Gemeinschaften stets um eine verehrte Person, in der alle Liebesstrahlen am leichtesten vereint und abstoßende Kräfte zwischen den Gliedern ausgeglichen werden. Herausgehoben durch blutsmäßige, geistige, charismatische Qualitäten wird die Person des Vaters, der Mutter, des Lehrers und Stifters, des Führers und Helden, des Propheten, des Herrn mit einem Wort, Gegenstand aller emotionalen Beziehungen der Anhänglichkeit und Hingabe. Treue, Opferbereitschaft, tätige Hilfe durchpulsen die Gemeinschaft, bestimmen ihre Satzung und den Geist, in dem alle wetteifern sie durchzuführen. Ohne diese gestalthafte Mitte hält sich keine Gemeinschaft. Tritt, wie es nicht anders sein kann, schließlich einmal an ihre Stelle die Tradition, vielleicht getragen von der in einem Stellvertreter immer gleich gegenwärtigen Kraft wie in den großen Religionen, so kann der gesellschaftlichen Lebensordnung (der Kirchen etwa), die sich unweigerlich aus der alten Gemeinschaft entwickelt, wenigstens der Sinn, eine Gemeinschaft zu symbolisieren, erhalten bleiben. Immer ist Gemeinschaft kreishaft gegen ein unbestimmtes Milieu abgeschlossene Sphäre der Vertrautheit. Ihr wesensnotwendiger Gegenspieler, Hintergrund, von dem sie sich abhebt, ist die Öffentlichkeit, der Inbegriff von Leuten und Dingen, die nicht mehr »dazugehören«, mit denen aber gerechnet werden muß. Ob von einem bewußten Exklusivitätswillen oder nur von der Unmöglichkeit, alle Menschen auf natürliche Weise aus einer Liebesmitte zu speisen, geschaffen, macht in dieser Beziehung keinen Unterschied.

Fehlt einem sozialen Gebilde die gestalthafte Mitte von vornherein, so ist kaum anzunehmen, daß es je, außer in ekstatischen Momenten, eine Gemeinschaft gewesen ist. Was man allzu freigebig als Gesinnungsgemeinschaft, Arbeitsgemeinschaft, Willensgemeinschaft bezeichnet, Einheiten zwischen Werk und Publikum, zwischen Werkmeistern unter sich und dem Publikum unter sich, verdient in Strenge diesen Namen nicht, sondern enthält in der

Flüchtigkeit seiner Existenz, seines Auftretens und Verschwindens nur Hindeutung auf echte Gemeinschaft und die Seltenheit ihres Vorkommens.

Über dieses Grundgesetz aller Gemeinschaft, aus dem die Weisheit der Kirche und des Staates sich herleitet, setzen sich die beiden Formen des kommunistischen Ethos, die national-völkische und die internationale hinweg. Entweder führt die Betonung der Volkheit zu bewußtem Nationalismus und zum Krieg als letzter Auseinandersetzungsmöglichkeit: Das göttliche Licht erscheint nur gebrochen in den einzelnen Farben der Völker. So begründet Fichte-Treitschkescher Geist den Nationalstaat und versöhnt doch zugleich mit seiner scheinbaren Unchristlichkeit, da er die Differenzen in der Ursprungseinheit des göttlichen Vaters verwurzelt. Oder wir haben einen antinationalen, unvölkischen, im letzten Sinne blutsfeindlichen Kommunismus, der – und sei es mit militärischer Gewalt – das pazifistische Ideal verwirklichen will. Beide aber lassen sich von der Wahrheit des Grundgesetzes aller Gemeinschaft nicht überzeugen.

Für den nationalistischen Kommunismus fallen die Grenzen der Liebesmöglichkeit und Gemeinschaftsbildung mit den Schranken des Volkstums zusammen, der Mensch kann eigentlich gar nicht in Versuchung kommen, seine Liebe auf einen weiteren Umkreis zu richten, und darum auch nicht in die Widersprüche überspannter Liebesintention verwickelt werden. Andererseits ist das Volk ihm immer schon Volksgemeinschaft, weil sie durch Einheit der Abstammung, Tradition und Seelenverfassung an und für sich garantiert ist, und es kann sich nur darum handeln, diese Gemeinschaft, wo sie in gesellschaftlichen Konventionen zu erstarren droht, zu neuem Leben zu erwecken. Für den internationalistischen Menschheitskommunismus aber begründet die Gotteskindschaft den Anspruch auf übervolkliche Weltverbrüderung und gewaltlose Einigung aller. Eine Grenze der Gemeinschaft läuft nach seiner These nicht da, wo echte Liebesmöglichkeit praktisch aufhört, sondern ein Minimum an irrationaler Verkettung, die blutsmäßige Einung aller Menschen durch das Moment ihrer Menschlichkeit, genügt ihm als Fundament, auf dem wenigstens eine Gemeinschaft der Ideen, des Rechtes und der Überzeugungen zu errichten ist. Hiermit beruft sich diese Form des kommunistischen Ethos auf eine andere Möglichkeit der Gemeinschaft, auf die *Gemeinschaft der Sache* durch Teilhaberschaft an ein und demselben Wert. Gegen die erste Gemeinschaftsmöglichkeit darf sie zwar nicht sagen, daß sie zu naturalistisch, zu biologisch gefaßt sei, denn Blut wird ja ausdrücklich in einem viel weiteren Sinne verstanden. Aber sie darf einwenden, daß sie ganz und gar irrational gedacht und einseitig auf Qualitäten der Emotion aufgebaut sei.

Diese Spielform des Kommunismus ist entschlossen rational und intellektuell. Ihr geistiges Rüstzeug stammt aus dem achtzehnten Jahrhundert, aus der Aufklärung. Sie operiert mit der abstrakten Allgemeinheit, nicht wie die irrationalistische Form mit der romantischen Idee konkreter Allgemeinheit. In der Einheit aus allen und über allen Verschiedenheiten, dem Menschsein, der allgemeinen Menschennatur, der Seinsgrundlage der Humanität, liegt für sie das natürliche Recht der Völker und Individuen, ihre Schranken zu vergessen, die natürliche Pflicht, sie zu durchstoßen. Hier ist der Fluchtpunkt ethischer Normierung all unseres Handelns von Person zu Person, von Staat zu Staat. Von hier aus ist nur die Gewalt sittlich haltbar, welche gegen die Verewigung der Gewalt gerichtet ist. Krieg dem Kriege in jeder Form. Denn die einheitliche Menschennatur verbürgt nach ihrer Meinung in allen Streitfällen gewaltlose Einigung durch das Mittel der *Überzeugung*. So liegt im Medium der Vernunft und des Verstandes, in dem schließlich alle Überzeugungen gesucht und gefunden werden müssen, das verbindende Element der Menschheit.

Dabei braucht man nicht einmal so altmodisch zu sein und an eine allgemeine, in allen Völkern identische Menschenvernunft zu glauben. Aus den Ergebnissen der modernen Völkerpsychologie und vergleichenden Kulturwissenschaft ergibt sich unwidersprechlich eine tief bis in die Apperzeptionsformen des ganzen Geistes hinabreichende Verschiedenheit zwischen Rassen und Völkern. Die Sprachendifferenzen sind nicht nur dialektische Modulationen eines Grundgehalts, sondern Ebenbilder verschiedener Denk-, Willens-, Gefühlsdialekte, in denen ein nach Gestaltung Drängendes primär und nicht erst sekundär Gestalt und Dasein gewinnt. Immerhin wird von diesem Pluralismus der Vernunftsysteme die Einheit der Geistigkeit und Vernünftigkeit nicht berührt. Mit Negern, Eskimos, Franzosen argumentiert man nicht auf gleiche Weise; dies zu glauben war vielleicht der Fehler spezifischer Aufklärerei. Aber man argumentiert doch überhaupt. In irgendeiner Weise sind Menschen zu überzeugen, wie sie zu überreden und zu täuschen sind.

Überzeugungen vollziehen sich im Lichte des Bewußtseins, sie lassen sich alle irgendwie formulieren oder wenigstens zu einem Äquivalent davon steigern, sie ruhen auf Gründen. Insoweit hat die Vernunft und das Denken als formales Minimum jeder Begründung an einer echten Überzeugung teil. Die Gründe sind natürlich unabhängig von den Wegen, auf denen man zu ihnen gelangt, sie sind die Ideen, Normen, Werte, an denen alles gemessen werden soll. Sie verlangen, der Mensch gehorcht. Der rationalistische Kommunismus hat also nicht so unrecht, auf die Einheit der Werte in einem geistigen Kosmos, zu dem die partikularen Geisteswelten der Völker und Rassen, auch ohne daß sie davon wissen und sogar gegen ihren Willen, übergegensätzlich zusammengeordnet sind, als die gegebene Brücke von Volk zu Volk hinzuweisen. Wenn sich einzelne Menschen einigen, und wir erleben das täglich in der Wissenschaft, im Rechtsleben, ja selbst im Kunstgenuß, wenn die ganze Fülle der Werte unseres Denkens, Fühlens, Wollens bindend in Aktion tritt, echte Wirkung vom einen zum andern über das überpersönliche Sachzentrum des Wertgehalts möglich ist, dann gibt es echte Gemeinschaft und sie ist grenzenlos ausdehnungsfähig, wie der Geist, wie die Möglichkeit, in irgendeinem Sinne zu überzeugen, grenzenlos ist.

Neben und über die (biotische oder psychische, auf jeden Fall außerrationale) Blutsgemeinschaft tritt demnach die Sachgemeinschaft. Alle Beziehungen, die in jener primär unbegründbar, affektiv, individuell ganz und gar auf Leben basieren und in persönlicher Mitte verschmolzen sind, zeigen hier einen ausgesprochen entgegengesetzten Charakter. Die Personmitte ist durch unpersönliche Sachmitte ersetzt. Zu ihr gehen vielleicht noch die Strahlen geistiger Liebe, doch nicht mehr aus dem individuellen Wesenskern jeder Person, sondern aus jenem Teil ihres Wesens, den sie gerade mit allen Personen gemein hat, aus der Vernunft. Nicht warme, dichte Atmosphäre, sondern kalte, dünne Luft weht hier, der Hauch des Geistes. Ruhige Zugewandtheit zu den über allem Streit der Dinge geltenden Urbildern ist die adäquate Haltung in solcher Gemeinschaft, die nicht am Leben des Führers hängt, mit ihm dahinschwindend, sondern dauert, freilich immer wieder durch Arbeit der Zuwendung zu den Urbildern und Richtlinien aller Menschlichkeit erneut werden muß.

Die hervorstechenden Eigenschaften dieses Gemeinschaftstypus, den der rationalistische Kommunismus für den einzigen, wenigstens einzig menschenwürdigen, weil geistigen proklamiert, sind 1. Unpersönlichkeit seines menschlichen Fundamentes, denn der Mensch bildet die Gemeinschaft nur mit seinem Anteil an überindividuellem Geist, nicht mit seinem persönlichen Seinskern, 2. unendliche Ausdehnungsfähigkeit, weil einzig an den Formalismus der Überzeugbarkeit gebunden, und 3. Arbeitscharakter, denn die Gemeinschaft ist um der Lösung von Schwierigkeiten willen da, ja sie lebt eigentlich nur in ihr. Als Leistungsgemeinschaft mit absoluter Gleichberechtigung aller, die gleichmäßig in der Einheit des Geistes fundiert sind, bildet sie den Gegensatz zum Typus der Existenzgemeinschaft mit ausgesprochener persönlicher Mitte.

Entspricht diese den vom Tag heute verdrängten Bedürfnissen der menschlichen Natur, so jene den Triebkräften des Tages selbst. Könnte es eine bessere Propaganda für den rationalistischen Gemeinschaftsgedanken geben, als das Aufkommen eines durch gleiche Nöte nivellierten und uniformierten, von unpersönlichen Maschinen und Maschinengedanken in Dienst genommenen Industrieproletariats? Einer vom Boden aller Länder gleich entfernten, auf dem Asphalt, der alle gleichmacht, wurzellos und darum volklich fast indifferent gewordenen Schicht? Gibt es bessere Waffen für diesen Gemeinschaftsgedanken als die von Europa ausstrahlende experimentelle, statistische, quellenkritisch arbeitende Wissenschaft, aus der die Maschinen und damit die Bedürfnisse kommen,

Möglichkeiten der Gemeinschaft 53

die ihrerseits, kraft der Wucht und Logik ihres Daseins, die Wissenschaften wieder weiter treiben? Der Zusammenhang zwischen Sozialismus-Kommunismus und Wissenschaft ist nicht nur ein historischer, sondern ein wesensgesetzlicher. Internationalismus der industriellen Wirtschaftsweise und der ihr zeitgemäßen Wissenschaftsweise haben nicht nur denselben Motor gleicher Zwecke, sondern auch gleicher Bewertung des Lebens, gleicher seelischer Haltung zu ihm. Schließlich ist es kein Einwand gegen die Hoffnungen, welche die Gesinnungskommunisten auf die Unbegrenztheit dieses Gemeinschaftstypus setzen, sie auf seinen spezifisch europäischen Charakter aufmerksam zu machen. Denn wir sehen, daß auch nichteuropäische, nichtchristliche Völker wie China, Japan beginnen, in diese Sachgemeinschaft abendländischer Zivilisation einzutreten. Ihre seelischen Vorbehalte tangieren nicht die tatsächliche Eingliederung in ihre Arbeitswelt. Aber man darf wohl fragen, was diese grenzenlose Ausdehnung in Wirklichkeit ausmacht und wie weit sie das tatsächliche Leben in sich aufnehmen und nach ihren Gesetzen formen kann.

Hier finden wir eine zweite negative Grenze, die nicht wie die erste, für den Typus der irrationalen Gemeinschaft wesentliche, nach *außen,* sondern nach *unten* abschließt, nicht von einer unbestimmten *Öffentlichkeit,* sondern von der individuellen *Lebenswirklichkeit* scheidet.

In wie geringem Maß läßt sich einer in seinem Tag von Überzeugungen bestimmen, wie verschwindend klein ist ihr Einfluß auf das Verhalten zwischen den Menschen. Das liegt nicht nur daran, daß der Geist willig, aber das Fleisch schwach ist, sondern an der Kürze des Lebens, am Tempo, mit dem es jeden von Entscheidung zu Entscheidung drängt. Dieser Augenblicklichkeit aller daseinswichtigen Lebensbewegung ist Argumentation und Diskussion, ist der ganze Modus der Begründung schlechthin inkommensurabel. Nicht als ob es unmöglich wäre, im Groben, in den Richtlinien, wohl auch einmal von Fall zu Fall eine in Prinzipien und in der Herleitung aus ihnen hieb- und stichfeste Entscheidung zu fällen, nicht als ob es tatsächlich nicht auch gefordert wäre, seine Entschlüsse überlegt und wertgerecht zu fassen. Aber auf dem unübersehbaren Schauplatz des täglichen Lebens diktieren die Gelegenheiten, es gilt zu wählen, wenn man es nicht vorzieht, ein Apparat seiner Gewohnheiten zu werden. Unser faktisches Verhalten unter die Lupe einer Diskussion genommen, und das müßte es sich nach dem Gedanken eines konsequent durchgeführten Kommunismus in der Sachgemeinschaft schließlich doch gefallen lassen, kann richtig, ebensogut aber falsch sein. Über jedes Thema gibt es Opposition von mindestens zwei Ansichten, wenn die Prinzipien nicht ursprünglich festliegen. Und wer kann und soll zur Annahme von Prinzipien zwingen?

Selbst einmal abgesehen von diesem rationalistischen Vorurteil einer unweigerlichen Fraglosigkeit der Prinzipien –, gibt es nicht eine Unmenge von Dingen, Situationen, Lappalien, denen eine Anrufung geistiger Gesetze, wenn es sie überhaupt dafür gäbe, ganz inkongruent sein müßte? Zu welcher Deformation der Lebenslinie, zu welchen Aufblähungen des Unwesentlichen führte derartige Beschwerung mit Überlegung, Begründung und Gewißheit? Ob ich den Schirm mitnehmen oder zu Hause lassen soll, ist niemals eine Angelegenheit, die gleichen Aufwand an Ernst lohnt wie er etwa der Frage zukommt, was ein Mensch für einen Beruf wählen soll. Die perspektivische Verkürzung, in der uns die Dinge dieser Welt nicht nur erscheinen, sondern in der wir mit ihnen fertig zu werden haben, duldet einfach nicht ein Verhalten, das einem Gott erlaubt ist, der aus der Vogelperspektive der Deduktion auf alles gleichmäßig herabsieht.

Wäre also der Geist, das Instrument und der Ort echter Überzeugung, die Macht, welche unwiderrufliches Ende einer Diskussion setzen könnte – er kann es nicht, denn er ist selbst eine Unendlichkeit und ein Grenzenloses, begrenzt sich selbst in einem vorgeistigen Akt, der ewig erneuerungsbedürftig zu ewig neuer Gestaltung führt –, er hätte nicht einmal das Recht, das tatsächliche Leben sich restlos zu unterwerfen. Ein Wesenszug aller Utopie, die möglichst weitgespannte Reglementierung des einzelnen durch den Gemeinschaftsgedanken, verrät das im Grunde intellektualistische Vorurteil, die Überschätzung des Geistes, einen an der echten μεσότης vorbeirasenden Rigorismus. Der Mensch steht nicht umsonst zwischen Himmel und Hölle, so hat er zu leben, dem Geist und dem Fleisch sein Recht werden zu lassen, die Labilität zu ehren, wo sie sich ihm bietet, als praktischer Okkasionalist aus Ehrfurcht vor der tiefen Zweideutigkeit in aller Existenz, nicht als kleiner Gelegenheitsmacher; die eine der beiden Welthälften hat ihn immer noch früh genug.

Das Leben ist kurz, schnell, beengt und für die Wurfbahn, in der es sich von Geburt an findet, sind wir nicht verantwortlich. Von Anfang an ist unserer Freiheit vom Schicksal ein höchst begrenzter Spielraum gelassen. Hier gilt es sich zu bewähren, was aber mit Argumenten nur zu einem sehr geringen Teil geschehen kann und geschehen darf. Von einer Mitte aus muß freilich alles geordnet sein, von der Wesensmitte der ganzen Person, nicht von einer Schicht ihrer Existenz, vom Herzen, wie der Volksmund das Quellzentrum nennt, und nicht vom Kopf. An der Überdehnung des Verantwortlichkeitsbewußtseins, die in Wahrheit die Überdehnung des Vernunftglaubens, des Glaubens an die soziale und politische Macht der Überzeugung verschuldet, ist schon viel in der Welt, was entwicklungsfähig war, zusammengebrochen. Denn das folgenschwerste menschliche Übel ist Maßlosigkeit.

In der Konfrontation der beiden Ideale des Gemeinschaftsethos zeigen sich die Wesensgrenzen, die jeder Panarchie der Gemeinschaft hindernd im Wege sind: *die Unaufhebbarkeit der Öffentlichkeit und die Unvergleichlichkeit von Leben und Geist.* Öffentlichkeit beginnt da, wo Liebe und blutsmäßige Verbundenheit aufhören. Sie ist der Inbegriff von Möglichkeitsbeziehungen zwischen einer unbestimmten Zahl und Art von Personen als ewig unausschreitbarer, offener Horizont, der eine Gemeinschaft umgibt. Sie ist gerade in dieser Negativität eine sozialformende Macht ersten Ranges. Vor ihr sucht man sich zu schützen, durch engen Abschluß, Exklusivität oder durch Einbeziehung ihrer Bezirke in die Sphäre gemeinschaftlicher Vertrautheit, durch Wirkung auf sie. Das Interesse an möglichster Minderung sozialen Risikos ist infolgedessen eine beständige Kraftquelle sozialer Gestaltung, die an die antithetische Spannung von Gemeinschaft und Gesellschaft oder genauer gesagt, von Vertrautheitssphäre und Nichtvertrautheitssphäre gebunden bleibt und nach zwei Seiten gemeinschaftsbildend und gesellschaftsbildend sich auswirkt. Gemeinschaft ohne diese Grenze ist keine Gemeinschaft mehr. Paradox gesagt: wäre auch nur einen Augenblick das urchristliche Ideal, der ekstatische Gefühlskommunismus allverbindender Liebe zwischen allen Menschen verwirklicht, so hätte die Menschheit den äußersten Gegenpol dessen erreicht, was sie wollte. Ohne Öffentlichkeitshintergrund, gegen den sie sich absetzt, gibt es keine abgeschlossene Gemeinschaft. Licht braucht Finsternis, um zu sein.

Wie das Lebendige in unvertretbaren Beziehungen sich zur Liebes- und Treuegemeinschaft organisiert, so kann der Geist die Gemeinschaft idealer Vertretbarkeit aller Glieder durch restlose Funktionalisierung ihrer Beziehungen bilden. Der substantiellen tritt damit die funktionalistisch-abstrakte, der persönlichen die unpersönlich-sachliche gegenüber. Aber auch auf seiner Basis läßt sich zu keiner Panarchie der Gemeinschaft kommen. Dort scheitert sie an der Irrationalität der Liebe, dem Gnadencharakter ungewollter Harmonie zwischen Menschen, hier an der Unvergleichlichkeit zwischen Geist und Leben. Am Fragmentcharakter des Daseins, an der undurchdringlichen Zweideutigkeit der Situationen scheitert der Geist, der immer organisch, systematisch und eindeutig ist.

Ethisch gesehen, ist mit dem Aufweis dieser negativen Hauptgrenzen aller Versuche, zu einer Panarchie der Gemeinschaft zu gelangen, auch nur ein Negatives geleistet. Denn weder muß das kommunistische Ethos gerade auf dieses Ideal, immerhin etwa das der kommunistischen Partei, zusteuern, noch braucht es sich durch Erinnerung an solche Wesengrenzen seinen heroischen Glauben an die Kraft der revolutionären Ekstase, an die umprägende Gewalt einer solchen Sinnesart brechen zu lassen. Immer noch kann es ein Ziel sein, die unförmige, unbelebte Gesellschaft in eine Fülle kleiner aber gemeinschaftlich geordneter Lebenseinheiten zu zerschlagen, und tatsächlich sehen wir diesen Gedanken häufig, und nicht zuletzt von konservativer Seite, vertreten. Er beherrscht alle Lobredner des Landlebens und patriarchalischer Verfassung und Gesittung, er steht nicht fern dem ständestaatlichen Programm. Deshalb ist es nötig, bis an die positiven Grenzen der Gemeinschaft weiterzugehen, bis zu dem Aufweis jener Werte durchzustoßen, die nur eine gesellschaftliche Lebensordnung bringen kann, bis dahin, wo Gemeinschaft unerträglich und würdelos wird.

Der Kampf ums wahre Gesicht.
Das Risiko der Lächerlichkeit

> Das Lächerliche entehrt mehr als Unehre
> La Rochefoucauld

Gemeinschaft, nach dem Sinne des Blutes wie der Sache, wurzelt im schrankenlosen Vertrauen ihrer Glieder. Von demselben durchdrungen, zu wissen, daß man dazugehört kraft Geburt, Einweihung, Überzeugung, Wahlverwandtschaft, bedeutet Geborgenheit im Gemeinschaftskreis den Verzicht auf Behauptung des eigenen Selbst. Dieses Selbst, das dem Ganzen zum Opfer gebracht wird, bestimmt sich im Einklang zur Natur des Ganzen. Gemeinschaft des Blutes fordert Preisgabe letzter Intimität, weil das Ganze aus substantiellen Beziehungen von Person zu Person, um personhafte Mitte geschart, die jedem Gliede unvertretbare Stellung verleiht, in pulsierender Lebendigkeit sich aufbaut. Gemeinschaft der Sache schont die Intimität der Personen, die ohne Stellenwert, gänzlich vertretbar, in dem bloßen Hingeordnetsein auf die Sache zur funktionellen Einheit der Leistung zusammengeschlossen sind. Hier wie dort bezahlt der Mensch mit seiner individuellen Persönlichkeit, doch in verschiedenem Geist, den Eingang in die Gemeinschaft. Die Sache verlangt von ihm Gleichgültigkeit gegen seine einzigartige Lebensnatur, das Blut ihre letzte Entschleierung. Das große Opfer der individuellen Bewegungsfreiheit empfängt seine volle Tönung aus dem Ethos der absoluten Rückhaltlosigkeit, das der adäquate Ausdruck zugleich der Liebe und der Überzeugung ist. So gewiß es zweierlei ist, ob sich zwei Logenbrüder am gleichen Händedruck oder zwei Physiker an der gleichen Beherrschung der mathematischen Sprache erkennen, so gänzlich verschieden die Menschen jeweils zueinander stehen, in der Rückhaltlosigkeit des gegeneinander Geöffnetseins, wenn auch verschieden zentraler Schichten ihrer Menschlichkeit, gleichen sie sich. Man kann eine ganze Skala solcher Rückhaltlosigkeitsbeziehungen bilden, die von den Gemeinschaften der puren theoretischen Objektivität bis zu den Blutbünden der Geschlechter, von dem Gebiet der kältesten in das Gebiet der wärmsten Sprache reicht. Alle Instrumente der menschlichen Natur kommen darin zu ihrem Recht und geben ihre Akkorde in das kunstvolle Konzert der Kultur. Nur in philosophischer Abstraktion vermögen wir die Einzeltöne zu isolieren, in deren Klang Obertöne aller Grade und Stufen unserer seelisch-geistigen Existenz mitzittern.

Verlassen wir aber diese ideale Betrachtungsweise, die sich mehr an die Konturen, die scharfen Trennungen, die reinen Formen der Verhältnisse als an die verunklarenden Zwischenbeziehungen von Ding zu Ding hält, dann sieht sich die Gemeinschaft doch auch anders an. In Wirklichkeit ist ihre Forderung nie voll erfüllt. Ihren Idealtypus müssen wir von uns aus mit an die realen Gegebenheiten herantragen, mit seinem Geist die Institutionen der Familie, der Kirche und Gemeinde, des Bundes, der Werkgemeinschaft beseelen, wenn wir uns zu gemeinschaftlichem Leben gedrängt und aufgefordert finden. Mag hundertmal nach der Idee das Ineffabile individueller Eigenart vom Seinsgrund der Gemeinschaft und damit von allen ihr Angehörenden mit erfaßt sein, tatsächlich durchdringen die Menschen sich doch nie bis auf den Grund, der gar nicht festliegt, weil er ewige Potentialität ist. Als geistig-seelische Wesen haben sie das ungeheure Bewußtsein, selbst von den Bahnen ihres individuellen Gesetzes abweichen zu können oder wenigstens des Rechtes, sich gegen seine Definition aufzulehnen. Soweit die Seele geformt ist, mag sie sich eine Beurteilung gefallen lassen; überzeugen kann sie davon doch erst die in der Rückschau erfaßbare Melodie durchlebten Schicksals. Denn sie ist mehr als diese geformte Wesenheit, sie ist der Urquell dazu, der Urgrund von Fähigkeiten, die Gestalt werden könnten, ohne Gestalt zu werden. Keine naturhafte, keine geistige, keine seelische Bindung einer Gemeinschaft ist darum so stark, daß ihr Bruch ganz aus dem Bereich der Möglichkeit rückt. Jedes Zusammenleben trägt den Keim des Aneinandervorbeilebens in sich, weil die Seelen mehr sind als was sie wirklich sind. Auf die Gnade völligen Einklangs der Wesen läßt sich Gemeinschaft nicht bauen. Kommt nicht redlicher Wille, Treue hinzu, folgt nicht dem primären Liebesakt, der an einer gewissen Wesenskonformität sich entzündet, die Liebe, die auch da verzeiht, wo sie nicht mehr versteht, so ist es um die Gemeinschaft von Menschen geschehen.

Liegt darin, wie man gemeinhin annimmt, eine Schwäche der menschlichen Natur, vielleicht zu großer Stolz der Individualität, Eitelkeit und Ehrsucht, Hochmut und Unnachgiebigkeit? Was treibt die Menschen in die Distanz voneinander? Was legt ihnen den Zwang auf, sich gegenseitig bildhaft zu werden, sich zu idealisieren selbst da (und vielleicht gerade da am meisten), wo sie sich nichts mehr zu verbergen haben? Man sagt oft, daran sei die Überempfindlichkeit, die aus Übersättigung an unzähligen Genüssen der Kultur und Zivilisation hochgezüchtete Reizbarkeit und Überreiztheit der Menschen schuld, das Nervenraffinement und die Überbetonung der individuellen Ansprüche an das Leben. Selbst wenn wir nicht leugnen, daß es alles dies gibt, ein ewiger Anstoß zu dem »Retournons à la nature«, so bestreiten wir doch, daß es die Ursache ist für den Zwang zur Distanz, für den Willen zur Macht, für Ehrgeiz und Ruhmbegierde. Vielmehr es ist die Wirkung, die letzte überdifferenzierte und darin lebensgefährdende Wirkung des individuellen Daseins, das der Mensch als Geistseele zu führen hat. Solange die Individualität noch nicht voll zu sich erwacht ist, wie in den primitiven Stadien des Lebens und der Kultur, fehlen freilich auch diese Wirkungen, und darum mag man die Primitivität glücklich preisen. Der Mensch aber, welcher in der Herausarbeitung individuell-seelischen Seins den Quell zu großen Werten spürt, muß das Schicksal der Individualisierung auf sich nehmen.

Die Gemeinschaftsapologeten lassen sich freilich auf solche Möglichkeiten nicht ein. Man polemisiert als Ethiker noch immer am besten, wenn man gegen das Fleisch zu Felde zieht. Nach ihrer Ansicht kommt der gemeinschaftsbedrohende Zwang zur Distanz aus der körperlichen Begrenztheit des Menschen. Der Körper drängt dem Menschen einen primitiven, auf Nahrung und Geschlechtsgenuß gerichteten Egoismus auf, macht aus ihm einen Willen zur Macht. Nur der Appell an die seelisch-geistigen Eigenschaften vermöchte angeblich diese Rabiatheit einzudämmen, die sich hemmungslos zentrifugal in dem Trieb nach Vernichtung der

Lebenskonkurrenten auswirkt, nur die Erweckung des Gewissens brächte eine soziale Haltung, eine Opferbereitschaft für das Ganze hervor. Die Folge dieser Meinung ist ein Asketismus aus Sozialfreundlichkeit, eine Lobpreisung der Armut und Schwäche, wie diese Ideale vom Urchristentum verfochten wurden und vom salutistischen Sozialismus und Kommunismus noch verfochten werden. Kulturfeindlich und gesellschaftsfeindlich wird dieses Katakombenchristentum in tausend Herzen wachgehalten, weil die Intellektuellen, besonders unter dem Einfluß alter philosophischer Lehren von dem Unwert des Leibes und der materiellen Dinge, von der Zweitklassigkeit und dem Scheincharakter der physischen Welt, von der Minderwertigkeit und Vergänglichkeit des Stoffes, der Seele und dem Geist allein das wahre Sein, die höchste Würde geben. Vergeistigung aber bedeutet dann Emanzipation vom Körper und seinen Individualitätsschranken, damit vom Eigennutz, Machtwillen, Distanzzwang, und bezeichnet als Ziel dieses Aufstiegs den Eingang in das überindividuelle Reich der Reinheit, den eigentlichen Ort aller Gemeinschaft.

Hat der ethische Sozialismus mit seiner Behauptung von der allein individualisierenden Bedeutung des Körpers recht? Sollte es, wenn einmal die an und für sich äußerst fragwürdige Lehre von der Minderwertigkeit des Leibes und der Materie hier außer Diskussion bleiben darf, nicht *noch andere* individualisierende Mächte im Menschen geben, die man nicht mehr als minderwertig bezeichnen kann, weil sie Träger alles Edlen und Zarten sind, das wir in dieser Welt haben? Der Körper vereinzelt das Lebewesen, das ihn zum Leibe hat. Aber er reißt es darum nicht ohne weiteres schon aus übergreifenden Lebenszusammenhängen, weil die Natur in seinen Instinkten und Trieben für gemeinschaftsdienliche Zweckmäßigkeit sorgt, die den egoistischen Instinkten und Trieben die Waage hält. Beschränkung in physischer Hinsicht schafft mit der Vereinzelung zugleich die Vorsorge sozialer Kompensation im Rahmen der normalen Umwelt; an dieser biologischen Einsicht ist nicht zu rütteln. Kampf ums Dasein *und* gegenseitige Hilfe liegen schon in der physiologischen Ausstattung der Lebewesen und so auch des Menschen. Was ihn wirklich erst individualisiert, von innen heraus unteilbar und einzigartig macht, ist das Bewußtsein vom Besitz einer Seele, das Leben im Zentrum einer empfindenden, wollenden, denkenden, der Umwelt und dem eigenen Leibe gegenüber eigenwilligen, an Tiefe und innerer Eigenschaftsfülle unvergleichlichen Innerlichkeit.

Alle Fehler in der Psychologie, ja, man konnte bis vor fünfzig Jahren fast sagen, der Mangel einer Psychologie, kommen aus der Gebundenheit an die Denk- und Anschauungsformen der dinglichen Welt. Man macht sich nicht von den Vorurteilen frei, die nur klar abgegrenzte Gegenstände und womöglich Atome als echte Wirklichkeiten gelten lassen. Man glaubt an eine Definitheit des psychischen Seins, weil das physische Sein sie besitzt und durch sie ganz eigentlich bestimmt ist. Kommen und Gehen, Entstehen und Verschwinden spielt sich in der Natur, nicht nur für den Mathematiker und Experimentator, sondern für die naive Anschauung schon auf dem Hintergrund einer bleibenden Ordnung von Gestalten ab. Wird etwas, so wird es aus Gewordenem, um Gewordenes zu werden. Die Natur ist allemal eindeutig und ihre Geheimnisse, schwer zu entziffern, liegen offen dem Auge da.

Anders die seelische Seinsfülle. Sie erschöpft sich nie im Gewordenen, sondern passiert dieses Stadium der Bestimmtheit und Erschöpftheit nur, um wieder ins Werden, in die lebendige Aktualität überzugehen. Aus einem unauslotbaren Quellgrund, dem Innern, steigen ihre schwer faßbaren Gestalten ins Licht des Bewußtseins, an dem sie wieder wie alle echten Geschöpfe der Nacht zergehen. Die Seele ist allemal zweideutig, ihre Geheimnisse weichen vor jedem Versuch der Enträtselung in andere Tiefen zurück. Jedes Seelische hat also eine Bestimmtheit, die Laune, der Schmerz, die Liebe, das echte Gefühl, die falsche Freude lassen sich fassen, aber erfaßt zerrinnen sie unter dem Griff der Wahrnehmung, wie wir erwachen, wenn wir träumen, daß wir träumen. Aus dem Urgrundcharakter, noch besser sagte man Ungrundcharakter der Psyche, aus ihrer Quellnatur folgt also, daß sie mehr ist als bloßer Strom oder Gerinnen der Strömung zu fester Gestaltung. Sie ist Werden und Sein in einem, weil sie zugleich die Genesis von beiden ist.

Darum erträgt die Seele, die seelenhafte Individualität, keine endgültige Beurteilung, sondern wehrt sich gegen jede Festlegung und Formulierung ihres individuellen Wesens. Darum aber fordert sie ebensosehr das Urteil heraus und bedarf des Gesehenwerdens vom eigenen wie vom fremden Bewußtsein, da ihr keine andere Möglichkeit der Erlösung aus der Zweideutigkeit gegeben ist. Der doppeldeutige Charakter des Psychischen drängt zur Fixierung hin und zugleich von der Fixierung fort. Wir wollen uns sehen und gesehen werden, wie wir sind, und wir wollen ebenso uns verhüllen und ungekannt bleiben, denn hinter jeder Bestimmtheit unseres Seins schlummern die unsagbaren Möglichkeiten des Andersseins. Aus dieser ontologischen Zweideutigkeit resultieren mit eherner Notwendigkeit die beiden Grundkräfte seelischen Lebens: der Drang nach Offenbarung, die Geltungsbedürftigkeit, und der Drang nach Verhaltung, die Schamhaftigkeit.

Solche Zweideutigkeit kennt die physische Welt von sich aus nicht. Die Dinge werden von der Erkenntnis nicht »berührt« und beharren in ihrem ein für allemal gesättigten Sein unabhängig vom Bewußtsein. Darf nun auch das psychische Leben nicht mit seinem Bemerktwerden, mit Bewußtseinsinhalt identifiziert werden, was viele Psychologen wollten, wenn es auch nicht, wie Bergson und Natorp etwa lehrten, eine gänzlich unfaßbare Aktualitäts- und Intensitätsmannigfaltigkeit ist, also Reales und bis zu einem gewissen Grade Geformtes und Anschaulich-Faßliches darstellt, so ist es für den Blick des Bemerktwerdens doch empfänglich und empfindlich wie die fotografische Platte für Licht. Weil eben die Seele nur in extremen Fällen quasi dinghafte Momente und Seiten (»Komplexe«) gewinnt, unter deren objektiver Macht die Person dann leidet, im Normalfall aber in einer eigenartigen aktuellen und zugleich gestalteten Vollzugsform eines ewigen Überganges von Strebung zu Strebung lebt; weil sie in dem Maße, als sie an Eindeutigkeit des Habitus der Gefühle, Willensrichtungen, Affekte, Gedanken und Gesinnungen gewinnt, an Fülle, Spannkraft und Tiefe verliert; weil seelisches Leben, kaum zu seelischem Sein abgesetzt und der Beurteilung klar und deutlich geworden, in den unendlichen Quellgrund seiner selbst wieder zurückgenommen wird,

sucht es und flieht es zugleich Bewußtsein und Urteil. In der Definition gewinnt es Gestalt, büßt aber an Möglichkeit ein.
Unter nichts leidet die Seele so wie unter dem Unverstandensein, ihrem doch wesensmäßigen, von ihrer eigenen Natur selbst herausgeforderten Schicksal. Denn dieses Nichtverstehen ist kein einfaches Verfehlen einer Sache, ein Vorbeisehen am Wirklichen, sondern in gewissem Sinne beides zugleich: Verfehlen und Treffen. Ein treffendes Urteil trifft uns, verletzt uns ebensosehr als ein falsches. Getroffen, sehen wir uns, im eigenen oder im fremden Blick, vereinseitigt und festgelegt. Es kommt hier gar nicht darauf an, was man von uns sagt, als daß man von uns sagt. Ob Lob oder Tadel – im tiefsten muß sich die unendliche Seele aufbäumen gegen das verendlichende Bild im Bewußtsein eines Urteils. In der Gegenrichtung dazu liegt aber ebensowenig ihr Heil. Denn unter nichts leidet die Seele so wie unter dem Nichtbeachtetsein, dem ebenso von ihrer Natur herausgeforderten Schicksal. Seele ist in ihrer Innerlichkeit unergründlich, unabsehbar, ein geheimnisvoller Quellgrund an Möglichkeit, undurchsichtig, schillernd, zweideutig. Seele zieht sich zurück, um nicht gesehen und getroffen zu sein, und sehnt sich doch danach, gesehen und gewürdigt, d. h. aus eigener Zweideutigkeit zur bestimmten Form, zum festumrissenen Charakterbild gebracht zu werden.
Ihre wesenhafte Zweideutigkeit, das nicht voll bestimmte, geformte Dasein, dies zwischen Potentialität und Aktualität, Strom und Gestalt notwendig Schillernde des psychischen Lebens, auf das keine unserer an der Dingwelt geschulten Kategorien paßt, ist der beständig wirksame Anlaß zu dem Antagonismus der Kräfte, die zur Geltung und zur Verhüllung den Menschen treiben, und die Wurzel des Wesensgesetzes der Seele in der Beziehung auf ihre Erkenntnis: weder in den extremen Polen noch in einem mittleren Stadium Ruhe zu finden, d. h. ihre Definition zu ertragen. Kein Weg führt aus der Zweideutigkeit ihres Seins, weder die Flucht ins Urteil noch die Flucht vor dem Urteil. Mißdeutbarkeit ist ihr Schicksal. Brauchte die Seele nicht den prüfenden Blick des Bewußtseins, um sich in ihrem Sein und ihrer Formung wirklich zu vollenden – eine Vollendung, die ihrer Unendlichkeit und Flüssig-

keit doch zugleich widerspricht, sie mit Verkümmerung und Erstarrung bedroht, so könnte sie durch Willensdisziplin jene Abhärtung erreichen, welche wir an primitiven wie auch kultivierten großen Seelen bewundern. Doch so sehr man gegen Überempfindlichkeit angehen muß, es bleibt ein Seelenrest zu tragen peinlich; nur der schönen Seele, die ein Werk anstrengungstranszendenter Begnadung ist, gelingt es, vor der Welt ohne Haß sich zu verschließen, ohne Leiden ihr geöffnet zu sein.

Was von der Beziehung des Seelischen auf sein Verstandenwerden zu sagen ist, einem seinsmäßig-erkenntnishaften Urverhältnis, gilt mit gleicher Notwendigkeit in praktischer und ästhetischer Rücksicht. Seele ist ein »Noli me tangere« für das Bewußtsein, das in die Tiefe des Unbewußten strebt, um die ganze Kraft des Menschen zu mobilisieren, in einheitliche Richtung zu bringen und in den Dienst seiner Ziele zu stellen. Nur eine rückhaltlose Ehrlichkeit vor sich selber lehrt uns die Hemmungen besiegen, an deren Widerständen das bewußte Leben zu scheitern droht. Denn diese Hemmungen kommen aus dem Eigenleben des unbewußten Seelischen, das aus Verdrängungen nach mannigfachsten Motiven entstanden und großgezüchtet, beständig unsere bewußte Bahn durchkreuzt, weil es eine andere Richtung wie sie besitzt. Führte die moderne Psychoanalyse vielleicht den Verdrängungsgedanken in mancher Hinsicht ins Extrem, wo er nicht mehr zu verifizieren ist, so hatte sie doch das Verdienst, an diesem seelisch wesenhaften Punkt seelische Phänomene zu verankern.

Bis zu einem gewissen Grade ist jeder Mensch Verdränger, weil ihm nach seiner praktischen Bestimmung als eines auf Aktion gestellten Wesens gar nichts anderes übrig bleibt als zu vergessen und auszuschalten. Die Konzentration auf den Tag, die selektive Behandlung unserer Umwelt nach Nützlichkeitsperspektiven verlangt Scheuklappen nach seitwärts und rückwärts. Um Bergsons Bild zu gebrauchen, wächst die Basis der Pyramide unserer geistigseelischen Existenz mit dem Maß des Abstandes von ihrem Scheitelpunkt, in dem wir uns augenblicklich mit unserer ganzen Aufmerksamkeit befinden. Der ungeheure Gedächtnisinhalt kann also gar nicht in die sich jäh auf den Entscheidungspunkt unseres augenblicksgebundenen Willenslebens hin verjüngende und verengende Bewußtseinssphäre mit hineingenommen werden, sondern wird wesensnotwendig abgeblendet wie die ganze nutzindifferente Weltfülle. Wollte der Mensch auch nur versuchen, sich dagegen zu wehren und die Bildung eines Unterbewußtseins zu verhindern, so müßte er sich augenblicklich zur absoluten Untätigkeit, zur völligen Kontemplation verdammen, welche einem realen Existieren in dieser Welt widerstreitet. Als aktive Wesen müssen wir den Abgrund unserer Vergangenheit wie unserer Zukunft, den Reichtum der Zeit und des Raumes zudecken und nur soviel davon übrig lassen als wir brauchen. Hierin liegt das Gesetz der Naivität beschlossen. Je mehr der Mensch von sich fortlebt, desto ursprünglicher weiß er sein Leben zu gestalten. Ungebrochen strömt die Energie in seine Taten ein und verleiht ihnen Frische und fortwirkende Kraft. Die Tatbereitschaft wächst mit der Unbewußtheit. Zugleich hat das Prinzip der Naivität aber seinen Gegenspieler an dem Sachverhalt, daß zu allen Handlungen Überlegung gehört. Ohne Reflexion ist die Tat blind. Wir haben vorauszuschauen, die möglichen Gefahren zu erwägen, die Widerstände zu beseitigen, wir müssen, kurz gesagt, reflektieren, bevor wir uns loslassen und unsere Ziele setzen. Der Aktionsradius, wie wir ihn von Natur mitbringen, wird durch die Vernunft erweitert. Die Sicherheit der Entscheidung in allen Dingen, die jenseits exakter Messung und Berechnung liegen, also in menschlichen Angelegenheiten, verlangt Vernunft nicht nur nach außen, sondern ebensosehr nach innen, fordert die Niederhaltung und womögliche Vernichtung des inneren Feindes. Rückhaltlosigkeit vor sich selbst wird praktisches Erfordernis, Disziplin, Technik in der Behandlung der eigenen Seele bildet eine wesentliche Grundlage unserer äußeren Erfolge.

So strebt der Mensch auch praktisch nach zwei Seiten, in die Unbewußtheit, Ursprünglichkeit, Naivität *und* in die Bewußtheit, in das Raffinement der Überlegung, der Selbstbeobachtung und Selbstbeherrschung. Ein neuer Antagonismus, eine neue Seite in der dialektischen Dynamik des Psychischen offenbart sich. Die Angst, mit der eigenen Tiefe konfrontiert zu werden und die

Wohltaten der Unwissenheit über sich selbst zu verscherzen, indem man das Unbewußte durchwühlt und ins Licht des Bewußtseins zerrt, der Widerstand gegen die Rücksichtslosigkeit der Intro- und Retrospektive beweist deutlich die Realität der einen, das einfachste Nachdenken über das Risiko, welches die Naivität im praktischen Leben auf sich nimmt, wenn sie diese Angst nicht überwindet, die Realität der anderen Kraftrichtung. In Rücksicht auf Erkenntnis treibt der Mensch in dem Antagonismus von Eitelkeit und Schamhaftigkeit, in Rücksicht auf Praxis in dem Antagonismus von Naivität und Reflexion.

Doch ist es damit noch nicht getan. In dem Zusammenleben des Menschen und selbst in seinem Mit-sich-allein-sein spielt der Eindruckswert, der Erscheinungscharakter des Psychischen eine gewaltige Rolle. Die unwägbaren Seiten unserer Existenz, das nicht mehr Ausdrückliche und in Ausdruckswerte Umsetzbare des seelischen Lebens, geben ihr den Reiz, die Atmosphäre, das Licht, und ohne sie wäre das Leben nicht mehr zu ertragen. Nur das Geheimnisvolle, Unentdeckte und Verhüllte zieht uns an, nur das Verborgene strömt den Zauber aus, der ungeahnte Möglichkeiten verheißt. Die Welt, wenn wir sie beim Wort nehmen, speist uns mit Enttäuschungen ab. Gibt es Entbehrungen, den nackten Hunger ausgenommen, welche nicht nach jener irrealen Befriedigung drängen, nach Sättigung mit dem Zauber unbestimmter Verheißung mehr verlangen als mit dem, was wirklich zu haben ist? Verfahren wir wie das Kind mit der Puppe, sehen wir nach, was in den Dingen, in den Menschen, in all dem Aufregenden dieser fabelhaften Welt steckt, so werden wir kaum mehr als jene Art von atomisiertem Sägemehl entdecken, mit dem die »Wissenschaft« seit langem die nach Erkenntnis Hungernden füttert. Alles Eigentliche, bei Licht besehen, enttäuscht. Die Gestalten verlieren den Glanz, die Farbe und das Aroma wie eine Frucht, die man zu intensiv angefaßt hat.

Der Nimbus des Verhüllten lockt den Menschen an, indem er ihn versucht, den Zauber zu brechen, das Geheimnis zu entschleiern. Aber wenn es nur Distanz und Fremdheit sind, welche anziehend wirken, so wirken sie eben gerade in einer Richtung auf absolute

Nähe und Bekanntschaft, in der der Nimbus zergeht. Abstoßung, welche anzieht, Anziehung, die schließlich abstößt – in einer nie ausgleichbaren Bewegung liegen die Reize der seelischen Ferne. Wir genießen sie nicht nur in der Kunst, in den Gebieten kontemplativer Stille, sondern überall im Leben mit Dingen und Menschen. Sie bilden die Luft eines wahrhaften Milieus, ohne das wir verkümmern. Zauber, der enträtselt und doch nicht enträtselt sein will, Verheißung, die alles und nichts verheißt –, wer sich darauf versteht, erfaßt das Wesen der Seele in seiner letzten Fragwürdigkeit.

So ist der Mensch in den Antagonismus von Realitätstendenz und Illusionstendenz hineingezogen, ohne ihm entfliehen zu können noch je zu wollen, und diese Antithetik, weit entfernt, von unserer ästhetischen oder gar nur künstlerischen Einstellung zur Welt abhängig zu sein, gehört zur Natur des Psychischen, ja bringt sie vielleicht auf einer noch tieferen Stufe zum Ausdruck als die Antagonismen von Naivität und Reflexion, von Schamhaftigkeit und Eitelkeit. Vielleicht, wir wagen nur anzudeuten, wurzelt die dialektische Dynamik des Psychischen unter den Aspekten ihrer praktischen Bestimmung und ihrer Erkenntnis in der ästhetisch noch am reinsten faßbaren zum Antasten verlockenden Unantastbarkeit.

Unter diesen Aspekten versteht man auch die Abgründigkeit des ganzen Fragenkomplexes der Keuschheit. Es beweist mangelnden psychologischen Blick, erklärt man sie für ein Produkt der Konvention und ein Vorurteil. Die Formen der Keuschheit mögen wechseln und gewiß ist Nacktheit an sich noch nichts Anstößiges. Doch ist der Mensch ohne Keuschheitssphäre überhaupt kein Mensch, denn in ihrer Existenz und wie auch immer gearteten Ausprägung findet die seelische Welt gleichsam ihre Vertretung und Darstellung wie im Gesicht gewissermaßen die ganze Persönlichkeit nochmals zum Ausdruck gebracht ist. Hängt dieser Sachverhalt, anthropologisch von der größten Bedeutung, mit der geistigen Verankerung des Menschen zusammen, die es bedingt, daß er im Punkte der Bewußtheit stehend Seele hat und nicht nur Seele ist (wie das Tier), so darf es auch nicht Wunder nehmen, daß

Keuschheit und Sexualität sphärenhaft eng miteinander verknüpft sind. Die Affektbeladenheit des Erotischen bestimmt die erogenen Zonen zu primären Keuschheitszentren. Also gewinnen die Sexualgefühle und das gesamte erotische Triebleben dominierende Bedeutung in der psychischen Dynamik und ihrer konkreten Entfaltung. Und der Bruch in der menschlichen Erotik, der Zwang zu ihrer Pervertierung kraft des Symbolisierungsvermögens ist darum nicht eine mehr oder minder zufällige Wirkung physiologischer Umstände oder besonderer Kindheitserlebnisse allein, sondern ein Ausdruck jenes wesenhaften Antagonismus von Realitätstendenz und Illusionstendenz, die aus der Zweideutigkeit alles Psychischen selber stammt. In der Natur gehen die Dinge ihren Gang. Wirkliche Hemmungen kennt erst die psychische Welt, nur werden ihr die Hemmungen zu Spannungen, Reizen, Erwartungen, ohne die es keine Erfüllungen gibt. In der Natur ist alles einander fern oder nah, das Zwischenreich der zur Nähe lockenden Ferne, der in die Ferne treibenden Nähe, einer unaufgelösten Fernnähe, kennt erst die psychische Welt.
Eben gegen dieses Zwielicht im eigenen Innern wehrt sich der gesunde Sinn. Widerwillen gegen eine irgendwie doch ersehnte Preisgabe der Seele, Furcht vor doch verlangter Selbstoffenbarung, Angst sich zu verlieren, wenn man sich gewinnt, – haben wir nicht tausendmal erlebt, daß diese Zwiespältigkeiten überwindbar sind? Ist der Nimbus so wichtig, daß er nicht der Erkenntnis, der Selbsterkenntnis zu opfern wäre, und ist Erkenntnis des Psychischen so radikal unmöglich und unerträglich, daß wir ihr dieses Opfer nicht bringen können? Vielleicht ist in Wirklichkeit alles gar nicht so schlimm, vielleicht verträgt sich ein gesundes Maß von Reflexion und Selbstanalyse mit tatenfroher Ursprünglichkeit, von nüchternem Blick mit Illusion, von Schamhaftigkeit mit Stolz. Niemand wird das leugnen. Da die Menschen des Durchschnitts in der glücklichen Lage sind, keiner besonderen Entwicklung ihrer Seele zu bedürfen, und mit einem Minimum an Psychischem sich in die gemachten Betten der Alltäglichkeit legen können, wird sich das Getriebe durch sein eigenes Schwergewicht mehr als durch die individuelle Anspannung seiner Handwerker erhalten. Über den

kleinen Empfindlichkeiten wird das große Ganze noch lange nicht aus den Fugen geraten. Und soll denn wirklich die große Empfindlichkeit derart in den Mittelpunkt rücken, als ob – oder damit – sich alles um sie dreht?

Warten wir noch etwas mit der Antwort, welche die Befürworter einer Vernichtung der Persönlichkeit bereithalten. Führen wir die Betrachtung der psychischen Dynamik zu Ende, um ganz zu ermessen, um was es hier geht, und zögern wir nicht, die Dissonanzen herauszubringen, welche die letzte Vorbedingung menschlicher Größe sind. Alles Psychische, das sich nackt hervorwagt, es mag so echt gefühlt, gewollt, gedacht sein, wie es will, es mag die Inbrunst, die ganze Not unmittelbaren Getriebenseins hinter ihm stehen, trägt, indem es sich hervorwagt und erscheint, das *Risiko der Lächerlichkeit.* Der pure Affekt, das Sich-los-lassen der Seele in den Ausdruck hinein, die Unmittelbarkeit der Äußerung, die wahrhafte Rückhaltlosigkeit in der Manifestation der Urteile ebenso wie der Handlungen oder des Mienenspiels *wirkt* – vielleicht nicht notwendig, aber immer möglicherweise – lächerlich. Kein Ernst ist vor dieser Umkippung ins Komische sicher. Selbst über ein gelebtes Leben, dem das Schicksal den Stempel der Endgültigkeit und Notwendigkeit aufdrückt, kann sich ironischer Schein verbreiten, in dessen Lächeln eine Welt in nichts zergeht. Man mag sich wohl über alles lustig machen, doch ist einem noch freigestellt, den Ernst zu wahren und zu respektieren, wo kein Zwang der Lächerlichkeit vorliegt. An dem Psychischen aber haftet gewissermaßen die Lächerlichkeit, sie ist in seiner Natur latent eben durch die Zweideutigkeit, die keine Bestimmung und keine letzte Nähe, es sei denn in der Liebe, erträgt.

Zunächst ist jeder Tatbestand lächerlich, der sich in nichts auflöst, ohne davon Notiz zu nehmen, ein Sinn, der, in Unsinn verwandelt, noch die Ambition aufrechterhält, Sinn zu sein. Eine Droschke, die entzweigeht, kann uns höchstens Schock einjagen, aber eine Droschke, deren vorderer Teil nach dem Entzweigehen samt Kutscher und Pferden weiterrollend noch eine Pseudoexistenz weiterführt, wirkt lächerlich. Eine Bemerkung, die Widerspruch involviert, schaltet aus; aber eine Bemerkung, die kraft des Widerspruchs einen unausgesprochenen Sinn begründet und ausspricht, ist Witz und zwingt zum Lachen. Wie ein Reiz, der eben noch stark genug ist, unsere Aktivität zu erregen, und doch nicht mehr stark genug ist, sie wirklich zu veranlassen, uns kitzelt, wie ein Kitzel als beständiges Hin und Her – wenn wir nicht in der Lage sind, ihn zu beseitigen, oder es vorziehen, ihm uns hinzugeben – uns zu einer entsprechenden Hin- und Herreaktion treibt, jener stoßweisen Bewegung des Lachens, so wirkt alles in der Welt, was uns innerlich auf die Schaukel setzt, d. h. formal mit dem Bewußtsein des Kitzels übereinstimmt, lächernd und lächerlich. Dem Geist, jenem einzigen Blickpunkt für das absolute Nichts, bleibt dieses in keinem Ding verborgen, seiner wahrhaften Souveränität gegenüber verliert darum alles an Gewicht, er wird zum Ort der Ironie und nicht der Ehrfurcht.

Äußert sich Psychisches, tritt es unter das Gesetz der Erscheinung, so vereinseitigt es sich und verliert schon jene Tiefe und Fülle, ohne die es doch gar nicht das ist, als für was es genommen sein will und zu werden verdient. Erscheinend büßt es die Kraft, welche ein Erscheinen bedingt und rechtfertigt, ein. In der Manifestation verliert Psychisches wesensnotwendig, aber da es von sich aus nichts dagegen machen kann und hilflos diesem Verlust an Gewicht zusehen muß, täuscht es immer noch mehr vor als was es faktisch schon ist. So kommt es zu jener an und für sich durchaus nicht verständlichen Lächerlichkeit aller ungehemmten Affektäußerung, ja Kundgabe von Psychischem überhaupt. Der sichtbare Zorn, die sichtbare Trauer, der sichtbare Widerwillen, das ganz offenkundige Zeigen seelischen Gehaltes in Gedanke und Handlung verrät immer zu viel und verrät deshalb die ganze Seele. Dieser plötzliche Gewichtsverlust, den die Psyche im Heraustreten erleidet, ein noch mit der ganzen aus der unsichtbaren Tiefe seines Hervorbrechens stammenden Kraft geladener Ausdruck, der bei der Umsetzung in die Entladung hohle Geste wird, eine Geste, die mehr ambitioniert als was sie faktisch noch hat und ist und so gewissermaßen in der Luft stecken bleibt, dieses Zergehen in der Abbreviatur der Erscheinung macht Seelisches, wenn es nackt hervortritt, lächerlich. Es braucht eine Kompensation, welche solchen qualitativen Gewichtsverlust ausgleicht, es braucht *Bekleidung mit Form*, damit es das auch an der Oberfläche bleibt, was es, in seiner unsichtbaren Tiefe genommen, ist.

In diesem qualitativ gesehenen Antagonismus von Kraft und Erscheinung[5] der Seele wurzelt der Zwang zur Form, mit der wir außer dem Gnadengeschenk der Liebe dem Fluch der Lächerlichkeit zu entrinnen vermögen. Mit diesem Antagonismus erklärt sich das Phänomen des Kitsches, d. h. die seltsame Tatsache, daß ein aus echter Gesinnung und Bewegtheit kommendes Werk oder Wort falsch, seicht und abgegriffen wirkt. Die Armseligkeit und Nichtigkeit so vieler Bilder, Gedichte, Romane, Manifeste, das völlige Verpuffen ungeheurer Anstrengungen, das Verbluten der Herzen Ungezählter, die es gut gemeint haben, aber nicht durchdringen konnten, die Hunderttausende namenloser Soldaten auf den Schlachtfeldern der Vergeblichkeit –, welche Zeugnisse für ein Gesetz der Seele.

Immerhin, es wäre kein Gesetz, wenn es nicht Grenzen seiner Geltung auch außerhalb der Gemeinschaft hätte, die der Verstand schwerer als Natur und Künstler zu treffen weiß. So hören wir irgendwo das Wort eines Kindes, sehen die Geste einer leidenden Frau, das flammende Pathos eines Volksredners und sind gepackt und hingerissen, herausgenommen aus der distanzierenden Haltung und konfrontiert mit dem Letzten der Seele selbst. Warum hält hier die Welt den Atem an und kapituliert der Geist vor einer höheren Gewalt des Herzens? Weil hier das Letzte schutzlos und

---

[5] Womit wir nicht sagen wollen, daß jenes Gesetz von Kraft und Erscheinung, wie es Haas in seiner Dynamik des Psychischen formuliert hat – vgl. Wilhelm Haas, Kraft und Erscheinung, Bonn 1922 –, falsch wäre. Es bezeichnet dort etwas ganz anderes, eine quantitative Abhängigkeit, und gilt nur für eine quantifizierende Betrachtung des Seelischen. Jede Quantifizierung aber braucht empirische Kriterien auf Grund systematisch-experimentellen Vorgehens, wie sie ihren Sinn in übersichtlicher Ordnung und Beherrschung seelischer Phänomene auch allein sucht und gewinnt. Die Philosophie des Seelischen dagegen, aus der wir hier einiges zu geben gedachten, qualifiziert seine Erscheinungen und hat ihre Kriterien am Psychischen und seiner Dialektik selbst, nicht aber an seiner empirischen Beobachtung in irgendeinem Experiment, sei es nun mit Hilfe von Registrierapparaten oder magischer Selbstbeherrschungstechnik.

in solcher Einfachheit uns erschienen ist, daß es im wahrsten Sinne des Wortes auch in und mit der Äußerung nichts mehr zu verlieren hat. Nur das Psychische, zu dem ein, wenn auch noch so geringer Aufwand von Intensität des Erlebens und der Einfühlung gehört, das also eine gewisse Mächtigkeit besitzt, eine Fülle, die nach Äußerung strebt, nur ein solches irgendwie gewichtiges Psychische kann an Gewicht im Ausdruck verlieren und trägt damit das Risiko der Lächerlichkeit. Das Schlichte, ganz und gar Einfache und Elementare unseres Innern, unmittelbar gegeben, nimmt uns durch seine absolute Schutzlosigkeit, seinen Mangel an Anspruch die Waffe der Ironie aus der Hand. Vor dem ganz und gar Schutzlosen sinkt das Schwert, es bleibt nichts mehr, über das es zu triumphieren gäbe. (Aus dieser Macht der Einfachheit aber etwa ein Prinzip des sozialen Verhaltens ableiten, hieße die innere Begrenztheit des wahrhaft Elementaren der Seele, das uns nur entwaffnet, wenn es uns überrascht – und sonst geht es im Gleichgültigen unter – verkennen. Es gehört die ganze Unabsichtlichkeit, Schlichtheit und Aufrichtigkeit im Selbsterleben und in der Äußerung dazu, die Getriebenheit und zugleich die letzte Einfachheit des Gefühls, des Willens, des Gedankens, in der wir alle wurzeln, damit derartige Wirkung hervorgebracht werden kann. Infolgedessen wird sie durch das Leben in den meisten Fällen illusorisch, weil weder Unabsichtlichkeit noch Einfachheit mit seinen durchschnittlichen Situationen sich vertragen.)

Warum ist es nun unmöglich, daraus den einfachen Schluß zu ziehen und zu sagen: das dynamisch Betonte im Ausdruck unterliegt einer unwillkürlichen Entwertung, also hüte sich der Mensch vor solcher Preisgabe, denn im letzten Grunde ist das Betonte ja doch nicht ganz echt und gibt sich der Mensch darin nicht wie er ist; er sei schlicht und einfach, wenn er dem Verhängnis entrinnen will? Weil auch die Betonung, die Nachdrücklichkeit und Gewichtigkeit eines psychischen Habitus echt sein kann. Der Affekt in der Gefühlserregung, selbst in der Denkkonzentration läßt sich einfach nicht trennen vom seelischen Gehalt, etwa dessen, was uns erfreut, was uns beschäftigt, denn er ist eigentlich nur die Hingenommenheit vom Gehalt, in der alle seelische Unmittelbarkeit und

Echtheit besteht. Der Gram des einen kann uns erschüttern, der Gram des andern wirkt komisch, und woran liegt es, da beide doch durch und durch echt sind?

Hier muß eine neue Saite angeschlagen werden. Bisher betrachteten wir das Problem lediglich unter dynamischem Gesichtspunkt, und dieser reicht vielleicht gar nicht einmal zum Ausschlaggebenden. Was viel umfassendere Bedeutung hat und an die Wurzeln der seelischen Existenz rührt, ist der ihm vorausliegende gewissermaßen statische Sachverhalt, daß der Mensch eine Doppelexistenz als Seele und Körper führt. Wohl ist der menschliche Körper Leib, d. h. Ausdruck von Seele, er verhüllt insofern nicht, prägt vielmehr das Unsichtbare in Gesicht, Haltung, Figur und Gesten plastisch aus. Aber was er ausprägt, das vorbewußte Seelische, gewisse fundamentale Charakterzüge, denen die Person nicht entfliehen kann, die ebenso ihre Stärke als ihre Schwäche, ihr Gutes ebenso als ihr Schlechtes verraten, enthüllt einerseits zu viel, andererseits zu wenig. Das Bild eines Wesens ist immer Schema, vereinfachte und vergröberte Darstellung eines nie ganz Darstellbaren und Ausschöpfbaren, das in seinen Möglichkeiten genommen und als ein Unendliches geachtet sein will, auch wenn ihm schicksalshafte Grenzen, Stammformen seiner Existenz, nun einmal gezogen sind, über die es nicht hinaus kann und an welche doch seine Physiognomie beständig erinnert. Wo der Mensch Sichtbarkeit und Mitteilbarkeit erstrebt, ist sie ihm, wie oft, versagt; wo er sie flieht, ist sie beständig da.

Ist an den zuvor besprochenen inneren unvermeidlichen Gegenwirkungen der Seele etwas Wahres, die unruhig zwischen einer Zeige- und Offenbarungstendenz und einer Scham- und Verhüllungstendenz hin und her gezogen wird, ohne von sich aus zur Ruhe zu kommen, so muß die Tatsache der leibhaften Verbildlichung und gleichzeitigen Verhüllung der Seele durch den Körper darauf Einfluß haben wie auch selbst davon berührt werden. Physiognomische Ausprägung wird nur das Sichgleichbleibende der Psyche gewinnen, das in der Tiefe liegt und das Bewußtsein meidet. So entsteht die eigenartige Umkehrung dessen, was das Bewußtsein erstrebt: woran wir nicht erinnert sein noch andere erinnern wollen, steht auf unseren Gesichtern mit dem Meißel der Natur verzeichnet, was aber nach unserem Willen sichtbar werden soll, muß sich mühsam ans Licht hervorkämpfen und die Gefahren der Wirkung auf andere bestehen. Der Leib ist also in dem Maße, als Seelisches nach eigener Formung und Bildung strebt, ein schlechtes, inadäquates Symbol der Persönlichkeit. Wo er symbolisiert, sagt er zu viel, wo er symbolisieren soll, schweigt er und schiebt sich als träger Körper zwischen die geistseelischen Subjekte. Eine derartige wesenhafte Unvereinbarkeit in der Einheit einer Person vereint zu sehen, hat etwas Lächerliches an sich. An irgendeinem Punkte ist jeder die Karikatur seiner selbst, sei es in Unbeholfenheit oder irgendwelchen Automatismen, die er nicht mehr in der Gewalt hat und die dadurch Gewalt über ihn bekommen haben. Denn lächerlich ist in einer zweiten Bedeutung, welche man auch das statische Gegenstück zur ersten dynamischen Definition nennen könnte, jede Unvereinbarkeit an und für sich sinnvoller Teile, der doch von ihrer tatsächlichen Vereinigung in einem anschaulichen Dasein widersprochen wird. Auf diesem Gesetz beruht die ganze Komik der Anschauung. Unvereinbarkeit setzt freilich eine Vereinbarkeit, ein leerer Anspruch die Idee eines zu Recht bestehenden Anspruchs voraus. Lächerlich ist ein Ding nur auf dem Hintergrund des Ernstes, mit dem es kontrastiert. Ohne Aufweis solcher Kontrastmöglichkeit wäre die ganze Darstellung des Risikos der Lächerlichkeit unvollständig.

Nur weil es menschliche Würde gibt, die Idee einer Harmonie der Seele und zwischen Seele und Ausdruck, Seele und Körper, und nur weil es glückliche, begnadete Naturen gibt, welche diese Idee unter uns versinnbildlichen, im schlichten Leben oder in der Kunst, empfinden wir so vieles an uns und anderen als Ereignis gewordene Unzulänglichkeit. Würde hat nichts mit Ehre zu tun. Wenn wir einen Menschen komisch finden, so tangieren wir seine Würde, nicht seine Ehre, wir sprechen ihm die Harmonie in seinem Sein oder seinen Taten, nicht aber die Lauterkeit seiner Gesinnung, die Aufrichtigkeit und das Verantwortlichkeitsbewußtsein ab. Würde betrifft stets das Ganze der Person, den Einklang ihres Inneren und Äußeren, und bezeichnet jene ideale Verfassung, nach

der die Menschen streben, die aber nur wenigen verliehen ist. Je höher der Mensch hinaus will, um so schwerer erreicht er dieses Ideal, denn mit der Vereinseitigung, der Konzentration auf große Themen reißt er die Kluft zwischen sich und seinen Ambitionen auf. Auf tieferer Stufe, wo die Seele weniger im Mittelpunkt der Aufmerksamkeit steht, wo die Ambitionen leichter befriedigt werden, sagen wir bei Sportsleuten oder Menschen der Praxis, vor allem aber bei den Frauen, die nach dem Wort des Romantikers bei sich selbst bleibende Natur sind und nur das zu ambitionieren pflegen, was sie mit Hilfe der Männer zu erreichen sicher sind, finden sich leichter Würde und Anmut.
Wir sind weit von einem Tragizismus der menschlichen Natur entfernt. Es gibt ein Gleichgewicht zwischen den Kräften des Innern wie zwischen Innen und Außen, nur besitzt es und findet es nicht jeder. So ist jene Gefahr der Lächerlichkeit zu verstehen, die in gewissem Sinne jeden bedroht, insofern also ihm einen tragischen Akzent verleiht, weil sie mit der Seinsweise des Menschen als Seele und Körper innerlich gegeben ist, der aber noch lange nicht jeder anheimfällt. Sie wächst nur mit dem Maße der geistseelischen Anspannung und trifft darum das Opfer mit besonderer Härte. Wo Blut und Sache die Menschen nicht zueinander bringen und der Zwang zur seelischen Selbstbehauptung nicht von der übergreifenden Gemeinschaft gelöst wird, hat der Mensch demnach nur die Alternative, diese Gefahr zu bestehen und die Würde durch irreale Kompensationsmittel zu retten oder aber die individuelle Würde dadurch zu gewinnen, daß er sie freiwillig dahingibt. Entweder Selbstbehauptung um jeden Preis, um den Preis der Zufriedenheit, des Glücks, freilich auf relativ niederer Stufe sozialen Milieus, ökonomischer, seelischer Möglichkeiten oder Selbstpreisgabe und Selbsterniedrigung im Geiste der tiefsten Wahrheitsparadoxie, welche die Welt kennt: wer sich verliert, wird sich gewinnen. Entweder der Weg der reinen Ethik oder der Weg der reinen Religion.
Darum verlangt das Leben von denen, die aus der Ohnmacht, aus dem großen Nichtwiderstreben die Welt beschämen und erneuern wollen, ein Sichbeugen unter den Fluch der Lächerlichkeit, eine

Erniedrigung vor den Mitmenschen. Gott muß Knechtsgestalt annehmen, wenn die Welt ganz und gar aus den Angeln gehoben sein soll. Der Heiland bringt eine ungeheure Wahrheit, er bringt die Paradoxie, den Geist der Tiefe, er bringt das Schwert. Er wagt den Widersinn und fordert heraus. Was ist die Erlösung durch das Heilandsopfer ohne das Wagnis des Menschensohnes, der es mit allen aufnimmt und nach dem Gesetz dieser Welt verliert? Wie könnte dieser Welt das Gericht gewaltiger gesprochen sein, als daß an ihr die lautere Güte zerbricht? Dostojewskis Idiot, Hauptmanns Emanuel Quint nehmen den Fluch der Lächerlichkeit auf sich und alle die, welche Christi Vorbild im Herzen tragen und im Herzen befolgen wollen. Das Schicksal Jesu von Nazareth gewinnt erst aus der Verkanntheit seines Wesens jene symbolhafte Gewalt, welche durch die Geschichte fortwirkend ewige Mahnung bedeutet, über der vernichtenden Kritik des Geistes und den Erhebungen zur Form nicht zu vergessen, daß Gott, der in jeder Seele wirkt, auch das Niedrigste zu seiner Stätte wählen kann.
In Christus haben alle, die auf den Schlachtfeldern der Vergeblichkeit verblutet sind, denen die Welt, der Geist mit letztem Lächeln quittiert, ihre Zuflucht, sie dürfen sagen: Ironie, wo ist dein Stachel, Ironie, wo ist dein Sieg? Haben wir nun die Antwort gegeben, welche die Befürworter einer Vernichtung der Persönlichkeit im diesseitigen Sinne, einer Vernichtung ihrer letzten Verantwortlichkeit für das Werk der Kultur bereithalten? Wer sich ganz dem Gesetz der individuierten Seele, einerlei, ob er Individualist oder Sozialist sein will, überliefert, hat schwer an ihm zu tragen. Und es ist verlockend, zumal wenn er es religiös begründen kann, seine Bürde abzuwerfen und nach außen in der Masse unterzugehen, das Streben nach Geltung, nach praktischer Macht, nach Illusion zu verneinen und radikal ernst zu machen mit der Umkehr zur Preisgabe der irdischen Güter und Werte. Wer das will, wer so wahrhaft ein Christ zu sein glaubt aus dem Geiste des Herrn, den vermag keine Macht zu hindern. Er nimmt das Risiko der Niedrigkeit und Lächerlichkeit auf sich, mit heiterer Seele, denn er weiß, daß ihm Gott dieses Risiko abgenommen hat wie allen, auch wenn sie es nicht wahrhaben wollen, bis ans Ende der Tage.

Aber die anderen? Aber die Nichtverzichtenden, aber die, welche die Welt nicht für so gleichgültig halten, daß sie, um Christen zu sein, sie aufgeben dürften? Sie müssen sich auf ihre Gesetze einlassen, sie müssen erkennen, daß es hier nur ein Vorwärts von unerbittlicher Härte gibt, und der einzelne, auch wenn er noch lange nicht das Höchste ist, seinen Mann stellen muß, weil aus seinen Anspannungen allein die Masse der Welt zum Ganzen geformt wird. Wo sind dann die Lobredner der Gesellschaftsflucht, die ekstatischen Gemeinschaftsbejaher mit ihren seelisch unverifizierbaren Ideen, wo die milden Darsteller eines leichten Ausgleichs zwischen den ja gar nicht so schlimmen Extremen der menschlichen Seele?

Für den Kritiker des gemeinschaftsemphatischen Ethos genügt es, die Wesensgrenzen aufzuzeigen, welche der Rückhaltlosigkeit als dem innersten Charakter echter Gemeinschaftsgesinnung entgegenstehen und an die Extremmöglichkeiten zu erinnern, die dem Durchschnittler allerdings verschlossen sind, an das Risiko, das nur die, und sei es um der Gemeinschaft willen, sich vorwagende Persönlichkeit auf sich nimmt.

Wege zur Unangreifbarkeit:
Zeremoniell und Prestige

> Nur die sind verächtlich,
> die sich vor Verachtung fürchten
> La Rochefoucauld

Aus den radikalen Nöten, denen er durch seine Innerlichkeit verfallen ist, sucht der sich selbst behauptende Mensch einen Ausweg. Den Antagonismen von Scham und Eitelkeit, Naivität und Reflexion, Realität und Illusion, die ihm keine Ruhe des Lebens, keine eindeutige Richtung lassen, weil sie nicht in seine Gewalt gegeben sind, muß er entfliehen, um eine Position vor anderen wie vor sich zu gewinnen. Wohl läßt sich die Zweideutigkeit überall da verbannen, wo wir eine feste Orientierung an Sachen und Normen besitzen. Aber was nützt der unsichtbare Gehorsam im eigenen Innern, wenn den ihm folgenden Taten als Erscheinungen ein falscher Sinn unterlegt werden kann? Die wesensmäßige Unsicherheit, so zu wirken, wie er ist oder gar wie er will und wie er es meint, wird allerdings den Menschen nicht davon abbringen dürfen, so zu handeln, daß er vor dem inneren Richter besteht. Nur ist hiermit für das Zusammenleben der Menschen noch kein positives Prinzip angegeben, nach dem sich die Charaktere erkennbar und in ihrer Reinheit auch durchsichtig werden.

Ohne die ethischen Ideen selbst schon zu relativieren und zu verflüssigen, was allerdings die Sache am verkehrten Ende anpacken hieße, wird es die Aufgabe sein, dem Menschen über die ganze Breite seiner seelischen Existenz hin ein solches Benehmen zu empfehlen, das bei einem Maximum an Ehrlichkeit und Aufrichtigkeit ein Maximum an Sicherheit vor dem ironischen Zerstörerblick, bei einem Maximum an seelischem Beziehungsreichtum zwischen den Menschen ein Maximum an gegenseitigem Schutz voreinander verbürgt. Die Sphäre des Zusammenlebens der Menschen ist an Möglichkeiten unendlich vielfältiger als die von ihr eingeschlossenen Sphären bluthafter oder geisthafter Bindung. Gerade auf dieses unendlich differenzierbare Zwischenreich zwischen

Familiarität und Objektivität, ein Reich zwar nicht wertloser, wohl aber moralisch wert*äquivalenter,* nicht nach einer Alternative so oder so entscheidbarer Situationen, in denen Seele mit Seele in unvermittelten, d. h. liebefreien und sachfreien, weder durch Sympathie noch durch Überzeugungen regulierbaren Kontakt gerät, hat sich die Aufmerksamkeit zu konzentrieren. Die Alltäglichkeit ist eben dieser Inbegriff *lauter einzelner Fälle,* auch wenn sie durchzogen sind von allgemeinen Ideen und Pflichten, für die es keine Anrufung höherer geistiger Instanzen (wir erinnern an das vorvorige Kapitel) gibt. Nicht für jede Kollision und Konstellation ist ein ideales Verhalten vorbildlich festgelegt. Hier heißt es, sich weiterhelfen und die Situation meistern. Hier gibt es kein stabiles Gleichgewicht des Lebens mehr, das Verhalten ist weder bluthaft noch werthaft verankert, hier herrscht labiles Gleichgewicht, hier gilt tänzerischer Geist, das Ethos der Grazie.
Dieses Reich der Alltäglichkeit, der wertäquivalenten Situationen kennen wir alle: es ist die Gesellschaft im Sinne der Einheit des Verkehrs unbestimmt vieler einander unbekannter und durch Mangel an Gelegenheit, Zeit und gegenseitigem Interesse höchstens zur Bekanntschaft gelangender Menschen. Und wir kennen auch diesen tänzerischen Geist, dieses Ethos der Grazie: das gesellschaftliche Benehmen, die Beherrschung nicht nur der geschriebenen und gesatzten Konvention, die virtuose Handhabung der Spielformen, mit denen sich die Menschen nahe kommen, ohne sich zu treffen, mit denen sie sich voneinander entfernen, ohne sich durch Gleichgültigkeit zu verletzen. Die Liebenswürdigkeit ist ihre Atmosphäre, nicht die Eindringlichkeit; das Spiel und die Beobachtung seiner Regeln, nicht der Ernst ist ihr Sittengesetz. Die erzwungene Ferne von Mensch zu Mensch wird zur Distanz geadelt, die beleidigende Indifferenz, Kälte und Roheit des Aneinandervorbeilebens durch die Formen der Höflichkeit, Ehrerbietung und Aufmerksamkeit unwirksam gemacht und einer zu großen Nähe durch Reserviertheit entgegengewirkt.
Zwischen den Polen der Gemeinschaft, Blut und Sache, spannt sich das ungeheure Gebiet einer noch nicht politisch oder ökonomisch faßbaren, gewissermaßen unbestimmten Öffentlichkeit, mit

Wege zur Unangreifbarkeit: Zeremoniell und Prestige

der das ganze Risiko der Erniedrigung menschlicher Würde gegeben ist. Hier ist das oberste Gesetz für den einzelnen, sich nicht dadurch auszuschalten, daß er sich lächerlich macht. Nicht so sehr seine Ehre, deren Schutz ganz in seiner Macht liegt, als seine Würde steht auf dem Spiel. Um die Achtung der individuellen Form ihrer Persönlichkeit, d. h. der individuell beschränkten, durch die Beschränkung zugleich zur Wirksamkeit entbundenen seelisch-geistigen Unendlichkeit geht der streng auf Gegenseitigkeit gestellte Kampf aller gegen alle. Indem aber die Flüchtigkeit und Zufälligkeit menschlicher Beziehungen einen jeden in willkürliche Perspektiven und Beleuchtungen rückt, die ihn entstellen und eine Verkürzung und Vereinfachung erzwingen, welche der Individualität keinen Raum geben, muß dieser Kampf um die gegenseitige Achtung auf besonderen Wegen ausgefochten werden.

Man könnte ja denken, der Forderung nach gegenseitiger Achtung individueller Würde wäre durch eine einfache Geste, die jedem seinen Glauben und seine Neigungen läßt, Genüge geschehen. Aber damit ist doch nur ein Schema des Verhaltens vorgezeichnet. Solche Abbreviatur, für die es manche Belege gibt wie: es muß auch solche Käuze geben, jeder soll auf seine Fasson selig werden, hat im Gegenteil etwas Verletzendes, wenn sie mit dem einzelnen Menschen zusammengebracht wird, denn eine individuelle Form ist erstrebt. Hier sitzt die Schwierigkeit. Das Individuum, bedroht von dem Antagonismus von Seele und Körper, Kraft und Ausdruck, darf sich einerseits so wenig wie möglich sehen lassen, macht sich dadurch allerdings unkenntlich. Andererseits lassen es die Konstellation und das Tempo des Lebens nicht zu, dem einzelnen sich so zu widmen, wie es zu seiner Erkenntnis nötig wäre. Aus beidem folgt allgemein die Unmöglichkeit einer individuellen Fühlungnahme und damit der Schematismus des Verkehrs. Demgegenüber beharrt das Individuum auf seinem unverlierbaren Anspruch, so behandelt zu werden wie es ist und aus der Fülle einer vielleicht nie ausschöpfbaren Seele heraus verstanden, d. h. auch in seinen Möglichkeiten geachtet zu werden. Verständnis und Achtung bedeuten in dieser Sphäre noch ein und dasselbe, weil die Würde des einzelnen, seine eigenartige Ausprägung menschlicher

Natur, mit seinen natürlichen Eigenschaften, freilich in der unzerteilten Einheit einer Persönlichkeit, zusammenfällt. Das Moment der Würde ist in der Unendlichkeit und Unantastbarkeit der persönlichen Seele gegeben, die, wenn sie auch nicht jeder in voller Wirklichkeit besitzt, doch jeder haben möchte bzw. deren Besitz er prestigiert.

Bringt man die Forderungen zusammen, so erkennt man sofort ihre Unvereinbarkeit auf dem natürlichen Boden, dem sie entstammen. Das Individuum muß zuerst sich eine Form geben, in der es unangreifbar wird, eine Rüstung gleichsam, mit der es den Kampfplatz der Öffentlichkeit betritt. Auf solche Art sichtbar geworden, verlangt es entsprechende Beziehung zu anderen, Antwort von anderen. Der Mensch in der Rüstung will fechten. Eine Form, die unangreifbar macht, hat stets zwei Seiten, sie schützt nach innen, und sie wirkt nach außen. Das kann sie aber nur, wenn sie definitiv verhüllt. Ohne irreale Kompensation einer Form in die Öffentlichkeit zu gehen, ist ein zu großes Wagnis. Mit dieser irrealen Kompensation maskiert sich jedoch der Mensch, er verzichtet auf sein Beachtet- und Geachtetwerden als Individualität, um wenigstens in einem stellvertretenden Sinne, in einer besonderen Funktion, repräsentativ zu wirken und geachtet zu sein.

Kann der Mensch es nicht wagen, einfach und offen das zu sein, was er ist, so bleibt ihm nur der Weg, *etwas* zu sein und in einer Rolle zu erscheinen. Er muß spielen, etwas vorstellen, als irgendeiner auftreten, um die Aufmerksamkeit auf sich zu lenken und sich die Achtung der anderen zu erzwingen. Die ursprüngliche Tendenz auf Respektierung und inneres Verständnis der eigensten Persönlichkeit wird infolgedessen nicht befriedigt. Ihre notgedrungene Ableitung und Transformierung in eine irreale Sphäre von Bedeutungen und Geltungen entspricht einem Kompromiß zwischen Gegensätzen, die unversöhnlich einander auszuschließen trachten, einer Scheinlösung auf ganz anderer Ebene als in der die Gegensätze liegen. Der Mensch verallgemeinert und objektiviert sich durch eine Maske, hinter der er bis zu einem gewissen Grade unsichtbar wird, ohne doch völlig als Person zu verschwinden. Eine Zweiteilung entsteht zwischen Privatperson und Amtsperson, Amt hier noch in einem ganz umfassenden, nicht irgendwie historisch belasteten Sinne genommen. Zugleich wird ein Doppeltes erreicht. Das Schwergewicht der Form, der Bedeutung, in der das Individuum erscheint, macht sich kompensatorisch in der Wirkung auf andere geltend, welche ihrerseits zu einem Eingehen auf die Form, die Bedeutung gezwungen werden. Jemand ist nur etwas in der möglichen Anerkennung durch andere. Unstreitig ist dieser Irrealisierungszwang von Wichtigkeit für die Rechtfertigung aller gesellschaftlichen Struktur. Denn ob die kompensatorischen Formen, die repräsentativen Funktionen bestimmte Zwecktätigkeiten zum Inhalt gewinnen und dann Ämter, Berufe, den ganzen Bau lebensnotwendiger Dienstleistungen in einem Sozialverband tragen oder ob sie bestimmte Werttätigkeiten im ganzen einer Kultur werden, ist zunächst gleichgültig. Man ersieht nur aus dem Motivzusammenhang die absolute Notwendigkeit der Entstehung einer Form in den menschlichen Beziehungen, die Genealogie ihres Formellseins, die Unvermeidlichkeit und Erwünschtheit der sozialen Abstraktionen überhaupt ohne Berufung auf irgendwelchen physischen Zwang der Wirklichkeit, ohne Rückgang auf die biologischökonomisch bedingte Zwecktätigkeit des Menschen.

Begegnen sich Personen in dieser irrealen Geltungssphäre, so gewinnen sie eine konstante Relation zueinander, einen Abstand, der weder zu weit noch zu eng werden kann, weil die Starrheit der jeweiligen Bedeutung, mit der sie sich begegnen, es verhindert. Die Beobachtung der Formen hat denselben Sinn wie die Einhaltung von Spielregeln, wodurch das öffentliche Leben, dessen Personen einander in Funktionen, in Rollen erscheinen, an seiner eigentlichen Natur zum Spiel wird. Besitzt die Materie dieses Lebens oft den ganzen Ernst und die Unerbittlichkeit des Daseins, vollziehen sich in ihm letzte Entscheidungen, so zeigt doch (unbeschadet einer ihm völligen Adäquatheit in der Gesinnung) die Behandlung formal Spielcharakter, weshalb das eine »gilt«, das andere nicht »gilt«, und die Nichtbeachtung der eigenartigen Regeln, die sich schwer verzeichnen lassen, den Menschen im Niveau drücken, ja völlig entwerten muß. Nackte Ehrlichkeit wirkt, wenn nicht ganz besondere Umstände mithelfen, einfach als Spielverderberei,

mit der weiter nichts anzufangen ist, als daß man darüber hinweggeht.
Unangreifbarkeit der Individualität wird mit stellvertretender Bedeutung erkauft. Stellvertretende Bedeutung setzt gleichbleibende Abstände zwischen die Individuen und wirkt als Form kompensatorisch einer Entwertung des Menschen in der Erscheinung entgegen. Sie rettet die Würde, indem sie der schwer faßlichen, natürlichen, das Äquivalent einer irrealen, aber klar umgrenzten Würde bietet. Die eigentliche Kraft, welche diese Wirkung vermittelt, man kann auch sagen, der Effekt, der mit dieser Irrealisierung hervorgerufen werden und das Leben in der Gesellschaftssphäre halten soll, ist die Gewalt des *Nimbus*.
Wer etwas ist und damit eine Rolle spielt, besitzt dadurch einen gewissen psychologisch schwer beschreibbaren Nimbus, der sozusagen an der Funktion der Bedeutung hängt. Es ist weniger die ungegliederte Fülle von Vorstellungen der Machtmöglichkeiten, welche mit jeder Bedeutung als abstrakter und daher über die individuell beschränkte Seinssphäre hinausgeltender Form zum mindesten als Ansprüche verbunden sind, als der einfache Respekt vor dem Unwirklichen, das sich in bestimmter Gestalt und Funktion präsentiert. Um Nimbus zu erzeugen, genügt zunächst das einfache Vorgeben von etwas, das da sein und wirken soll, ohne »da« zu sein. Weiter spielt allerdings das Gefühl, einer Macht gegenüberzustehen und die Drohung mit Gewalt, über welche jede Macht verfügen muß, eine Rolle. Die eigentümliche Erhöhung und Verklärung, die mit steigendem Abstand zwischen den Bedeutungsträgern an dem jeweils Übergeordneten zu bemerken ist, zeigt das Gesetz dieser Sphäre besonders deutlich: die Weite des Abstandes, den eine Person kraft ihrer repräsentativen Stellung beansprucht und erzwingt, hebt ihre Sichtbarkeit, d. h. mehrt ihr Ansehen. Je unnahbarer eine Position ist, um so größere Aufmerksamkeit und Ehrerbietung wird ihr dargebracht.
Auf diese Weise ist die Seele aus der dialektischen Dynamik einer ewig nach Berührung verlangenden und diese Berührung doch fliehenden, nach Antastung strebenden Unantastbarkeit auf eine ihrer eigentlichen Absicht zwar nicht genügenden, obwohl der

Form des Antagonismus gemäßen Art befreit. An die Stelle des ursprünglichen, aber verwundbaren, zerstörbaren Nimbus, der in dem »Noli me tangere«-Charakter alles Psychischen gegeben ist, tritt durch die Irrealisierung der Person ein unzerstörbarer Nimbus, der das Rätsel löst: einen Menschen gleichzeitig maximal sichtbar zu machen und zu verhüllen. Der natürliche Zauber des Erscheinungscharakters einer Psyche mit seiner seltsam widersprechenden Wirkung, lockend und abweisend in einem, ruft unsere Realitätstendenz, die wissen will, wie der Mensch eigentlich ist, und unsere Illusionstendenz, die scheu vor dem Geheimnis uns fernhält, gleichmäßig wach. Denn gerade von außen, in der Richtung ihres Gesehenwerdens, ist Seele das große Rätsel, das Ewig-Vieldeutige, das uns, kaum gefaßt, entgleitet. Solche Rätsel in der Erscheinung faszinieren und ziehen in sich hinein, bewirken aber im selben Maße Zurückhaltung und schaffen Distanz. Der künstliche Zauber des unzerstörbaren Nimbus bringt den Widerspruch zur Lösung. Er schafft seinem Träger zugleich Raum und Anziehungskraft, Maske und Gesicht.

Wird auch die Unangreifbarkeit, sagen wir genauer eine gewisse Unangreifbarkeit, mit dem Preis der Individualität bezahlt, muß sie als Privatsphäre hinter der offiziellen Physiognomie der jeweiligen Bedeutung verschwinden, so bleibt doch dem Menschen, will er sich als Seele behaupten, nur dieses Mittel. Sogleich ergeben sich zwei Ordnungen seiner Anwendung. Die eine folgt aus der Berücksichtigung gleichbleibender, ruhender Verhältnisse zwischen Personen, die andere aus der Berücksichtigung wechselnder, werdender Prozesse zwischen ihnen. Alle übersehbaren konstanten Beziehungen einheitlich irrealisiert, ohne doch einer Uniformierung und vor allem einer Nivellierung damit schon unterworfen zu sein, werden zusammengefaßt in der Idee des *Zeremoniells*. Die Beobachtung seiner Gesetze und Formen ist bindend, ohne einer besonderen rationalisierenden oder moralisierenden Begründung zu bedürfen. Es ist dazu da, übernommen und angewandt zu werden in dem stillschweigenden Bewußtsein seines Spielcharakters. Ihm ordnet sich die Individualität ein und unter, ein Allgemeines verbindet eine unbestimmte Fülle von Personen, die in gewissen

Bedeutungsverhältnissen entweder zueinander oder zu dritten stehen, zu einheitlichem Verhalten von objektiv geregeltem Gepräge. Während die persönlichen Reibungsflächen auf ein Minimum reduziert sind, erhöht sich zugleich die Sicherheit und Würde des Benehmens.

Kein Volk, es mag auf einer noch so primitiven Stufe der Kultur stehen, entbehrt des Zeremoniells in seinen religiösen, politischen und ökonomischen Handlungen. Die naturvolklichen Kulturstufen verwurzeln seine strenge Feierlichkeit in magischen Vorstellungen von der geisterbeschwörenden Macht der Formeln. Sie sollen der überall gegenwärtigen Gewalt des Übersinnlichen Ehre erweisen und die auf ihre Würde und ihren Vorteil bedachten Geister und Götter respektieren und gewinnen. So geringe Bedeutung auch das Einzel-Ich in der Bewußtseinslage primitiver Völker hat, so anspruchsvoll sind ihre Götter, die Verstorbenen und die Respektspersonen, welche in erster Linie mit ihnen verhandeln müssen; doch auch das in Dämonen objektivierte Psychische verleugnet nicht seine Empfindlichkeit, das, ob es noch so naiv sich äußern mag, behutsam angefaßt sein will. Und welche Ausbildung hat das Zeremoniell in allen Sphären des Lebens bei den asiatischen Völkern erfahren! Auch hier ist das Motiv nicht der Schutz der eigenen Individualität, die dem Orientalen gar nicht in dieser Weise als etwas nur ihm Gehörendes und Unvertretbares erscheint, sondern sein ausgesprochener Sinn für die Würde der Form. Die Höflichkeit, in einer unendlichen Fülle von Regeln sich erschöpfend, entspricht seinem Geschmack an extremer Bindung des Lebens und Unterdrückung der Willkür des sich hervorwagenden Einzelmenschen. Freiheit und Originalität sind nach den Begriffen seiner großen Kultur barbarische Werte. Eingliederung in die Tradition soll seinen Lebensweg bestimmen und seine letztlich gleichgültige Person an die große Kette der Toten in allen Lebensäußerungen anknüpfen. Man kann es wohl verstehen, wie in der Entwicklung des abendländischen Menschentyps, vor allem seit der Zurückdrängung der katholischen Kirchenmacht, in der das orientalische Element eine nicht unwesentliche Rolle spielt, die Idee der zeremoniellen Ordnung unserer Lebensweise, unseres Verkehrs und sozialen Benehmens überhaupt an Wert einbüßen mußte. Je mehr das Ich Vordergrundserlebnis und Angelpunkt der Kultur wurde, Religion und Staat in ihm ihren Maßstab suchten, desto unerträglicher kamen den Menschen alle die rational nicht verständlichen Formen vor, die die einfachsten Dinge von der Welt mit umständlicher Feierlichkeit umgeben. Der expressiv veranlagte Europäer, gegen alles nicht vernunftgemäß Einleuchtende und Notwendige mißtrauisch, räumte mit dem sogenannten alten Plunder auf, wo er ihm irgend entbehrlich schien, und das bürgerliche Zeitalter, die Epoche der Revolutionen, überbot sich in der Diskreditierung des Zeremoniells wie überhaupt des Formenhasses, bis es an der Schwelle eines sozialen Expressionismus, eines Nihilismus auch der geringsten Reserviertheit erkannte, welche seelischen Werte auf dem Spiel stehen. Für den Abendländer ergibt sich also neuer Zwang zur Verteidigung des Zeremoniells aus Gründen einer Hygiene der Seele. Seine Bewertung, vielleicht Überbewertung der Persönlichkeit zieht folgerichtig die Ausbildung verstärkten Schutzes der Psyche vor Preisgabe, Verletzung und Erniedrigung in der Öffentlichkeit nach sich. Eine extrem individualistisch-sozialistische Gesellschaft muß die Auferstehung des Zeremoniells in irgendeiner Form verlangen und erleben.

Indem ein Zeremoniell feste Regeln für das Verhalten des einzelnen bedeutet und alle individuellen Unterschiede aus seinen Kreisen verbannt, gewissermaßen eine Umprägung der Persönlichkeit in statischer Richtung vornimmt und das flüchtige Dasein zu bleibenden Symbolen verzaubert, in die Zeit den Nimbus der Dauer bringt, macht es sich selbst ohnmächtig, den Wechsel der Kräfte, die andauernden Machtverschiebungen in den Bereich der Irrealisierung einzubeziehen. Diese Einbeziehung ist jedoch gefordert. Denn man darf nicht vergessen, daß das, was einer sein soll und als Funktion, als repräsentative Rolle übernimmt, seiner individuellen Kraft und Begabung Rechnung tragen muß. Für ewig andrängende Mächte muß Spielraum vorhanden sein, elastische, biegsame Formen, Stufen, ein ganzes offenes System von Möglichkeiten und Gewinnchancen, strenger gesagt, von Geltungschancen, damit jede Eigenart auf ihre Kosten kommen kann. Auch muß das System in

sich so locker, so umbildungsfähig sein, daß dem schöpferischen Kopf die Erfindung neuer Formen möglich wird, die es dem unendlichen Fortgang und Umschwung des Lebens selber anpassen. Eine Form der Irrealisierung, welche derart die unübersehbaren Prozesse (aus denen erst soziale Beziehungen werden) in ihrer Dynamik berücksichtigt und von den unstet wechselnden Kräftespannungen nicht gesprengt werden kann, eine derartige Sicherungsweise des Nimbuseffekts ist das *Prestige*.
Wie schon aus der Einführung des Begriffs hervorgeht, darf man von ihm nicht eine gleich mannigfaltige Ausprägung in einzelne Kulturformen erwarten, wie sie das Zeremoniell zeigt. Beim Prestige handelt es sich überall in der Welt um dasselbe, es erfüllt, sehr im Unterschied vom Zeremoniell, in allen sozialen Bezügen den gleichen Sinn. Da das Zeremoniell nur eine starre Lebensordnung schafft, die den einzelnen schützt, seinem Selbstbehauptungsstreben, d. h. der ihm von seiner seelischen Natur aufgedrungenen Vereinzelung aber keine Entfaltungsmöglichkeit bietet, muß er danach trachten, seiner Individualität für die Abenteuer des praktischen Lebens ein besonderes, einzigartiges Ansehen zu geben. Ihm wird die Aufgabe, in seinen Handlungen streng darauf zu sehen, daß er das Gesicht wahrt, daß er sich nichts vergibt und nirgends zurückgeht. Eine individuelle Unangreifbarkeit im Gegensatz zur formal-abstrakten, objektiv-regelhaften, wie sie das Zeremoniell verschafft, eine aus der persönlichen Natur stammende, möglichst nicht eindeutig definierbare Kraft wird verlangt, die dem einzelnen Kredit einbringt und die Umwelt an ihn glauben macht. In dieser Wolke gleichsam eines der Person spezifischen Kraftnimbus zieht das Prestige den Plänen und Taten des Menschen voran, Raum schaffend, Achtung gebietend.
Die Bedingung zur Möglichkeit der Prestigewirkung ist die (auch ohne Regel) zustande gebrachte Linie im äußerlich Sichtbaren des Verhaltens. Unwillkürliche Eindeutigkeit, die aus Taten hervorleuchtet und sie nachträglich wie aus einem ehernen Willen hervorgegangen sein läßt, bezwingt immer. Man erzählt sich von Bismarck – von Friedrich dem Großen wird ähnliches berichtet – daß er vor 1864 in einer Gesellschaft beim österreichischen Gesandten

Wege zur Unangreifbarkeit: Zeremoniell und Prestige   89

in Frankfurt offen seinen Plan einer Einigung Deutschlands unter preußischer Führung entwickelt habe, wie er sie tatsächlich dann durchgeführt hat. Selbst wenn das nicht stimmen sollte, bezwingt die eigenartige Logik in der Verzahnung der drei Kriege und läßt eine divinatorische Gabe bei ihrem geistigen Urheber vermuten, die den Kern seines Prestige ausmacht. Nach der Schlacht bei Tannenberg wuchs das Prestige Hindenburgs ins Ungemessene und ist weder durch Glück noch Unglück, die danach kamen, wesentlich erschüttert worden, weil aus seinen Taten eine Zielsicherheit, eine Willensstetigkeit sprach, die schrankenlos vertrauen machte. Es war nur ein Ausfluß davon, daß man alsbald sagte, der General habe Zeit seines Lebens diesen Plan mit den Masurischen Seen verfolgt. In der Eindeutigkeit ehrt und fürchtet man die Gewalt einer überlegenen Macht, die ihr Ziel unter allen Umständen zu erreichen weiß.

Als Macht zu erscheinen, ist die unerläßliche Voraussetzung jedes Prestige, nirgends sich zu desavouieren und Brüchigkeit zu verraten, die das Bild zerstört, seine Norm. Aber zur Macht gehören Mittel von wirklicher Geltung. Diese Mittel gilt es zu erobern, wenn man in den Genuß des Prestige kommen will. Teils lehrt uns die Kultur den Erwerb und die Mehrung dieser physischen, psychischen, spirituellen Machtmittel kennen, wie dies ja ein spezieller, oft zum Hauptzweck gemachter Seiteneffekt der Wissenschaft ist, teils bedeutet Kultur nichts anderes als eben diesen Kampf um die Geltung im Medium geltender Werte, geistiger Machtmittel über die Geister. Der rastlose Kampf ums Prestige, zu dem der Kampf ums wahre Gesicht sich irrealisiert und verwandelt, ist hier gewiß am schwersten, doch winkt ihm ein höchster Lohn, den er auf keinem andern Kampfgebiet erlangen kann: hier kann er das *Werk* zum Ausdruck seiner selbst machen und das höchste Glück der Persönlichkeit geben und genießen. Die starre Maske irgendeines auswechselbaren Amtes, die den verschiedensten Persönlichkeiten den gleichen Nimbus verleiht, weicht hier dem in eigener, zu dauernder Prägung gebrachter Arbeit erschienenen Gegenbild der Person ihres Schöpfers. Wenn es ihm glückt, wenn er die kompensatorische Form meistert, wenn er das eherne Mittel der Schulen so biegsam zu machen weiß, daß er in die ganze Objektivität seiner Aufgabe die Fülle seiner eigensten Subjektivität einströmen lassen kann, dann erreicht er das Letzte für menschliche Maße, er verleiht dem Unendlichen ungewollt seine eigenen Züge und erweckt auf seinem Gesicht die Erinnerung an das göttliche Antlitz. Hier nur erfüllt sich die tiefste Sehnsucht jeder Seele, unangreifbar greifbar und faßlich zu werden, in der einzigartigen Form ihrer Unendlichkeit zu überzeugender Erscheinung zu kommen. Das Werk allein kann das wahre Gesicht eines Menschen werden, denn es spiegelt nicht sein bloßes Sein, das Residuum gleichsam seiner Existenz, sondern verklärt es im Lichte seiner Möglichkeiten, seiner verborgenen Wünsche und nie offenbarten Natur.

Zeremoniell bewegt sich in äußeren Formen, die gemeinhin vergehen. Es stiftet Regeln und Gebräuche, treibt auf diese Art auch wohl manches Bleibende, doch ohne sonderliche Absicht, hervor. Prestige verlangt nach dauerhafteren Mitteln, es erzeugt, indem es reelle Kräfte mobil macht, ernsthafte Bemühung um die Kraftquellen des menschlichen Daseins, es stiftet Kultur. Das Streben nach Macht, vom Körper dem Menschen aufgedrungen, erscheint in seinem Dienste und der Veredelung fähig. Selbstzerstörerische Anstrengungen auf den Schlachtfeldern physischer Gewalt können in harmonischere Tendenzen gelöst werden, die das Prestigebedürfnis durch Irrealisierung der Person zum Träger einer gesellschaftlichen Funktion befriedigen, durch Objektivierung der Person im Werk sie aus dem wurzelhaften Zwiespalt ihres Selbst erlösen. Der Mensch ist eben homo faber, Erfinder von Werkzeug, Urheber von Zivilisation und Kultur nicht allein aus Hilfsbedürftigkeit oder aus intellektueller Überlegenheit. Aufrechter Gang, das Freiwerden der Hände, Momente, die den Menschen zugleich den Angriffen der Umwelt besonders exponieren, sind nur Seiten eines viel umfassenderen Sachverhalts, dem sich das Verlangen der Seele nach Ausdruck sinngemäß einfügt. Die elementare Begehrlichkeit, zunächst physiologisch verankert, wird von einem reineren Streben aufgefangen und umgeformt. Was dem Machthunger entspringt, findet seinen über den bloßen Sättigungszweck hinausreichenden Sinn, dadurch sein geistiges Rückgrat und eine dauernde

Rechtsquelle seiner Befriedigung in dem Streben des Menschen nach Ausdruck und Geltung: nach Selbstobjektivation.

Form schützt nicht nur, sie engt auch ein, sie hemmt. Bei zufälligen Formen äußerlicher Art mag das als Störung empfunden werden, und insofern als Zeremoniell und Prestige sich irgendwie in künstlicher Weise ausprägen müssen, stellt sich diese Empfindung bei jedem ein. Dagegen liegt auch in ihrem Hemmungscharakter ein bedeutender Wert versteckt. Große Emotionen verbrauchen den Menschen seelisch. Kommen sie häufig, ohne entsprechenden Anlaß, so verflacht der Ausbruch, die Äußerung und die innere Spannung läßt nach. Nicht nur die Umwelt wird gegen ihn, auch der Mensch wird gegen sich selbst abgestumpft, er verliert an Seele. Es ist nicht gut, sich zu sehr sehen zu lassen, wie man ist, auch nicht gut, restlos in einer Expression aufzugehen, die Folgen dieser Preisgabe vor dem eigenen Bewußtseinsblick, vom Blick der anderen ganz zu schweigen, machen sich stets in Ernüchterung und Schrumpfung gleichsam des seelischen Spannvolumens fühlbar und sichtbar. Wir bedürfen der Hemmung um unserer selbst willen, der Verhaltung, der Stauung, um Gefälle zu haben, und diesen bedeutenden Dienst erweisen Zeremoniell und Prestige durch die Rücksicht, die sie von uns verlangen. Der Schrei nach korsettloser Tracht verdient nur bei sehr guten Figuren ein Echo zu finden. Warum sollte es im Psychischen anders sein?

Seele will gemieden werden, nur wo sie sich in etwas verlieren kann, gewinnt sie Kraft und Größe, erfüllt sie ihre Bestimmung. Man könnte es eine Selbstüberlistung der menschlichen Natur nennen, sich zur Erzeugung objektiver Formen im Geltungsstreben zu bringen, das der Seele eine Hingabemöglichkeit an sie, ein Verlieren in ihnen verschafft. Nur ist das Seltsame dabei, daß diese Objektionstendenz des Psychischen ganz erst zur Ruhe kommt, wenn es selbst mit objektiviert worden ist und aus dem Resultat dem Urheber sein eigenes Wesen, obzwar verwandelt und geprägt, entgegenschaut. Alles Psychische braucht diesen Umweg, um zu sich zu gelangen, es gewinnt sich nur, indem es sich verliert. Ein Wesenszug der Liebe, im Geliebten das Gegenbild der eigenen Natur zu meinen, hat darin seinen Grund, der für sich wieder aus

der ontischen Zweideutigkeit des Psychischen verständlich wird. Erst als geltende Größen, die etwas Bestimmtes bedeuten und wert sind oder zu unbestimmter Bedeutung anwachsen können, als Masken mit offiziellen Gesichtern oder als schöpferische Menschen, die ihr wahres Gesicht zur Erscheinung brachten, erreichen die Menschen die gegenseitige Achtung ihrer Würde und bilden in ihrem Geist die Gesellschaft. Der Mensch muß, um sich zu vollenden und mit eigenen Mitteln aus der Verzweiflung seiner Innerlichkeit sich zu erlösen, von der Sphäre der Lebensgemeinschaft in die der Gesellschaft übergehen, um schließlich in der Sphäre der Sachgemeinschaft des Geistes und der Kultur die definitive Ruhe seines Selbstbehauptungsdranges zu finden. Freilich die meisten finden sie nicht und sehen sich einer dauernden Oszillation zwischen diesen drei Sphären überantwortet, wenn sie schließlich nicht aus der Summe und Art ihrer Erfolge und Mißerfolge ihre Begabung erkannt haben und in irgendeinem Dienst sich zu ihrem Sinn bescheiden.
Gemeine Naturen, heißt es bei Schiller, zahlen mit dem, was sie tun, edle mit dem, was sie sind. Hat es aber einen Sinn, dem Glück der letzteren einen Vorzug an objektivem Wert zu geben und soll es den unglücklicheren Naturen, die der charismatischen Qualitäten einer ausgewogenen, anmutigen, überzeugenden Existenz ermangeln, von vornherein verwehrt sein, jenen Rang in der Skala menschlicher Größe, Würde und Tüchtigkeit zu erreichen, welchen die Edlen durch Geburt einnehmen? Es gehörte calvinsche Härte dazu, die Frage zu bejahen. So falsch die Umkehrung ist und so grundlos eine einseitige Schätzung des Verdienstes die Anstrengung und Arbeit an die Spitze der Wertskala stellt, – unser Sinn muß weit genug sein, beider Schicksal gleich zu achten, die Anmut des Edlen und die Würde des charismatisch nicht ausgezeichneten »Gemeinen« im selben Maße zu ehren. Stets wird die schöne Seele, die von Natur große Persönlichkeit, auch wo sie sich nicht durch Leistungen äußert, eine unnachahmliche Wirksamkeit entfalten, wie es verkrachte Genies gibt, denen die Natur keine Begabung und keinen Fleiß verlieh, mit denen sie ihre Genialität fruchtbar hätten machen können, und doch geht von ihnen der Zauber eines

Unerreichbaren, einer Dämonie oder eines seraphischen Wesens aus. Ihr gegenüber ist der an künstliche Kompensation gewiesene Mensch nicht zu bedauern. Er erlebt die Welt reicher, tiefer, blutvoller, indem er sie zu überwinden hat.

Zivilisation ist etwas ganz Flaches, ein System von Hilfen und Ausreden, wenn man ihre Gestaltenfülle auf den armseligen Generalnenner der Befriedigung physischer Bedürfnisse, wie üblich, bringt. Demgegenüber ein idealistisches Gebilde, die reine Kultur, als das Höhere hinzustellen, ist verhältnismäßig billig, doch um so gefährlicher, als der Gemeinschaftsradikalismus an dem Widerspiel der Wertbegriffe Zivilisation – Kultur Unterstützung seiner Antithese Gesellschaft – Gemeinschaft findet. Kultur wird dann ein sentimental-oppositioneller Begriff des zu Höherem bestimmten Menschen, dessen eigentliches Wesen nach Gemeinschaft oder vielleicht sogar nach einer Synthese von Gemeinschaft und Gesellschaft strebt.

Allerdings verschwindet die Armseligkeit dieser Fassung des Zivilisationsbegriffs mit der Erweiterung des Begriffs physischer Bedürfnisse. Der Körperleib ist nicht nur auf Zwecktätigkeiten verwiesen, die aus der Notdurft seiner Organisation kommen, sondern sein Triebleben schießt weit über die Zweckgebundenheit hinaus. Sonst gliche er einer Maschine, die sich in bestimmten vorgeschriebenen Funktionen erschöpft und durch sie gleichsam definiert ist. Als belebtes Wesen dagegen ist in ihm eine Überfülle nicht ausgenutzter Kraft, die nach Tätigkeit verlangt und die sich vornehmlich im Spiel entlädt. Ein elementares physisches Bedürfnis, der Spieltrieb, beherrscht die organische Welt, und selbst die menschlichen Beziehungen tragen, einerlei ob es sich um heitere oder ernste Lebenslagen handelt, diesem Triebe Rechnung, bewußt und unbewußt.

Mithin kann man sagen, gäbe es keine Zivilisation schon aus den einfachsten Zweckmäßigkeitsgründen, so müßte sie um des Spieltriebes willen erfunden werden und würde auch erfunden. Zeigt doch die Analyse der zivilisatorischen Grundhaltungen, Zeremoniell und Prestige, unbeschadet ihrer tiefen Notwendigkeit den ausgesprochenen Charakter der Künstlichkeit, mit der der Mensch sich umgibt. Was aber ist der Sinn des Spieles, wenn nicht die Irrealisierung des natürlichen Menschen zur Trägerschaft irgendeiner Bedeutung, irgendeiner Rolle? In der Tat haben denn auch die radikalen Moralisten dieses Spielerische in der Zivilisation stets erkannt und darum ihrer Gemeinschaftsemphase einen anklägerischen Ton von jeher beigegeben, indem sie die Künstlichkeit, Irrealisiertheit, Maskiertheit des öffentlichen Menschen ins Lächerliche ziehen. Ihr Wertrigorismus ist auf Unerbittlichkeit und Ernst gestellt und ihre Theorie der allein geforderten Direktheit in den Beziehungen von Mensch zu Mensch hat keinen Sinn für die Ernsthaftigkeit der Heiterkeit, für die Schwermut der Grazie und das Bedeutsame der verhüllenden, nichtssagenden Liebenswürdigkeit.

Die Gesellschaft lebt allein vom Geist des Spieles. Sie spielt die Spiele der Unerbittlichkeit und die der Freude, denn in Nichts kann der Mensch seine Freiheit reiner beweisen als in der Distanz zu sich selbst. Eben solche Distanzierung im Geiste wird ihm dadurch ermöglicht, daß eine eigenartige Konformität zwischen dem physisch vitalen Spieltrieb und der dialektischen Dynamik des Psychischen besteht. Indem die Seele die beständigen Anstöße, die nach Entladungen verlangenden Spannungen der leiblichen Daseinssphäre, da sie mit ähnlichen Formen begabt ist, sozusagen auf höherer Ebene auffängt, verhindert sie eine plumpe Überrumpelung durch die Triebe, benutzt vielmehr deren mächtige Energien, um den Menschen als Einheit von Leib, Seele und Geist zu befriedigen. Durch den Funktionswandel des Spieltriebes, der nicht (psychoanalytisch gesprochen) »sublimiert« werden könnte, wenn nicht die höheren Schichten den niederen (trotz Verschiedenheit der jeweiligen Motive für die Dynamik in jeder Schicht) konform wären, durch diesen eigenartigen Funktionswandel des Spieltriebes, man könnte auch sagen durch den Motivwandel der Spielfunktion im Physischen und Psychischen, wird die angebliche Entfremdung zwischen Körper und Geistseele widerlegt, der Dualismus, das Kernargument des sozialrevolutionären Radikalismus, als unwahr zurückgewiesen.

Die Logik der Diplomatie.
Die Hygiene des Taktes

Zwingt die Öffentlichkeit den Menschen zu einer bestimmten Physiognomie, gewährt sie ihm den (im Idealfalle begnadeter Produktivität endgültigen) Ausgleich innerer Spannung durch den Stempel einer geistigen Funktion, so wirkt diese Beziehung ihrerseits auf das wirksame Ganze zurück und gibt der Öffentlichkeit damit innere Struktur und äußere Form. In sich weitmaschig genug, um das Fluktuieren des Lebens in allen Schattierungen zu beherbergen und zugleich durch sich hindurchgehen zu lassen, ist Öffentlichkeit das offene System des Verkehrs zwischen unverbundenen Menschen. Dieses offene System des Verkehrs besondert sich zu je eigenartigen Sphären nach Maßgabe bestimmter Wertklassen, zur Sphäre des Rechts, der Sitte und Erziehung, des Staates, der Wirtschaft und des »Verkehrs« im engeren Sinne. Werden also die von Person zu Person unverbundenen Menschen auf diese Weise wieder unter eine gemeinsame Wert- und Sachbindung gebracht, so kann doch daraus keine echte Vergemeinschaftung mehr kommen. Denn es handelt sich hier nicht wie in der Sachgemeinschaft der Kultur um gegenseitige Durchdringung mit Hilfe der Werte, um ihre Erkenntnis, ihre Verinnerlichung, sondern um Ordnung des Verkehrs auf Grund der Werte, die jedoch dafür selbst nicht mehr in den Gesichtskreis des einzelnen zu treten brauchen. Besonders wird das den Menschen im Rechtsleben deutlich. Sie gehen nach innerem Ermessen, dem Billigkeits- und Rechtsgefühl vor und sehen sich daher von der Jurisprudenz und der Rechtspraxis verraten, bedenken aber nicht, daß das Recht als objektive Ordnung zwei Forderungen zu genügen hat, der Forderung nach Gerechtigkeit (Richtigkeit) und der nach Handlichkeit, Durchführbarkeit und Allgemeingültigkeit.
In jeder Sphäre des Verkehrssystems muß dem Gedanken der restlos realisierbaren Ordnung die Gesetzlichkeit des reinen Wertes geopfert werden, denn das Medium, welches sein lauteres Licht

ablenkt und trübt, ist die unüberwindliche Unverbundenheit der Menschen in dem Daseinsgebiet zwischen Familiarität und Objektivität. Da es hier nicht angeht, auf ursprüngliche Harmonie oder auf freiwilligen Einklang durch Überzeugung zu rechnen, da zwischen Blut und Sache weder Liebe noch Einsicht die Individuen zusammenführt, muß eine künstliche Übereinkunft an ihre Stelle treten. Ob individuelle oder generelle Regelung erstrebt wird, die Situation verlangt ihren Meister, das fließende Leben mit seinen unendlichen Konfliktsmöglichkeiten eine gültige Ordnung. Jeder Fall liegt anders, genügt also nie einer abstrakten Norm. Situationen verlangen Entscheidung, auch wenn für die eine Richtung der Alternative kein zureichender Grund zu finden ist. Kommt noch hinzu der irrealisierte Charakter des Menschen der Öffentlichkeit, der sein Benehmen eine Linie innehalten heißt, welche der Resultante aus den verschiedenen Rücksichten auf Wert oder Mensch und auf Nimbus entspricht.

Eine zwiefache Gebrochenheit steckt in dem Gebaren der Öffentlichkeit, die Unausgleichbarkeit des Gegensatzes von Situation und Norm und Privatperson und »Amts«person, Mensch und Funktionär. Infolgedessen werden alle Übereinkünfte, die sich in der Öffentlichkeit (in dem von uns bisher gebrauchten Sinne) vollziehen, gleichgültig ob sie den Stempel als öffentliche Handlungen von stellvertretender Bedeutung erhalten oder nicht, nach zwei Seiten künstlich sein müssen: bis zu einem gewissen Grade schematisch und willkürlich und stets der Forderung nach Distanz schaffendem Nimbus genügend. Zweckverfolgende Handlungen von solcher Künstlichkeit heißen *Geschäfte*. Sie haben ein objektives Gesicht, lassen sich von den sie führenden Personen wie feste Dinge ablösen und beurteilen. Ihrer Logik hat sich der Wille zu fügen, wenn er auf gewisse Bedingungen eingegangen ist. Um diese Bedingungen wird am heißesten gerungen, da ihre Festsetzung nicht wieder von irgendwelchen Normen eindeutig abhängig gemacht werden kann. Das sieht man sehr deutlich im Verkehrssystem der Wirtschaft. Schwindet die feste Norm des Geldes, so tritt, wenn kein Wertmesser mehr da ist, Tauschhandel an die Stelle, die Waren werden gegeneinander geboten und die Übereinkunft er-

Die Logik der Diplomatie 97

wächst als allmähliches Gleichgewicht zwischen Angebot und Nachfrage auf Grund eines natürlichen Schätzungsvermögens und dem gegenseitigen Stärkeverhältnis der Interessen. In anderer Form sieht man es am Verfahren der Gesetzgebung, wie eine Regelung konzipiert wird, erst nachdem sie zum Kampfobjekt der Weltanschauungen, der Interessenten geworden ist.
Erinnern wir uns jetzt daran, daß Öffentlichkeit als Ort der unverbunden sich begegnenden Personen durch Wertferne bezeichnet ist, die freilich nicht Wertfreiheit, sondern die ewig unauflösbare Spannung zwischen Norm und Leben bedeutet. Um konkrete Bedingungen einer unbedingt verläßlichen Ordnung zu erhalten, in deren Schutz jeder seinen Zwecken nachgehen kann, ohne in Kollision mit dem anderen zu geraten, muß ein Ausgleich sowohl zwischen Norm und Leben, also zwischen dem, was menschenwürdig, logisch, sittlich, religiös, ästhetisch notwendig ist, und dem, was die Situation jetzt und hier verlangt, als auch zwischen den Trägern der Lebensinteressen, die über das Menschenwürdige nicht weniger als über das tatsächlich Nötige verschiedener Meinung sind, gefunden werden. Dieser Ausgleich liegt in der Richtung der Resultante zwischen Kräften, die wesensmäßig nur *ungefähr* bestimmbar sind, weil die Rücksichten auf den Zweck des Unternehmens, auf die Forderung der Gerechtigkeit, Anständigkeit, mit einem Wort Wertgerechtheit und schließlich auf die Forderung des Nimbus nach keinem natürlichen Wertmesser harmonieren. Hier setzt, an dem Punkt, Bedingungen einer Übereinkunft zu erreichen, die so zweckmäßig, so anständig und so vorteilhaft wie möglich sind, die Geschäftskunst oder die Diplomatie ein.
In welchem Stockwerk der Öffentlichkeit man auch nachsieht, überall findet sich das gleiche Verhältnis zwischen Norm und Situation, Mensch und Funktionär. Dasselbe Spiel wiederholt sich, ob es sich um große Verhältnisse bei Festsetzung einer Staatsverfassung, eines Friedensschlusses oder um kleinere Dinge wie Fällung eines Gerichtsurteils, Abfassung eines Vertrags zwischen zwei Firmen handelt. Fortwährend wächst das Netz der gegenseitigen Bindungen rechtlicher, wirtschaftlicher, technischer Natur,

zugleich aber bieten sich darin immer neue Spielmöglichkeiten, teils neue Bindungen zu schaffen, teils die alten zu umgehen. Sache der Geschicklichkeit ist es, die Übereinkunft zwischen den Kontrahenten maximal einem natürlichen Ausgleich analog, will sagen, so zu gestalten, daß auch ein Ausgleich durch Überzeugung oder durch gegenseitiges Sichverstehen und Einandernachgeben nicht besser, gerechter, gleichmäßiger ausfallen könnte. Sache der Geschicklichkeit ist es schließlich, daß jeder das Nachgeben des Sachgegners maximal nutzt bzw. den Gegner zum Nachgeben zwingt, weil er hier nur mehr der Logik der Geschäftslage, die nach Übereinkunft, nicht nach natürlichem Überzeugungsausgleich strebt, Rechnung zu tragen hat. Eine andere Wertbindung existiert durch die Irrealisierung der Personen zu Bedeutungsträgern oder Funktionären in dieser Öffentlichkeitssphäre nicht mehr. Der Egoismus wird zur ethischen Restforderung, die seiner ungeistigen Überspannung zugleich Grenzen setzt, so daß der primitive, physisch bedingte Eigennutz auf sinngemäße Weise, d. h. seiner blindwütigen Dämonie entledigt, sich auswirken kann. Indem er gezwungen ist, sich zu sublimieren, weil auf das andere Prinzip der Geschicklichkeit Rücksicht zu nehmen, Übereinkünfte möglichst freiwilligen Ausgleichen äquivalent zu machen, bewahrt sich der Egoismus eine Sozialdienlichkeit, die ihm sowohl von den extrem naturalistischen Macht- und Kraftmoralen (den Verteidigungen des Rechts des Stärkeren) als auch von den extrem idealistischen Moralen des reinen Willens und der Unterordnung unter Sittengesetze oder Kulturwerte bestritten wird.
In einer Sphäre ohne Liebe, ohne Überzeugung als bindende Weisen von Mensch zu Mensch gibt es keinen Ausgleich der Gegensätze, sondern nur ihre Vermittlung im Wege des Übereinkommens. Dieser Weg führt hart am offenen Konflikt vorbei, in dem die physische Macht entscheidet. Solche Gewaltentscheidung aber widerspricht der geistigen Natur des Menschen, sie lebt nur so lange als die Gewalt lebt und ist in dem Augenblick null und nichtig, als die realen Mittel der Aufrechterhaltung des erzwungenen Zustandes nachlassen. Seiner Freiheit beraubt, in seiner Würde gekränkt, für Nichts geachtet, bäumt sich der Unterlegene gegen den Sieger

auf. Diplomatie ist die Kunst, diesem Prozeß vorzubeugen, dadurch, daß sie die Würde des anderen unangetastet läßt und die Unterlegenheit des Gegners aus seiner freien Entschließung hervorzaubert oder die belastende Siegerrolle objektiven Gewalten zuschiebt. Sie verfolgt die Methode, von jeder Entscheidung die unvermeidlich niedere Herkunft aus dem Wechselspiel von Drohung und Schwäche dadurch wegzudeuten, daß sie ihr das Gesicht eines gerechten und vernünftigen Ausgleiches verleiht. Niedere Diplomatie begnügt sich hier mit der Erzeugung von Illusionen, die vorübergehend für die Beteiligten den Schein wahren, das gegenseitige Prestigebedürfnis befriedigen und wenigstens nichts verderben. Höhere Diplomatie geht weiter auf Erzeugung von Tatsachen, deren Lagerung für die Gerechtigkeit der erzwungenen Lösung beredtes Zeugnis ablegt und ihre Sicherheit und Dauer verbürgt. Sieht man Bismarck als preußischen Politiker, so muß man bewundern, wie er die Ausdehnung Preußens durch Stiftung des Reiches notwendig machte und also gerechtfertigt sein ließ, eine Ausdehnung, die ohne diesen Hintergrund als purer Eigennutz eines Staates erschienen wäre.

Das Cachet soll gewahrt sein. So wenig der Mensch aufgedeckt sein will, so wenig er Erinnerung an das Allzumenschliche erträgt, ebenso flieht er die Erinnerung an das Allzugemeine der brutalen Gewalt, ohne die es kraft der inneren Gesetzmäßigkeit der Öffentlichkeitssphäre einmal nicht abgehen kann. Er verlangt dieser Sinnlosigkeit Sinn zu geben und gerät damit in die Motive, die zur Diplomatie führen. Diplomatie ihrerseits bedeutet das Spiel von Drohung und Einschüchterung, List und Überredung, Handeln und Verhandeln, die Methoden und Künste der Machtvergrößerung, die mit den Künsten der Machtverteidigung und -rechtfertigung, dem Spiel der Argumentationen, der Sinngebung des Sinnlosen innerlich notwendig verbunden sind. Die Durchführung dieses Spiels ist das Element der *Geschichte*, die nur da ist, wo sie kontinuierlich geschieht, und die nur da geschieht, wo sie sich kontinuierlich sieht. Nur um der Diplomatie willen hat der Mensch eine Geschichte, ihre Lebensinteressen sind es, die Kontinuität nach vorwärts und rückwärts verlangen, Sinn des Geschehens in einer

Entwicklung, Rechtfertigungsmöglichkeiten, nach denen aus Gelegenheiten Ereignisse werden.

Ausgleich findet von selbst statt; der Wert schafft ihn im Medium der Überzeugung, die Personen vollziehen ihn im Medium der Liebe. Übereinkommen müssen getroffen sein. Die mittlere Linie ist hier nicht bestimmt, sondern die Resultante teils vorherbestimmbarer, teils nicht vorherbestimmbarer Kräfte. Man muß sie finden, ohne sich auf Normen verlassen zu können. Derartige Verhältnisse bedingen Feilschen, Handeln, Verhandeln. Weil eine richtige Mitte überhaupt nicht da ist, bevor sie gefunden wird, und sich gedanklich alles und jedes so konstruieren läßt, daß es zugleich ein billiges und gerechtes Ansehen besitzt, so kann der Preis, der Gleichwert, der Ruhezustand nur aus dem Wechselkampf von Bietungen, Forderungen und Gegenbietungen erarbeitet werden. In festen Bezirken des täglichen Lebens wird dieses Gesetz nicht so fühlbar, weil hier jedes Ding durch rechtliche Ordnung und Tradition, durch den dauernden Umsatz und die Eingespieltheit aller Beziehungen aufeinander eine annähernd feste Systemstelle bekommen hat. Gelangen wir aber an die Grenzen des täglichen Lebens und lockern sich seine verfestigten Relationen, so sieht es gleich anders aus und die Wirksamkeit des Gesetzes tritt in deutlichere Erscheinung. Der Staat schränkt seine Wirksamkeit ein, indem er es regelt. Wo aber seine rechtliche Sphäre aufhört, wo die souveräne Macht keine Chance mehr hat, sich durchzusetzen, und zwar in dem Maße, als sie an Chance verliert, tritt der Zwang zum Feilschen und Handeln als erstes Erfordernis eines Übereinkommens hervor.

An und für sich ist dies ein unendlicher Prozeß, der nur unter Druck beendet werden kann, wie er mit List geführt sein muß. Ohne Drohung, sei sie auch nur latent, gibt es kein Übereinkommen. Jeder wird dem anderen deutlich machen, ihm sei an der Einigung nicht so viel gelegen, daß er sich durch den bloßen Wunsch danach schon gebunden fühle. Jeder wird darauf mit Drohungen irgendwelcher Art antworten, die ihm ein Nachlaufen hinter dem anderen ersparen und den Kontrahenten bei der Stange halten, Drohungen freilich von möglichst sachlichem, im Zweck

Die Logik der Diplomatie

des Geschäfts und in seiner Lage begründetem Gewicht. Dieses Spiel mit gleichen Mitteln zwingt zur List, wenn die Methode des Drucks erschöpft ist. Zwar gilt es für niedrig, einen zum besten zu haben, ihm etwas vorzumachen, um etwas aus ihm herauszuholen, wenn kein wirklicher Zwang vorliegt oder mit Lügen operiert wird. Solange Aussicht besteht, jemanden zu überzeugen, ist Überlistung verwerflich. In der Öffentlichkeit jedoch hat Überzeugung keinen Platz mehr. Ihre Vorgänge vollziehen sich zwischen irrealisierten Funktionsträgern, die ihr Gebaren nicht nach dem Gesinnungswert, sondern nach der geschäftlichen Bedeutung beurteilen.

Drohung und List respektieren die Freiheit des einzelnen, solange sie diplomatische, also nicht nur zulässige, sondern vom Geist der Öffentlichkeit geforderte Verkehrsmittel bedeuten. Sie werden Erpressung und Lüge, wenn sie den einzelnen von vornherein vom Gebrauch seiner Freiheit abschneiden. Der Unterschied ist entscheidend, ob wir im Verlauf des diplomatischen Spiels mit gleichen Mitteln, die auch dem anderen zu Gebote stehen, und auf der Ebene der gleichen Respektierung menschlicher Freiheit ihn soweit durch Strategie und Taktik in die Enge treiben, daß er sich für besiegt erklärt, oder ob wir mit spielfremden Gewaltmitteln vielleicht auch durch Vorspiegelung falscher Tatsachen, es gar nicht zur Entfaltung des Spiels kommen lassen. Es ist sozialethisch gefordert, im Geschäft einen in die Wehrlosigkeit hineinzuoperieren, dagegen ein Verbrechen, statt der Logik des Spiels die nackte Gewalt dabei anzuwenden, mag es sich hundertmal um Existenzfragen handeln. Alle öffentlichen Relationen beruhen auf dem Prinzip der Gegenseitigkeit. Jeder gibt dem anderen so viel Spielraum, als er selbst beansprucht, erst aus dem Gegeneinander der einzelnen Maßnahmen darf sich die Vergrößerung des einen Spielraums auf Kosten des anderen entwickeln. In jedem Augenblick haben auf diese spielgerechte Weise die Gegner Verfügungsgewalt über sich selbst, bis die Logik der Tatsachen entschieden hat. Gemildert wird dadurch die Härte der Lebensgegensätze nicht, nur die Gefahr eines gewaltsamen Ausgleichs auf Kosten der menschlichen Würde gebannt. Denn Seele und Geistigkeit des Menschen verlangen, daß auch der Kampf auf Leben und Tod in Formen verläuft.

Im öffentlichen Leben durchschaut jeder den anderen, allerdings nicht so sehr darin, wie er ist, als was er will, denn die individuelle Menschlichkeit ist hinter der Maske verschwunden, nur noch die irreale Funktion bleibt im wesentlichen wirksam. Und ob alle auch verschiedenes zu tun haben, weil das Ganze Arbeitsteilung braucht, so wollen sie doch in einer gewissen Hinsicht alle dasselbe, sie müssen es wollen nach dem Gesetz des von der Sozialstruktur der Öffentlichkeit geforderten Egoismus: ihren größtmöglichen Vorteil. Öffentlichkeit ist damit zum genauen Gegenbild der natürlichen Verhältnisse zwischen Menschen geworden, sie besteht aus lauter gleichen Wesen, nicht weil sie einander, sondern für einander gleich sind, während in Wirklichkeit jeder von dem anderen verschieden ist, selbst wenn er ihm gliche, weil einer dem anderen rätselhaft bleiben muß. Zur Kompensation für diese Uniformierung stattet die Gesellschaft ihre Funktionäre mit den allerverschiedensten Beziehungen aus, sorgt für ein differenziertes Ansehen und jene zarte Instrumentation durch Zeremoniell und Prestige, die das Einerlei des Kampfes um Sieg, Macht, Ruhm und Glanz des Lebens abwechslungsreich und spannend gestaltet. Denn welche Drohung ist schwerer zu bannen als die Langeweile, welche Kunst schwerer auszuüben als die Satten hungrig zu machen?

Umsonst mühen sich die Verfechter einer ausschließlichen Gemeinschaftsdienlichkeit der menschlichen Seele darum, die Verantwortung für das Auseinandertreten der Individuen in die öffentliche Distanziertheit äußeren Umständen, ihrem massenhaften Dasein, der Körperlichkeit ihrer Existenzform in die Schuhe zu schieben. Umsonst versucht die Ethik das vom Geist der Öffentlichkeit diktierte Benehmen moralisch durch seine ausschließliche Herleitung aus bestimmten Geschäftszwecken oder aber sich selbst durch strengen Ausschluß dieses Benehmens zu retten und dann mit einem Achselzucken den Dualismus zu empfehlen: die Welt ist eben nicht anders. Es gibt keine Logik der Öffentlichkeit, die sich dem Willen des einzelnen aufzwingt und unter der manch einer zusammengebrochen ist, ohne tiefere Verankerung im Ethos der

Achtung menschlicher Würde. Hätte der Mensch an seinem Herzen, an seiner Seele ein gleich vereinheitlichendes Besitztum wie an seinem Geist, so wäre es ihm wohl möglich, den leibbedingten Egoismus einfach systematisch zu reglementieren, ihm gewisse Genußquanten zuzubilligen und das Individuum in die schöne Gleichung eines sozialen Harmoniesystems einzukalkulieren, wie das alle Utopien tatsächlich ausmalen. Dann stünde der Aufrichtung eines Geisterreichs auf Erden, der endgültigen Überführung aller isolierten Gewaltzentren in die Gemeinschaft nur noch der böse Wille entgegen und die gesellschaftliche Lebensordnung könnte man als Kompromiß, Notdach, Übergangsstadium betrachten. Durch seine von innen, seelenhaft bestimmte Eigenart ist dem Menschen diese Perspektive verwehrt und nur ein Zeitalter, das die Seele zu einem wissenschaftlich und beobachtungsgemäß definierbaren Komplex von Erscheinungen machte, naturalistisch und experimentell, konnte eine Ethik des Gemeinschaftsradikalismus als Weltanschauung seiner geistigen Führerschichten ertragen. Geist wird von einem individuellen, unvertretbaren, sich wenigstens so wissenden Seelenzentrum erfaßt und wirkt auch so allein auf die physische Daseinssphäre. Diese Einzigartigkeit ist es, die ihn nicht in Ruhe läßt und allen Konstruktionen und Harmoniesystemen einen Strich durch die Rechnung macht. Hier sitzt der Keim des Willens zur Macht, weil von hier aus jene tiefen Antagonismen vorbrechenden, nach Äußerung und Erscheinung verlangenden und auch wieder sich zurückziehenden, Äußerung, Erscheinung, Gesehenwerden fliehenden Seelentums in Bewegung gehalten werden, die den Menschen, will er sich nicht zum Opfer bringen, zur Irrealisierung, zum Schutz des anderen wie seiner selbst in dem Nimbussystem der Distanziertheit zwingen. Freilich, was man nicht des Schutzes für wert hält, braucht man nicht zu schützen. Nur das große Aufgefordertsein zur Achtung der individuell geprägten Menschenwürde, nur das Ahnen des Letzten, dem zu nahe zu treten Existenzfrevel wider die Existenz ist, die tiefe Empfindlichkeit im Kern jeder Seele, und das heißt im Herzen der Welt, zwingt zu diesem Schutz und fundiert also die Logik der Öffentlichkeit.

Für gewöhnlich sieht man die Dinge umgekehrt, wie es heißt realistischer, in Wahrheit jedoch nur naturalistischer und mechanischer. Man läßt die Lebensnotdurft den Kampf ums Dasein, diesen die List, zu den Futterplätzen zu kommen, und schließlich die Futterplätze das Zwecksystem der Geschäfte, die Struktur der öffentlichen Verhältnisse begründen. Auf diese Weise opponiert man Lebensnotdurft gegen sittliche Prinzipien, Triebsystem des Leibes gegen Wertsystem des Geistes oder, da der Geist zum Intellekt verflacht wird und der Intellekt schließlich das beste Instrument des Leibes ist, der Seele. Ein derartiger Dualismus hat von jeher bedeutenden Deutschen auch staatsmännischen Instinktes, zuletzt noch Bethmann-Hollweg, Max Weber und Rathenau, im Blut gelegen. Politik war ihnen etwas, und ihr größter Ahn in dieser Haltung ist Luther, was man mit weinender Seele tut, weil der Zwang des Körpers und die Logik des Geistes es kategorisch gebieten. Auch Bismarck, bei dem allerdings das Blut des Junkers, des Reiters und Draufgängers zum Glück den Ausschlag gab, kannte diesen Bruch zwischen Mensch und »Drecklinie« im Diplomaten und Staatsmann. Solange ein Volk mit schlechtem Gewissen seine Politik macht, solange sozusagen dem guten Geschäft ein gebrochenes Herz eo ipso beigesellt wird, darf es einen nicht wundern, daß die Anständigen mit Politik nichts zu tun haben wollen und die Politik sich der Deprimiertheit ihrer Staatsmänner und Diplomaten allmählich würdig erweist. Erst weint man bei der Politik, weil sie gut, dann über sie, weil sie schlecht ist.

Bloßes jeu d'esprit ist es also nicht, legt man sich die Frage vor, ob denn die Seele wirklich ohne diese kalte Luft der Diplomatie, ohne diese Logik der Öffentlichkeit, ohne diese Masken des Nimbus und der Künstlichkeit atmen könnte. Gebe man doch Rechenschaft endlich einmal darüber, ob diese romantische Meinung von der Zivilisationsfeindschaft des menschlichen Herzens ganz konsequent ist, ehe durch ihren betörenden Schein die Menschen schwächlich gestimmt werden. Nicht jeder paßt in das Format eines tragischen Helden, beißt die Zähne aufeinander und sagt sich: du mußt durch als aufrechter Mann; eher wirft er verzweifelt die Last, sei's auch nur in Gedanken, von sich und verschreibt sich dem Heldentum der Schwäche.

Einer ernstlichen Prüfung hält die romantische Zivilisationsflüchtigkeit, der Formnegativismus der Seele gar nicht stand. Wenn nicht schon das Leben, der Leib, der Intellekt dafür sorgten, daß es Geschäft und Öffentlichkeit, Amts- und Berufspflichten geben muß und tausend Rücksichten auf allen Wegen zu nehmen sind, so müßte die Seele um ihrer und der anderen Seelen Selbstachtung willen eben diese Öffentlichkeit und Geschäfte, eben diese distanzgebietenden Ämter, Berufe, Tätigkeiten, eben dieses Zeremoniell des Werktags und des Feiertags, die Macht der Künstlichkeit, alles was das Gesicht wahrt, erfinden und hätte, wie auch gezeigt wurde, die Kraft dazu. Man hat leicht reden, Kultur und Zivilisation verstrickten und deformierten das menschliche Herz, tiefinnerst brenne in einem jeden die zarte Flamme der Sehnsucht nach einem Jenseits von Zivilisation und Gesellschaft. Nur für eine im Netz der Gesellschaft bereits verfangene Seele gälten die Antagonismen, aus denen sie sich durch Irrealisierung (außer wo Liebes- und Überzeugungsgemeinschaft sich bilden) befreite. Vielleicht ist es so, vielleicht lebt im Menschen eine letzte Erinnerung oder eine erste Hoffnung auf Menschlichkeit, die in präexistenten oder postexistenten Zuständen verwirklicht war, verwirklicht sein wird. In dieser Welt ist es nicht so und soll es nicht anders sein. Hier bleibt der Seele nicht nur keine andere Wahl, wenn sie einsam den Weg der Selbstbehauptung gehen will, sondern die Erfüllung aller Werte, in der sich der Mensch emporläutert, fordert von ihr in Freiheit den Entschluß, durch Selbstopferung oder durch Selbststählung, durch Kunst der Irrealisierung nach den Gesetzen dieser Welt zu siegen.

Das versteht sich wie von selbst angesichts aller spielenden Beziehungen, die keiner Logik des Geschäfts gehorchen und über deren Ordnung unmeßbar, unberechenbar der Takt entscheidet. Denn Gesellschaft heißt auch Geselligkeit. Die starren Funktionen der Ämter und Berufe, die Rüstungen der Öffentlichkeit fallen hier nicht in die Waagschale. Zu anderen Spielen leichteren Stiles sieht sich der Mensch aufgefordert, zu einer unhörbaren Diplomatie der alles und nichts sagenden Liebenswürdigkeit, die besänftigt und doch die Spannung nie ganz löst, weil sie im Ungewissen läßt. Im Anwendungsbereich einer Kultiviertheit der Andeutung, einer Kultur der Verhaltenheit, zeigt der reife Mensch erst seine volle Meisterschaft. Direkt und echt im Ausdruck ist schließlich auch das Tier; käme es auf nicht mehr als Expression an, so bliebe die Natur besser bei den elementaren Lebewesen und ersparte sich die Gebrochenheit des Menschen. Wo finden wir noch solchen Ausdruck reinsten Jubels, reinster Trauer als bei einem Hunde, wo solchen Adel der Haltung als beim Pferde, wo solche göttliche Gewalt als im Haupt des Rindes? Lachen und Weinen des Menschen, sein Mienenspiel erschüttern erst da, wo sie die Eindeutigkeit der Natur und des Geistes hinter sich gelassen haben und von jener Unfaßlichkeit umwittert sind, die den Abgrund ahnen läßt, ohne ihn zu öffnen. Im Indirekten zeigt sich das Unnachahmliche des Menschen.

Aber es gibt nicht nur eine Ästhetik des Versteckenspiels. In ihm liegt tieferer Sinn, bittere Notwendigkeit, wenn Menschen unverbunden, ohne Kontakt der Sache und des Blutes, miteinander auskommen wollen. Ihr geselliger Verkehr vollzieht sich, wenn auch unter Beobachtung der Gesetze des Zeremoniells und des Prestige, doch nicht unter Zuhilfenahme jener massiven Distanzmittel, welche das geschäftliche Leben braucht. Sucht sich der Mensch doch gerade vom Geschäft und der Last der Irrealisierung und Abstrahiertheit zu erholen, wenn er in Gesellschaft geht. Erholen aber unter Menschen, die er nicht kennt, entspannen in einer Atmosphäre ohne Vertrautheit, wie ist das möglich ohne eine Kunst des Nichtzunahetretens, des Nichtzuoffenseins? Die gordische Knotenlösung: ganz so zu tun als ob man zu Hause wäre, Fach zu simpeln, die Unterhaltung an sich zu reißen und allein zu reden oder sich auszuschließen und bloß die andern zu beobachten, ist knotenhaft, aber keine Lösung. Erst wenn man sich in die Gefahr begibt, andere zu verletzen und von anderen verletzt zu werden, erst wenn man diese Schwierigkeiten zu meistern versteht, fühlt man die Frage.

Nun erleichtert eine Etikette des Salons die Bewältigung dieser

Probleme, indem sie wenigstens den faux pas unwahrscheinlich macht. Kommt jedoch nicht der sichere Takt hinzu, der jeden Menschen auf individuelle Weise zu nehmen und gewissermaßen im Dunkeln seinen Weg zu finden weiß, so hat man das öde Salonlöwentum, jenen wie geschmiert gehenden Formalismus von Tadellosigkeit und Unterhaltung, mit dem die Menschen des kleinsten Formates Leute gleichen Schlages zu bluffen pflegen. Takt ist das Vermögen der Wahrnehmung unwägbarer Verschiedenheiten, die Fähigkeit, jene unübersetzbare Sprache der Erscheinungen zu begreifen, welche die Situationen, die Personen ohne Worte in ihrer Konstellation, in ihrem Benehmen, ihrer Physiognomie nach unergründlichen Symbolen des Lebens reden. Takt ist die Bereitschaft, auf diese feinsten Vibrationen der Umwelt anzusprechen, die willige Geöffnetheit, andere zu sehen und sich selber dabei aus dem Blickfeld auszuschalten, andere nach ihrem Maßstab und nicht dem eigenen zu messen. Takt ist der ewig wache Respekt vor der anderen Seele und damit die erste und letzte Tugend des menschlichen Herzens.

Aus dieser Fremd- und Selbstachtung der Individualität folgt das wichtigste Symptom des Taktes: die Zartheit. Sie ist das einzige Mittel, den geselligen Verkehr möglich und angenehm zu gestalten, weil sie nie zu nahe noch auch zu ferne kommen läßt. Alles Ausdrückliche, jede eruptive Echtheit wird vermieden. Unwahrheit, die schont, ist immer noch besser als Wahrheit, die verletzt, Verbindlichkeit, die nicht bindet, aber das Beste. In dieser Sphäre sollte es weder Gut noch Böse, weder Wahr noch Falsch, sondern nur die Werte des Wohltuns, die Hygiene größtmöglicher Schonung geben. Nur der barbarische Mensch läßt sich von Schmeicheleien belügen, von Höflichkeiten umnebeln und schimpft dann auf die verdorbene Welt. Versuchen wir uns bloß einen Augenblick den Verkehr einander kaum bekannter Personen vorzustellen, die sagen wollen, was sie denken oder gar voneinander vermuten. Nach kurzem Zusammenprall müßte sich Weltraumkälte zwischen sie legen.

Natürlich führt es zu Komplikationen raffiniertester Art. Die Sphären des Lebens laufen ja nicht so säuberlich getrennt wie die

Kapitel über sie. Wo fängt eine Geselligkeit an, wo hört sie auf? Wo geht sie in Geschäftlichkeit über? Wo beginnt die Vertrautheit der Gemeinschaftskreise, wo ist es uns erlaubt, zu entspannen und auf Güte, Liebe, Verständnis und Einsicht zu bauen? Wenn es uns der Takt nicht sagt, sind wir verraten und verkauft. Tastend, sichernd, das Gesicht wahrend, doch nie mit zu schwerem Geschütz, ohne Überheblichkeit – dem sicheren Zeichen der Schwäche –, ohne Aufdringlichkeit, offen, doch nie ohne Reserve, bestimmt, doch biegsam, liebenswürdig, doch nie kriechend –, jeder kennt diese Oszillationen, deren Schwingungsweite über die Würde, das Ansehen, den Wert des Menschen in der Geselligkeit entscheidet.

In ihrer unbestimmt weiten Sphäre, die in alle sozialen Beziehungen hineinreicht und gewissermaßen in besonderer Verdichtung als geselliges Zusammensein erscheint, gelten allein die Hygienewerte des Taktes, begründet in der Verletzlichkeit des Psychischen, abgestimmt auf die Unabsehbarkeit individueller Differenzen im sozialen Milieu. Die Vorbedingung freilich für die Wirksamkeit der Hygiene ist die vollendete Unmerklichkeit ihrer Anwendung. Nirgends hat das Tassowort mehr Wahrheit: man merkt die Absicht und man wird verstimmt. Natürlichkeit gehört nicht weniger zum Takt als Zartheit. Echte Grazie, eine aus dem Herzen kommende Ursprünglichkeit und Wärme, Notwendigkeit allein gibt den adäquaten Untergrund für die Heilwirkung taktvollen Benehmens. Wo wir Gekünsteltheit herausfühlen, sehen wir auch gleich Beliebigkeit, es so und vielleicht auch einmal anders machen zu können, und die nur verdeckte Ferne des anderen beleidigt uns doppelt, wenn sie uns nicht gleichgültig läßt. Besser allerdings als mit taktlosen Leuten zu verkehren ist dann die Einsamkeit, obwohl sie vom Menschen viel verlangt. Langes Schweigen macht die Stimme rauh, die Zunge schwer. Wer aus Verzweiflung an seiner Umwelt immer mehr sich in sich selbst zurückzieht, verstärkt die Hemmungen, mit denen er sich nach außen verbarrikadiert. Aber das Psychische kennt nicht Außen und Innen, und so errichtet der Einsame Barrikaden gegen sich selbst. Verhärtung, Verknöcherung, allerhand Seltsamkeiten prägen den Einsiedler, den Hagestolz, der, gegen die Welt zugeschlossen, schließlich nicht mehr den Weg zu sich selber findet.

Die Weisheit des Taktes: Schonung des anderen um meiner selbst willen, Schonung meiner selbst um des anderen willen, ist der Rechtsgrund – so paradox es klingt – für die grundlosen Zwischenspiele unseres gesellschaftlichen Lebens, für das absolut Überflüssige, mit dem wir das bloß Erträgliche angenehm, spannend und reich gestalten. Mit der Entwicklung einer technischen Welt, die ihr eigenes Tempo, ihren Telegrammstil und Zeit nur noch zum Geldmachen hat, droht die Kultur des scheinbar Überflüssigen den sogenannten Notwendigkeiten geopfert werden zu sollen. Gegen diese Tyrannei der Maschine wird sich die Seele zur Wehr setzen, selbst wenn es das Leben nicht tut, und sie wird mit Gründen verteidigen, was das Leben nur aus seinem Überschwang verlangt: Reichtum des Daseins an Möglichkeiten zwischen Mensch und Mensch. Denn Takt ist die Kunst der inneren sozialen Differenzierung, von der freilich kein äußerlich sichtbarer Niederschlag bleibt, die ohne starre Mittel der Künstlichkeit im bloßen Wechselverkehr der Personen sich entfaltet. So viel Raum, so viel Zeit muß immer da sein, wenn der Mensch Herr oder wenigstens Kind bleiben und nicht Knecht im Hause werden soll.

Worin die Geltungssphäre des Taktes sich von der Geltungssphäre der Diplomatie unterscheidet, ist mit ein paar Merkmalen bestimmt. Diplomatische Beziehungen spielen zwischen irrealisierten Personen, Funktionären, »Beamten«, Geschäftsleuten irgendwelcher Art. Taktbeziehungen spielen zwischen natürlichen Personen. Dort ist Ziel das Übereinkommen, das auf dem Hintergrund der Alternative Sieg oder Niederlage als Resultante gegeneinander gesetzter Kräfte erwächst. Hier ist das Ziel der Ausgleich, die Balance, und zwar eine durchaus labile, weil der Unterstützungspunkt den Schwerpunkt der Situation über sich hat, weil es an Normen für die Verankerung der individuell verteilten Gewichte fehlt. Taktlos ist, wer seine Macht, seine Überlegenheit fühlen läßt, wer nach vorgefaßten Meinungen, irgendwie zurecht gemachten Bildern andere Menschen behandelt und beurteilt, taktlos ist der Seelentaube, Seelenblinde, der Monomane, der jeder Gele-

genheit nur sich oder das absolute Nein entnimmt. Gemeinsam ist beiden Geltungssphären der Situationscharakter, die Gebundenheit an eine so nie wiederkommende, unvertretbare und unrubrizierbare Lage, welche keine andere Forderung an uns stellt als genommen und beherrscht zu sein. Diplomatische Situationen entstehen und lösen sich zwischen irrealisierten Funktionären oder Geschäftsträgern nach den Gesetzen der Taktik und Strategie, Zug um Zug. Taktsituationen entstehen und lösen sich zwischen natürlichen Personen auf Grund außerrationaler, unmerklicher Vorfühlung und unter sorgfältiger Innehaltung der Distanz. Takt bedeutet Erkundung nicht unmittelbar gegebener, weil sorgfältig dem Blick der Welt verborgener Eigenschaften, die Fernfühlung, Ferntastung unmerklicher, aber aufschlußreicher Dinge im dauernden Umschwung der Lagen des sozialen Milieus, die Witterung für den anderen Menschen und zugleich die Fähigkeit, es ihn nicht merken zu lassen, die Gedämpftheit im Ausdruck.
Industrialismus ist die Verkehrsform, Expressionismus die Kunst, sozialer Radikalismus die Ethik der Taktlosigkeit. Der Schrei nach körperlicher Hygiene, der schon mit Oberlicht und gekachelten Wänden zufrieden ist, paßt trefflich zu einer Kunst, die ohne Umstände auf das Wesentliche losstürzt, zu einer Moral der rücksichtslosen Aufrichtigkeit und des prinzipiellen sich und anderen Wehetuns. Solche Werte gehören einer Kultur der Seelenlosigkeit, die nur mit Ponderabilien und Eindeutigkeiten fertig werden kann, weil sie, von allem anderen ganz abgesehen, keine Zeit mehr für die Nuancen hat. Materialistisches Naturbild, Entseelung und Entgeistung des Leibes, Deklassierung der natürlichen Erscheinung und ihrer schlichten Wirklichkeitsmaße, Outrierung infolgedessen der von den körperlichen Grenzlinien losgerissenen Innerlichkeit, Purismus, Rigorismus und Weltfeindlichkeit der sittlichen Prinzipien, Sittengesetzfanatismus und Eindeutigkeitsverehrung, pharisäische Pathetik der unbedingten Echtheit im Ausdruck und ausschließliches Geltenlassen der Schrankenlosigkeit – alles Symptome der gleichen Geisteshaltung des gehetzten und nichts so sehr als die Unwesentlichkeit verachtenden Maschinenmenschen. Ob Kapitalist oder Kommunist, dieser Mensch kennt nur die Sa-

che, Werte, und wo kein Wert zu sehen ist, da gilt ihm nichts, da lohnt es sich ihm nicht. Dieser Mensch will objektiv Geltendes, als solches Anerkanntes und Umsetzbares zur Grundlage seines Lebens haben, und schaut er auch noch so stolz auf den Nützlichkeitsethiker, die Moral des Erfolges, der Zweckmäßigkeit und der größten Lust herab von seiner idealistischen Position einer Erfüllung der Normen um ihrer selbst willen, er ist und bleibt doch nur Pedant, der entgolten, bezahlt werden will, sei's auch mit dem himmlischen Manna der ewigen Werte.

Wahrhafte Güte handelt umsonst, grundlos, aus Überfluß der Liebe und bedarf nicht der Verankerung in einem Gut, in einem Wert. Der Rekurs auf die Norm begrenzt nur negativ die ethische Sphäre, bestimmt nur jenes Moralische, das sich von selbst versteht. Die Ethik sollte sich nicht immer bei ihren Minimalforderungen aufhalten, da es um größere Dinge geht, die allein im Geist des Luxus und, wenn man so sagen darf, im Enthusiasmus entschieden werden können, da es allerkleinste Dinge gibt, für deren Maße kein Wert mehr zulangt. Zollt man Bewunderung, wenn ein Mensch aus der erhabenen Grundlosigkeit überströmender Weltfreude sich verschenkt, so sollte man Achtung ihm auch da erweisen, wo die bedeutungsvolle Zartheit des Taktes die Vorbedingung der Gemeinsamkeit schafft. Grundlosigkeit ist ein Wesensmoment des Taktes. Wie bildete er sonst die Richtschnur unseres Benehmens in den wertäquivalenten Situationen der Alltäglichkeit? In allen Lagen, die nicht nach Gründen alternativ behandelt werden können, bleibt uns keine andere sittliche Maxime.

Unsere moralische Haltung leidet an einer Überbetonung der Gesinnung, des Gewissens und der innerlich erfaßbaren Werte. Man kann nicht nur das Leben nicht dauernd gewissenhaft, gesinnungshaft leben, man soll es auch nicht. Der Mensch hat ein Recht dazu, den Instinkt, die irrationalen Erkenntnisquellen und alle Imponderabilien in seinem Verhalten eine Rolle spielen zu lassen, er hat geradezu die Pflicht, dem Reichtum auch *der* Kräfte seiner Natur Raum zu geben, die nicht von der Vernunft, von Geist und Werten und Sittengesetzen und Prinzipien gezügelt werden können. Es gibt eine Aufgefordertheit durch die Gewalt der konkreten Situation, durch die Gegenwart alles dessen, was mit ihm lebt, der er nach eigenen Gesetzen entweder der Diplomatie oder des Taktes zu genügen hat, es gibt eine Pflicht zur Gesellschaft und zur Geselligkeit, zu der er auch von Natur befähigt und gestimmt ist. Nicht alles, wozu wir uns gedrängt fühlen, was wir aus dem Überschwang, dem Spieltrieb des Lebens begehren, ist uns sittlich verwehrt. Gesellschaft und Geselligkeit rufen sämtliche Energien des Menschen gleichmäßig wach und bieten die Möglichkeit höchsten Einklangs zwischen dem, was physische Bedürftigkeit, geistige Geschicklichkeit und seelische Empfindlichkeit, jede auf ihre einseitige Art und nach anderen Gesetzen, doch wie auf Verabredung in gleicher Richtung hervorbringen.

Diplomatisches und taktvolles Benehmen, in Wirklichkeit unzertrennlich, der Idee nach geschieden, bezeichnen die Weisen des Verhaltens des Menschen in der Öffentlichkeit, je nachdem, ob es Geschäfte zu machen oder nur einfachen Verkehr ohne Zweck, Unterhaltung um der Entspannung und Erhöhung des Lebens willen zu pflegen gilt. Beides greift unausgesetzt ineinander, und nur wieder das Taktgefühl und die Sorgfalt der Beobachtung disponieren den Menschen, die richtige Haltung im öffentlichen Leben einzunehmen. Der große Irrtum des Radikalismus liegt hiernach klar zutage, der Angriff und Verteidigung bloß durch die physische und intellektuelle Natur des Menschen begründet sein läßt, die Seele, das Gemüt aber als Hort und Stätte der Friedensprinzipien, schrankenloser Hingabe und Widerstandslosigkeit, emphatischer Brüderlichkeit ansieht. Auch das Herz, die Innerlichkeit verlangt Distanz, Klugheit, Kampf. Jede Schicht unseres Wesens ruft nach Spiel und Gefahr.

Die Utopie der Gewaltlosigkeit
und die Pflicht zur Macht

> Das irdische Imponierende und Ergreifende, was mit menschlichen Mitteln für gewöhnlich dargestellt werden kann, steht immer in Verwandtschaft mit dem gefallenen Engel, der schön ist, aber ohne Frieden, groß in seinen Plänen und Anstrengungen, aber ohne Gelingen, stolz und traurig.   Bismarck

Im engen Umkreis seines täglichen Verkehrs lernt der Mensch schneller zu resignieren und den Gesetzen der Verwirklichung, den Rücksichten des Taktes und den Geboten der Diplomatie gehorchen, als in dem weiten Umkreis des Lebens der Völker untereinander. Wie zum Ausgleich für die Verbannung des Traumbildes einer unverzüglichen oder allmählichen Umwandlung des gesellschaftlichen Milieus in eine Gemeinschaft aus seinem persönlichen Gesichtskreis steht darum das Traumbild einer gewaltlosen Einigung aller im Geiste der Brüderlichkeit an seinem politischen Horizont.
Isoliert kann der Mensch nur im Ausnahmefall existieren. Durch seine Natur sieht er sich auf soziales Dasein angewiesen. Der Körper verlangt nach Geschlechtsgenuß und Hilfe, der Geist nach Austausch, die Seele nach Resonanz und Hingebung. In der Masse spielt sich das Leben ab, in der Mehrzahl einander verwandter Personen, die durch denselben Siedlungsraum, dieselbe Sprache, die gleichen Werkzeuge, durch Heiraten untereinander und Güteraustausch zu einer teils blut-, teils sachhaft gearteten Gemeinschaft zusammengeschlossen sind. Diese Atmosphäre umfängt jeden mit dem Augenblick seiner Geburt und entläßt ihn erst im Tode.
Variabel sind Umfang und Struktur der Atmosphäre. Es hat Zeiten gegeben, wo es nicht so wichtig war, ob man Deutsch oder Italienisch sprach, und das Zugehörigkeitsgefühl zur abendländischen Christenheit im Vordergrund stand. Doch spielten dann für diesen zu weiten Luftraum die Stadt, das Lehnsverhältnis, Kloster und Orden eine die wesentlichen Vertrauens- und Mißtrauensverhält-

nisse begründende Rolle. Die Epoche der Nationalstaaten, in ihrem Entstehen durch Rückgang der Obergewalt der Kirche, in ihrer krisenhaften Ausbildung durch Entwicklung der modernen Verkehrstechnik bedingt, die relativ große Räume in kleine verwandelt, hat zwar die Grenzen des Zusammengehörigkeitsgefühls bis zu den Grenzen der Sprachgemeinschaft hinausgeschoben, isoliert aber die einzelnen Menschen durch die abstrahierende Künstlichkeit eben dieser Technik auf viel engerem Raume voneinander als je zuvor.

Auf Grund dieses Wechselverhältnisses im Umfang der Vertrautheitssphäre, in der wir noch warm werden, ohne an das allen Menschen Gemeinsame appellieren zu müssen, und der des primären Mißtrauens, wo wir selbst mit diesem Appell keine Wärme erzeugen, ist es klar, daß irgendeine Gemeinschaft natürlichen Vertrauens konstant bleibt, auch wenn sie keinem sozialen Gebilde (Volk, Rasse, Nation, Dorf, Stadt, Staat, Geschlechterverband, Familie, Sippe, Clan, Stamm, Klasse, Kaste, Berufsverband) ohne weiteres gleichgesetzt werden darf. Immer wird es primäre Einbettungssphären geben, weil die menschliche Person als Einheit von Körper, Seele und Geist auch drei entsprechenden überpersönlichen Zonen zugeordnet sein muß, die ihr individuelles Gepräge in Sprache, Sitte und Arbeit nach dem Gesetz eines Kulturstils, einer besonderen Art Menschlichkeit geltend machen. Deutschen Geist als Stilgedanken aller Deutschen hat es gegeben, bevor er zum Rechtfertigungsprinzip einer politischen Organisation wurde, und wird es geben, wenn der Nationalstaatsgedanke unter den Einflüssen von Industrialismus, Technik und Rassenmischung längst verblaßt sein sollte, solange noch ein Herz für ihn schlägt und blutwarme Menschen sich ihm verbunden fühlen. Ob der deutsche Mensch dann aus ihm seine politische Korporationsform noch herleiten wird, wissen wir nicht. Die soziale Verfestigungsform der Vertrauenssphären wechselt im Lauf der Geschichte, nur das Bedürfnis, etwas zu haben, worin man untertauchen, aufgehen, auftauen, warm werden kann, was dem Resonanzverlangen unserer Person Befriedigung gewährt, das bleibt.

Für diese Befriedigung muß der Mensch opfern, ist aber auch zu jedem Opfer bereit. Er entäußert sich seiner Verfügungsgewalt über sich bis zu einem oft lebensgefährlichen Grade, um in Gemeinschaft existieren zu können und den Kreis der Gemeinschaft, den Raum des Vertrauens gegen den beständig drohenden Einbruch der Gesellschaft, den Raum des Mißtrauens und Kampfes um Selbstbehauptung, zu sichern, ja zu erweitern. Nun läuft dieser Raum nicht sozusagen außen um die Sphäre der Gemeinschaft herum, sondern durch sie hindurch. Der Tod, sagt ein russisches Sprichwort, wohnt nicht hinter den Bergen, sondern hinter den Schultern. Das gilt auch von der Sphäre der Gesellschaft. In uns selbst liegen neben den gemeinschaftsverlangenden und gemeinschaftsstützenden die gesellschaftsverlangenden, distanzierenden Mächte des Leibes nicht weniger wie der Seele, in jeder Sozialbeziehung wartet die eine, wenn noch die andere gilt, auf ihre Erwekkung.

Die Opferung, in der er sich seiner unmittelbaren Freiheit über sich und was ihm anhängt, entäußert, in der er seine Gewalt an einen, der für die Gemeinschaft bestimmt und trägt, delegiert, ist der *Staat*, ein Verfahren, die gesellschaftliche Lebensordnung mit der gemeinschaftlichen ohne Einbuße an einer von beiden in dauernder Form zu verknüpfen. Der Staat ist ein Verfahren und keine Substanz, ein offenes System von Vorkehrungen, die Forderungen der Öffentlichkeit aus ihrer Unabsehbarkeit und Unbestimmtheit herauszuheben und dem Gemeinschaftsverlangen jedes Menschen, seinem Naturrecht auf Wärme und Vertrauen anzugleichen und die Gefahr beständiger Reibungen und Beeinträchtigungen der beiden Sphären zu bannen. Staat ist systematisierte Öffentlichkeit im Dienste der Gemeinschaft, Inbegriff von Sicherungsmaßnahmen der Gemeinschaft im Dienste der Öffentlichkeit.

Die Methode dieses Ausgleichs zwischen den von der menschlichen Natur gleichmäßig getragenen Forderungen nach Rückhaltlosigkeit und Verschlossenheit ist das *Recht*, in dessen Idee das Billige, was einem natürlichen Ausgleich durch Überzeugung, Stimme der Einsicht, Stimme des Herzens entspricht, und das Gerechte, das Ausgewogene, was einem Übereinkommen aus verschiedenen Kräfterichtungen als schließliche Resultantenlage äquivalent ist, vereinigt werden. Jede Sphäre hat ihre spezifischen Entscheidungsinstanzen, die Gemeinschaft regelt sich nach Einsicht und Liebe, die Gesellschaft nach spielgerechtem Kampf und Takt. *Zwischen* den Sphären führt keine Brücke, sie gehorchen nicht wieder einer dritten übergeordneten Gesetzmäßigkeit. So muß der Mensch, was nicht von selbst geht, auf künstliche Weise regeln, er muß Normen geben, wo keine sind, freilich unter ständiger Leitung durch die Stimmen, die ihm aus beiden Sphären zugetragen werden, durch das Gewissen, das innere Schätzungsvermögen, die Hingabe *und* durch den faktischen Stand des Kräftespiels der Interessen. Auf der imaginären Schnittgeraden von Gemeinschaftskreis und Gesellschaftskreis liegt das Recht als die ewig in Wandlung begriffene Einheit von Gesetzgebung und Rechtsprechung.

Voraussetzung des Rechts ist die Souveränität, das Prinzip, wonach sich der Staat selbst trägt, worin er sich begrenzt, wodurch er besteht. Schneiden wir nicht die Frage an, ob auch nichtsouveräne Staaten möglich sind. Keine Einheit einer Verfassung ist denkbar ohne Einheitsprinzip, kein Gesetz ohne Anspruch auf Geltung, keine Ordnung ohne faktisch respektierte Gewalt, kein Respekt ohne Gegenstand, der sich Achtung zu verschaffen weiß. Mag es in Wirklichkeit schwer sein, zu entscheiden, ob der oder jener Staat diesen Ideenkomplex erfüllt; der Ideenkomplex selbst ist klar. Wie immer man sich das Zustandekommen derartiger politischer Ordnungen auf besiedelten Territorien vorstellen mag, sie selbst sind ihrem Sinne nach einer Abgabe von Verfügungsgewalt jedes einzelnen über sich an eine Zentrale, die letztlich entscheidet, äquivalent.

Entscheidung muß sein. Ohne daß irgendwo und irgendwie tatsächlich so und nicht anders vorgegangen wird, daß überhaupt gegangen wird, ist weder das Leben des Einzelmenschen noch die Gemeinschaft nur einen Augenblick vorstellbar. Führung muß sein, und diese Führung einer Initiativgewalt, welche von sich aus sich in Bewegung setzt, wird zwangsläufig Inhaber der höchsten Gewalt, wird Souverän, Herr, wenn eine Mehrheit von Menschen, die sich zusammengehörig wissen, eine Ordnung bilden wollen.

Sie wird die »Stelle«, welche über den Ausnahmezustand entscheidet (Carl Schmitt), wenn die Ordnung *Rechts*gültigkeit und nicht bloßen Notverordnungscharakter erhalten soll. Sie wird infolgedessen wegen dieser Ordnung der Punkt, bis zu dem die Rationalisierung des sozialen Lebens nicht mehr hindringt und in welchem die ursprünglichen, irrationalen Entscheidungen der lebendigen Einzelpersönlichkeit wieder ausschlaggebende Kraft gewinnen. Diese Wiederkehr des Menschen auf höchster Stufe gesellschaftlicher Abstraktion, diese Unterstellung des Ganzen unter irrationale Lebensgewalt um seiner inneren Rationalisierung willen erweckt Hoffnungen auf Umbildung der Politik im gemeinschaftsethischen Sinne. Und ist doch zugleich das stärkste Gegenargument gegen die Utopie.

Denn Mehrheit von Menschen bedeutet Mehrheit von Standorten, Blickweisen, Ansichten, also Zeitverlust beim Ausgleich der Verschiedenheiten, der seinerseits notwendig ist, um die Initiativgewalt zu entbinden. Zweierlei aber steht der Wahrscheinlichkeit eines schließlichen Ausgleichs entgegen: der irrealisierte Charakter der Personen in der Öffentlichkeit und der irrationale Charakter, die Unabsehbarkeit der Wirklichkeit. Ein Kongreß von Physikern kann – idealiter – über eine Frage einig werden, denn er hat Prinzipien der Eindeutigkeit im Verständnis der Frage, ihrer Untersuchung und der Sicherheit ihrer Entscheidung insofern, als die Wirklichkeit, irgendein Verbrennungsvorgang etwa, selbst als ausschlaggebendes Mittel in einer alternativen Problemstellung fungiert. Die Wirklichkeit, mit der es der Praktiker zu tun hat, kann nie derart methodisch präpariert, zur Entscheidung alternativ zugespitzt werden, weil damit überhaupt der Boden der Praxis verlassen und der der Betrachtung, die künstlich isoliert, sich Zeit läßt und zurückgezogen das Phänomen zerstückt, betreten wäre. Praxis heißt gerade das Fertigwerden mit den Dingen im Medium flüchtigen Ungefährs und auf Grund einer nicht methodisch eindeutig gemachten Erfahrung, eines nur individuell graduierten Erfahrungstaktes. Praktische Tüchtigkeit ist das eben wesensmäßig nie risikofreie Zupacken, dem ein gewisses Glück günstig sein muß, wenn es gehen soll. Es kann also ein Kongreß von Politikern, selbst wenn er wollte, gar nicht durch gegenseitige Überzeugung zur Einhelligkeit als dem Prinzip der Entbindung der Initiative gelangen, nicht nur weil er aus irrealisierten Funktionären, d. h. nicht mehr aus überzeugbaren, der Einsicht *prinzipiell* aufgeschlossenen Wesen besteht, sondern schon darum, weil der Gegenstand seiner Urteile und seines ganzen Benehmens ein praktischer ist. Wie Bismarck es ausdrückt: »Es entsteht in jedem Kollegium, wenn eine Sache zu Ende kommen soll, mitunter die Notwendigkeit, zuletzt Kopf oder Schrift darüber zu spielen, wie es sein soll, – so notwendig ist es, daß einer da ist, der schließlich sagt: So soll es sein!« Schon dieser Wagnischarakter in Entscheidungen öffentlicher Art genügte, um die Handlungen nach den Grundsätzen größter Sicherheit und nicht nach den Prinzipien des Vertrauens in die Vernunft auszuführen.

Eine unbedingte Gewähr dafür, daß auch in Wirklichkeit die Menschen dementsprechend vorgehen, liegt allerdings erst im Bewußtsein, im Zwang der Verantwortung, für andere zu handeln. Zur Entbindung der Initiative eines Ganzen von vielen Personen sind diese gezwungen, in irgendeiner Form und sei es auch unter Einbauung von allerhand Sicherungen gegen möglichen Mißbrauch, die Gewalt an eine Person abzutreten und sie mit der Vertretung des Ganzen zu beauftragen. Der Mann des Vertrauens – und wir sagen nicht, daß dieses Vertrauen unbedingt der Bestätigung durch ein Wahlverfahren bedürfe, aus dem er hervorgeht – hat in seinem Benehmen nicht nur die allgemeinen Brechungsgesetze der Öffentlichkeit zu beachten, sondern überdies noch die Verantwortung für andere zu tragen. Als politischer Führer ist der Mensch also in doppeltem Grade irrealisiert, er ist etwas, bedeutet etwas, stellt etwas dar in zweiter Potenz, weil er nicht nur eine Funktion *im* Ganzen, sondern *für* das Ganze erfüllt und im Namen des Ganzen handelnd das Ganze verkörpert.

Jeder weiß aus eigener Erfahrung, wie eine Verantwortung den Gang des Benehmens beeinflußt. Haben wir nur für uns selbst zu sorgen, so lassen wir es wohl darauf ankommen. Wir leisten uns den Luxus, selbst in schwierigen geschäftlichen Situationen an die Einsicht, an das Herz des anderen zu appellieren, überdenken wohl auch nicht immer, wie unser Gebaren sich in anderen projiziert, wir sind waghalsiger, denn wir wissen, daß den Eventualschaden nur der daran Schuldige erleidet. In dem Maße aber, als wir für andere zu sorgen haben, fangen wir an, nach dem Prinzip der größten Sicherheit vorzugehen, weil die ewige Drohung des die anderen unverschuldet treffenden Schadens über jeder Entscheidung schwebt. Wenn schon nach dem Irrealisierungsgesetz der Öffentlichkeit der Egoismus zur ethischen Restforderung wird, wenn dadurch, daß sich die Menschen hinter Masken, ihren Funktionen oder Bedeutungen, verbergen müssen, eine Egalisierung entsteht, eine Zurückschraubung jedes einzelnen bis auf die unerläßlichen Forderungen seiner Existenz, bis auf die puren Vorteilstendenzen, in denen jeder jedem gleicht, so darf der Führer, in Namen und Auftrag handelnd, erst recht nicht von dieser Konstante abweichen. »Man muß« – sagt Bismarck – »sich zur Voraussetzung machen, daß der andere ebenfalls nichts suche als seinen Vorteil. Darum – keine Hingebung!« Denn durch die Übertragung der Vollzugsgewalt an ein Gremium von Personen und schließlich an nur eine Person, die als realer Mensch nach individuellem Ermessen entscheiden soll, steigert sich der Zufälligkeitsgrad aller Umstände ins Unendliche. Aus der Logik der Situation heraus eine augenblickliche Lösung zu finden, zu erraten, was morgen sein wird, in den fragwürdigen Fragmenten der Gegenwart mit Glück Kopf oder Schrift spielen, das heißt eine Aufgabe, der wir uns nur nach stärkster Reduzierung des Risikos unterziehen dürfen.

Weil er einen Menschen von Fleisch und Blut sucht, stellt sich der Staat unter einen Führer, nimmt ihm aber mit dieser Unterordnung alle Rechte auf unmittelbares Sichgewährenlassen, auf Menschlichkeit. In der Politik soll er die menschlichen Eigenschaften des Mutes, der Klugheit und der Unerbittlichkeit zeigen, ohne das Recht zu ihren Ergänzungen haben zu dürfen, zu Aufrichtigkeit, Vernünftigkeit und Milde.

Darin liegt der Kern des Widerspruchs, der die Politik in manchen Momenten zu einem tragischen Gesetz des Menschen werden, unlösbare Konflikte zwischen Privatmoral und Amtsmoral entstehen läßt. Dort heißt es, ehrlich sein und jeden Menschen als Zweck an sich selbst betrachten, hier heißt es, klug sein und jeden Menschen als Mittel verwenden. Mit der Auskunft, es handelte sich in beiden Fällen eben um verschiedene Sphären, die ethisch gleichberechtigt und je nach Lage der Dinge zu respektieren sind, ist unser Verstand befriedigt, unser Herz nie. Wie man uns tausendmal sagen kann, daß die Wölbung der Meeresoberfläche für uns am Ufer nur ein durch die Lichtbrechung hervorgerufener Schein ist, und wir trotz unserer Einsicht diese Anschauung nicht verlieren, so werden wir als Menschen nie jene Antinomien des Herzens, die Trugbilder des Gewissens, des inneren Auges loswerden können, wenn wir auch noch so mit unseren Gedanken darüber hinaus sind. Immer sind wir ein Ganzes, das in jedem seiner Teile, in Raum und in Zeit, als Ganzes wirksam sein will. Die Einheit der Person bäumt sich gegen jeden Wunsch auf, ihr ein Leben nach den Einteilungen der Analyse anzusinnen.

Alle sozialen Beziehungen entfalten sich so vom Menschen aus, um im Menschen zu münden. Um seiner lebendigen Persönlichkeit, um seiner unvertretbaren Wirklichkeit willen zahlt er den Preis der Irrealisierung, Maskierung, Funktionalisierung, nimmt die ganze Sphäre der Künstlichkeit, der Mechanisierung und der Umständlichkeiten auf sich und erkauft selbst ein Raffinement komplizierter Befriedigung mit der Übernahme zweckloser Bedürfnisse. Für ihren Glauben, ihre Einrichtungen und Sitten unterziehen sich Genossen einer primären Vertrautheitssphäre der Last staatlicher Organisation, entsagen einem unbestimmt großen Teil ihrer Freiheit und natürlichen Würde und beugen sich als Mittel unter einen höheren Zweck. Und doch endet schließlich alles im Menschen, an den die höchste Gewalt übergeht, endet in seiner irrationalen Individualität, in seinem Charakter, Temperament, Schätzungsvermögen, in seinem Willen. Ob Staatsrat, Ministerium, Parlament, absoluter Herrscher – einer macht es, geschoben wohl, gezogen wohl, den Bewegungen der Massen irgendwie folgend, doch immer von sich aus treibend, ein Zentrum der Initiative, ein Übergewicht auf den immer wieder equilibrierten Schalen der Waage des Schicksals.

In diesem Zwang zur Delegation der Vollzugsgewalt an eine Per-

son, und zwar um den Preis des Lebens jeder Person im Kreis von Personen, liegt die Quelle jener ewigen Illusion unseres Herzens, jener unzerstörbaren Utopie der gewaltlosen Einigung aller Menschen in einer Gemeinschaft. Zugleich besitzen wir in diesem Zwang den Angelpunkt des Gesetzes der Politik, wonach solche gewaltlose Einigung nicht nur unmöglich ist, sondern im Interesse der Menschenwürde aller, für sich und im ganzen genommen, als erniedrigend, selbstzerstörerisch und desorganisierend verhindert werden muß, so daß man von ihr mit besserem Recht als Moltke vom Ideal des ewigen Friedens sagen kann: ein Traum und nicht einmal ein schöner. Der Zwang zur Führung ist die Pflicht zur Macht, die höchste unter den profanen Pflichten eines der Welt, die Gottes ist, freudig dienend hingegebenen Lebens. Sie begründet das Recht des Staates und der Kirche, das Recht zu Machtgewinn und Machtgebrauch, zur Aufrichtung und Verteidigung der gesellschaftlichen Lebensordnung gegen den ewigen Aufstand der Vernunft und des Herzens.
Als der Reichskanzler v. Bethmann-Hollweg in den ersten Augusttagen 1914 jene Erklärung über den Einmarsch deutscher Truppen in Belgien abgab, die ihn als ein Unrecht hinstellte, versündigte er sich gegen den Geist, aus dem er, dieser Mann, überhaupt berufen war, von der Tribüne etwas für Deutschland Bindendes zu erklären. In solcher Eigenschaft war es ihm verwehrt, Urteile zu fällen, die des Geschichtsschreibers Sache sind. Um so schlimmer für ihn, wenn er mehr als seine Ansicht, mehr als die Ansicht eines Volkes, wenn er hätte die Wahrheit sagen wollen. Er hatte nicht die Freiheit, seine Meinung zu sagen, sondern er war angewiesen, die Geschäfte zu führen. Wer zu den höchsten Entscheidungen und Würden gelangt, die der Staat zu vergeben hat, und dann noch glaubt, sich den Luxus der Gewissensharmonie eines Rentiers leisten zu können, verdient vielleicht menschliches Mitleid, aber keinen Zoll mehr ernst genommen zu werden. Wenn es eine historische Wahrheit gibt, dann gehört Vergangenheit dazu, sie zu ermitteln. Und mag ein Politiker, ein Kabinett, ein ganzes Volk sogar mit schlechtem Gewissen sich versündigen, Obliegenheit der verantwortlichen Wortführer bleibt es, die eigene Position

durch ebenso richtige Gegengründe zu stärken, die fremde zu schwächen.

Bethmann glaubte, nach Analogie eines Verhaltens, das erfahrungsmäßig in dem Verhältnis von Mensch zu Mensch, Auge in Auge wirkungsvoll zu sein pflegt, auch politisch vorgehen zu dürfen. Allerdings entwaffnet es den anderen immer etwas, wenn der Angreifer ihm sagt: ich tue dir unrecht, weil ich nicht anders kann, aber du sollst entschädigt werden. Hier schwingt noch zwischen ihnen das unmittelbar Verbindende, das die Offenheit Erfolg haben läßt. Ganz so wie es menschlich Achtung abnötigt, wenn ich meinen Anklägern und Verleumdern zum Beweis meines guten Willens den Schreibtisch auch auf die Gefahr hin öffne, daß Belastendes dabei herauskommt; und je mehr derartiges herauskommt, desto anständiger quand même erscheint die Selbstdecouvrierung.

Politisch wird ein derartiges Gebaren einfach sinnlos, weil ihm der Resonanzboden in anderer Persönlichkeit fehlt. Zu wem sprach Bethmann? Zu Belgien, zu Frankreich, zur Welt? Wer ist Belgien? Ein Territorium, eine Verfassung, Kultur, Tradition, viele Menschen, König, Minister, Gesandte. Muß sich irgend jemand von diesen so angeredet fühlen, daß er betroffen die Hand sinken läßt und sich sagt: das klang ehrlich? Wer bürgte den Belgiern für die Ehrlichkeit des Bethmannschen Wortes, das einer Sphäre dient, welche die Menschen nur mit Visier und Klinge betreten? Über eine derartige Distanz hin erhält jede Äußerung, ob sie will oder nicht, politischen Wert, verliert jeglichen Ausdruckswert, auch wenn sie als Ausdruckswert, als Ehrlichkeit im menschlichen Sinne, genommen sein will. Wie nach den Gesetzen der optischen Perspektive das Entferntere kleiner als das Nähere erscheint, so reduziert sich nach den Gesetzen der sozialen Perspektive der durch sein Amt, seine Vertretereigenschaft irrealisierte, in größtem Abstand von den Menschen lebende Mensch auf das Minimalformat des puren Geschäftsmannes. Alle seine Äußerungen bekommen taktisch-strategischen Charakter. Metternich gab diesem Gesetz klassische Prägung, als er, im Besitz der Nachricht: Talleyrand ist tot, anwortete: was wollte er damit sagen?

Emile Ollivier, jener unglückliche Minister, unter dem Frankreich

1870 Deutschland den Krieg erklärte, tat es nach seinem Wort mit leichtem Herzen. Dieses leichte Herz haben ihm die Franzosen nicht vergessen. Bethmann, nicht weniger unglücklich, ging in den Krieg mit schwerem Herzen, ein umgekehrter Ollivier; besser gemacht hat er dadurch aber nichts. Sehr weise schrieb damals eine englische Zeitung, nicht so sehr der Einmarsch, als das öffentliche Eingeständnis seines Unrechts sei ein Verbrechen gewesen, nicht nur gegen sein Land, sondern gegen die öffentliche Moral. Unrecht tun, ist verzeihlich; aber es eingestandenermaßen tun, bedeutet für das öffentliche Bewußtsein einen Akt der Schamlosigkeit. »Entrüstung ist kein politischer Begriff«, schrieb Bismarck einem räsonnierenden Assessor an den Rand des Aktenstückes.
Deutschlands Niederbruch kann nicht auf einzelne Handlungen zurückgeführt werden. Aber ein entscheidender Stoß ist von jener tragischen Verwechslung zwischen Gemeinschaftsmoral und Politik ausgegangen, auf die man als typische Entgleisung um ihrer großen Wirkung und auch der Gestalt des unglücklichen Mannes willen, der sie verschuldete, immer hinweisen soll. An ihm sieht man, wie große Bildung, hohes Pflichtgefühl, untadelige Gesinnung, ernstes Streben mit absoluter Instinktverlassenheit in politicis vereint sein kann, an ihm sollten die Deutschen besonders die Gefahren ihres Naturells und die Wahrheit des Bismarckschen Wortes erkennen, wenn erst einmal ein Kanzler aus der »Ochsentour« käme, dann würde Deutschland was erleben. Es ist dem Flötisten nicht erlaubt, sich die Stimme vor Erregung verschlagen zu lassen, wenn er das Erschütternde zu verkünden hat. Er dient dem Orchester nur, wenn er richtig bläst. Die Freuden, die Tränen sind des Publikums. Auch in diesem Sinne: plectuntur Achivi.
Es steckt in dem Wort, der Staatsmann trage eine Verantwortung vor Gott und der Geschichte, tiefe Wahrheit. Nicht so sehr, weil von seinen Entschließungen das Wohl und Wehe ungezählter Menschen abhängt, sondern eher, weil er keine Instanz mehr über sich hat, die er fragen kann. Darum bedeutet jeder Schritt für ihn Wagnis, Versuch, Einsatz im fürchterlichen Spiel, wo keine Ewigkeit ihm je zurückbringt, was er von der Minute ausgeschlagen. In der Verpflichtung auf den καιρός, den rechten Augenblick, ist der

Politiker nur Exponent allgemein menschlichen Schicksals, in der Verantwortung, in der Explosivkraft seiner Minuten steht er unvergleichlich allein, begrenzt an Macht vielleicht der Auswirkung nach, aber nicht in der Möglichkeit ihrer Entfesselung. Das Übermaß der Freiheit, die Überkonzentration von Sprengstoff im politischen Führer zwingt ihn, sich wieder zu binden durch Ergebenheit in den göttlichen Willen, damit er entlastet von ihm seinen höchsten Auftrag empfange. Nur dieser letzte freiwillig vollzogene Akt der Selbstbindung an göttlichen Auftrag, zur Verantwortung vor dem Absoluten, gegen das er unmittelbar grenzt, erhält ihm die innere Sicherheit und Zucht, wenn die Forderungen der Taktik und Strategie das Äußerste von ihm, die Vernichtung des Feindes, verlangen. Denn ohne Vernichtung, zum wenigsten als Drohung, gibt es keine Politik, wie es kein Recht gibt ohne Vernichtung der Freiheit.

Politik ist immer für eine besondere Lage spezifizierte Diplomatie. Sie braucht also Geschichte, d. h. Einheit des sinnvollen Zusammenhanges zwischen ihren augenblicklichen mit ihren vergangenen Entschlüssen, wie sie selbst, indem sie vergeht, zur Geschichte wird. In *dieser* höchsten Konzentration gibt es nur eine politisch-militärische Geschichte und keine Kulturgeschichte.

Weite Strecken kulturellen Lebens sind vergangen, ohne sich darum zu kümmern, die Menschen dachten an ihre Pläne, aber sorgten sich nicht um Verkettung der Zukunftsgestaltung mit den vergangenen Geschehnissen, und gerade naiv-urkräftigen Epochen ist dieser Wesenszug eigen. Junge Völker haben zuerst kaum historisches Bewußtsein, also kaum Geschichte, sondern Mythen. Erst wenn sie an die Grenzen ihrer Möglichkeiten gekommen sind und zu resignieren beginnen, setzt es ein. In dem Maße als die Produktivität erlahmt, wendet der Mensch sich rückwärts, um neue Quellen zu graben, Rückhalt an Rechtfertigung, an Begründungen seiner Existenz zu finden. Im Alter werden die Schritte kleiner, die Vorsicht größer, und die Macht der Vergangenheit sucht man sich als Bundesgenossen zu gewinnen. Alternde Epochen zeigen diese Symptome des Historismus progressiv am ganzen kulturellen Leben. Kunst und Wissenschaft haben immer größere Mühe, sich

von dieser Erstarrung in der Retrospektive loszureißen. Der Politik dagegen wird sie zum konstitutiven Moment, weil sie der Reife des Menschen, seinem entwickelten Gefühl, seinem völlig geweckten Rechtfertigungsbedürfnis entspricht. Je empfindlicher die Menschen für kriegerische Entscheidungen werden, um so höher schätzen sie die ritterlichen Künste des diplomatischen Spiels ein, das dem Appell an die nackte Gewalt soviel wie möglich zuvorzukommen, den offenen Vernichtungskampf Mann gegen Mann auf der Basis Tier gegen Tier soweit als irgend möglich hinauszuschieben sucht. Auch der Künstler, der sich an Vorbildern schult oder im Sinne eines Fortschritts schafft, lebt in der Geschichte und macht Geschichte. Doch sie braucht ihn nicht, wie er sie nicht braucht, weil Künstlertum nicht abhängig von einer gleichmäßig auf Zukunft und Vergangenheit bedachten Bewußtseinseinstellung ist. Politik dagegen ist flüssige Geschichte, heißt Geschichte machen, weil sich im Rechtfertigungszusammenhang mit gewesenen und künftigen Geschlechtern wissen.
Bloßes Versinken in der Vergangenheit bringt noch nicht Geschichte hervor. Ein neuer Akt der Beziehung auf die Gegenwart, eine Verknüpfung in der Gegenrichtung des Vergehens muß hinzukommen, eine teleologische Perspektive vom Effekt her zum Effekt hin. Denn der Politiker weiß, daß jede Situation aus Gefahrpunkten besteht, wo Kopf oder Schrift gespielt sein will, und sucht sich gegen das demoralisierende Bewußtsein, in einer Sphäre absoluten Zufalls zu stehen, genau so zu wehren, wie er es gegen das Bewußtsein seiner Willkürmacht durch freiwillige Bindung an eine Verantwortung Gott gegenüber tut. Das Prädominieren der Schlachten und Staatsaktionen in der Geschichtschreibung hat also einen inneren Grund, denn nur sie geschehen im Element der Geschichte, nur ihre Entscheidungen nehmen Rücksicht auf einen Entwicklungssinn der Ereignisse. In der Politik, so sagte Bonar Law bei seiner Ehrenpromotion an der Universität Glasgow, kommt es nicht auf die Ereignisse, sondern auf die Gelegenheiten an. Man kann den Satz dahin ergänzen, daß Politik eben die Kunst ist, aus Gelegenheiten Ereignisse zu machen und im Element einer unausgesetzten Willkür mit den tatsächlichen Mächten, Triebkräf-

ten, d. h. in den Grenzen des Möglichen, einen Sinn hervorzubringen.

Deshalb liegt auch kein Ereignis in der Geschichte ganz eindeutig fest, selbst wenn das Quellenmaterial und seine Ausleger, was zwar nie der Fall ist, ein vollständig lückenloses Bild ergäben. Das Ereignis ist immer noch eine Funktion der werdenden Geschichte, und welchen Weg sie nimmt, wirkt auf sein Aussehen, sein Gewicht, seinen Wert zurück. Das Napoleonswort in dem berühmten Gespräch mit Goethe über die Tragödie: »Die Politik ist das Schicksal«, wäre sonst eine Übertreibung. In der unergründlichen Mischung von Freiheit und Gezwungenheit, in der Tatsache, daß es die Stunde gleichsam an sich trägt, wenn sie genützt sein will, daß es eine Forderung des Tages gibt und *doch* wieder soviel Beliebigkeit und Zufall und Blindheit im Geschehen, liegt der Zwang zur Verantwortung des Staatsmannes vor diesem teils realen, teils imaginären Komplex aus Gewesensein und Entwicklungssinn, vor dem Forum der Weltgeschichte.

»Flectere si nequeo superos Acheronta movebo.« Mut zur Sünde verlangt die Menschheit von ihren Führern. Mit der Wirklichkeit rechnen heißt mit dem Teufel rechnen. Und mit dem Teufel rechnen, ohne ihm zu verfallen, ohne zu entarten, ist eine schwere Kunst, das wahre Problem einer Ethik nicht der einfachen Negation der Widerstände gegen die Forderungen der Ehrlichkeit, Überzeugung und Liebe, sondern einer Ethik des Ausgleichs, der wahren Mitte. Ihr größtes Beispiel ist die christliche Kirche und ewig denkwürdig die Aufzeigung des Problems in dem Gespräch zwischen Christus und dem Großinquisitor in den Karamasoffs von Dostojewski. Das Gesetz dieser Welt, welche der Schwerkraft der Öffentlichkeit unterworfen bleibt, auch wenn der Erlöser in ihr erschienen ist, verlangt die paradoxe Selbstnegation des Inquisitors, der um den Preis der Ordnung das Herz der Ordnung an seiner Existenz verhindern muß, der, ungeheuerlich es zu denken, weil er an Christus, den Erschienenen, glaubt, Christus, den Erscheinenden, zu opfern entschlossen ist. Denn keine größere Gefahr für die Herrschaft Gottes auf Erden als ein Aufstand des Herzens um seinetwillen.

Aber Dostojewski entscheidet sich nicht. Irdische Logik und himmlische Liebe stehen gegeneinander, unversöhnbar, es sei denn in der Kirche oder durch abermaligen Opfertod, durch Stiftung der zweiten Kirche. Zwischen dem Gesetz der Öffentlichkeit und der Bereitschaft zur Rückhaltlosigkeit gibt es keine Vermittlung, ist nichts, freilich das positive Nichts, das Nichts der Freiheit. Hat Christus denn nicht Macht, die Menschen zu sich zu zwingen, er, der Sohn Gottes? Christus schweigt. Die göttliche Barmherzigkeit siegt wohl über jede Logik, doch niemals durch sie, wenn nicht das Organ im Menschen erweckt ist, Gott zu empfangen. Im freien Willen soll die Hinwendung zum höchsten Gut vollzogen werden. Daran eben, an dieser Fähigkeit, die Kraft und Schwäche sein kann, scheitert die Idee der Aufrichtung einer unmittelbaren Herrschaft Christi über die Herzen auf Erden. Stände der Mensch nicht im Indifferenzpunkt von Gut und Böse, so wäre die Rede des Großinquisitors nichts als Gottlosigkeit und machiavellistischer Frevel. Doch hat die christliche Wahrheit, indem sie dem Menschen das Geschenk der Freiheit brachte, ihn in das Bewußtsein einer ungeheueren Möglichkeit gesetzt, der er sich nur durch einen gleich ungeheueren Akt freiwilliger Bindung an die Offenbarung würdig erweisen kann. Und zunächst spricht ebensoviel dafür wie dagegen, daß er sich bindet und die Erde für Gott gewonnen wird. Ein zweites Erscheinen Christi –, konnte es ihr leichter gemacht sein?

Das Dogma hat eine ganz bestimmte Antwort auf die Frage, warum bei einem derartigen Versuch keine Gleichmöglichkeit zum Guten wie zum Schlechten besteht, so daß wir nicht auf das Gelingen des Guten ebensoviel vertrauen dürfen als auf das Gelingen des Bösen. Das Christentum erkennt dieses herabziehende Moment in der Erbsünde, in der eigenartigen Dauertendenz des Menschen zum jeweilig Niederen, in der seinem Wesen einwohnenden Niedertracht. Eben diese Deklination von der Normallage seiner Natur ist daran schuld, daß man den Effekten des freien Willens eine größere Wahrscheinlichkeit zum Wertfeindlichen und Wertschwächeren zuerkennen muß.

Und doch will uns scheinen, hat der Großinquisitor noch aus

einem anderen Grunde recht. Selbst wenn diese unleugbare Niedertracht, der Geist der Schwere nicht unüberwindlich wäre, darf der Mensch sich nicht radikal als Individualität, als Seele aufgeben und aufgehen im Reich der Gewaltlosigkeit. Nicht trotzige Selbstbehauptung, nicht Eitelkeit bilden solch unübersteigliche Schranken, sondern die innere Einzigartigkeit der Person, wenn sie auf Anerkennung, ja nur Erkennung und Resonanz Anspruch erhebt. Und warum sollte ein Verzicht auf die Welt höher geachtet werden als die Hingabe an ihre Fülle und Gefahren? Warum der Held, der mutig sehend sündigt, nicht mit dem Mönch auf gleicher Höhe stehen?

Kloster hat nur Sinn, wo Öffentlichkeit ist, als eine der Öffentlichkeit unzugängliche Welt. Wer die Öffentlichkeit mit einem Aufstand des Herzens vernichten und Christus zu einer unmittelbaren Herrschaft verhelfen will, versündigt sich gegen Christi Geist, weil die Gesetze der Öffentlichkeit wesensnotwendige Funktionen der unvernichtbaren Elemente unserer Existenz selber sind. »In eurer Geduld erwerbet eure Seele«, sagt der Apostel, ein Wort, an dessen Tiefsinn der Radikalismus scheitert.

Auf die Rede des Großinquisitors antwortet Christus nicht, doch küßt er dem Greis die aschfahlen Lippen. Dieser Kuß einer Liebe, die höher ist als die Sinngesetze der Schöpfung, weil Schöpfung und Gesetz ihrem Überfluß entkreisen, ist das wahre erfüllende Symbol und Unterpfand eines Ausgleichs zwischen Himmel und Erde, Geist des Herzens und Geist der Macht. Vor dem Unendlichen steht das Endliche verlegen und beschämt, auch wenn es seiner Endlichkeit sich nicht entledigen darf. Kardinal Newman sagte einmal, das Dogma der Unfehlbarkeit sei gewiß etwas Furchtbares, aber nicht so furchtbar wie das Übel, zu dessen Heilung es aufgestellt sei: die Sünde. Man könnte diesen Satz auf die Politik anwenden, deren Notwendigkeit schon aus den wertindifferenten Wesenszügen unserer Natur verständlich wird. Es genügt, den Unsicherheitsgrad menschlicher Entscheidungen zu betrachten, um das Drängen nach maximaler Einschränkung des Risikos in allen verantwortlichen Situationen nur zu begreiflich zu finden. Da aber ohne Übernahme von Verantwortung es nun einmal nicht abgeht, weil Öffentlichkeit eine Grundform des Miteinanderlebens der Menschen ist, und es ohne Öffentlichkeit nicht abgeht, weil Individuen nicht überall durch Liebe und Überzeugung verbunden sind, denn ihrer sind zu viele, wo aber Unverbundenheit herrscht, das Spiel der gegenseitigen Distanz gespielt sein muß, so bleibt nur die Wahl zwischen Selbstverzicht und Politik.

Sicher hat es kein größeres Experiment auf den sozialen Radikalismus je gegeben als die urchristliche Bewegung, denn nie hat ein höherer Wert unbedingter nach Befolgung verlangt als der Heiland der Bergpredigt und des Opfertodes am Kreuz. Wenn trotzdem eine Kirche den Gedanken der Statthalterschaft und der Kontinuität mit seiner Person gegen alle Einwände verteidigt, eine Organisation, die an Machtfülle und Diplomatie es den größten Reichen dieser Erde gleichtut, so wird, wie er auch zu ihren Dogmen stehen mag, dem Blindesten einleuchten, daß der Zwang zur Politik nicht bloß aus der Konsequenz der minderwertigen Seiten unserer Natur stammen kann. Vielmehr wurzelt der Zwang zur Politik in dem wertermöglichenden Zentralpunkt der menschlichen Freiheit, und die Kirche, wie auch der Staat, verteidigt ihren inneren Sinn und Gehalt auf eine der Freiheit sinnvoll angemessene Weise. Wenn es richtig ist, daß jede Einwirkung von Mensch zu Mensch in dem Augenblick an die Beachtung einer öffentlichen, einer gesellschaftlichen Verhältnisform gebunden wird, als Seele mit Seele in Kontakt treten will, auf dem in den Verkürzungen der Wirklichkeit, über zu ungewisse Abstände hin, das Risiko der Verletzung lastet, wenn es richtig ist, daß außerhalb echter Liebes- oder Überzeugungsgemeinschaft nur nach Takt oder Diplomatie vorgegangen werden darf, dann haben Kirche wie Staat es nicht nötig, zur Rechtfertigung ihrer Gewalt auf die Erbniedertracht des Menschen zu verweisen. Seine Freiheit, seine Gleichmöglichkeit zu verschiedenen Taten in einer Situation ist negativ zwingender Anlaß, sein psychisches Sein positiv zwingender Grund zur Verhaltenheit. Und Verhaltenheit ist reine Gewalt.

Über eine gesellschaftliche Distanz hin kann menschliche Freiheit nur politisch beeinflußt werden, weil in der extremen Verkürzung, in welcher die hinter ihren Masken irrealisierten Personen sich erscheinen, nur die Spielmittel der Diplomatie noch verfangen, zugleich aber diese so geschaffene Gesellschaftssphäre mit der Gemeinschaftssphäre ausgeglichen werden soll und muß. Dieser Ausgleich, das Recht, geschieht, wo es um weltliche Lebensgüter und Kulturwerte geht, im Staat, wo geistliche Werte und Güter auf dem Spiel stehen, in der Kirche. Wie der Staat ist auch die Kirche der ununterbrochene Versuch, die Substanzwerte der (geistlich gestifteten) Lebensgemeinschaft mit den Funktionswerten des Miteinanderauskommens der einzelnen Personen im gesellschaftlichen Verkehr in Übereinstimmung zu bringen.

Hier zeigt es sich, wie falsch es ist, den Willen zur Macht, den Trieb nach Geltung und Gewalt als etwas schlechthin Verwerfliches oder Minderwertiges, unserer tierischen Natur Entstammendes anzusehen. Der Dualismus, dem die Einheit der menschlichen Person verloren geht, führt in der Ethik stets zur Machtverneinung und damit zur Degradierung der Politik, zur Verdrängung des Zivilisationstriebes, der Werte der Künstlichkeit. Wir haben keinen Anlaß, dem Willen zur Macht, dem Drang des Lebens nach Überfluß, nach Luxus der Bewegungsmöglichkeiten, nach Spiel und Gefahr zu mißtrauen. Sie sind als Triebformen, als dynamische Strukturen wertindifferent, aber den Pflichten, welche der Geist im Hinblick auf die seelische Individuation formuliert, konkordant. Den Willen zur Macht rettet die Pflicht zur Macht, zur Verhaltenheit, die Triebe der Geist, der, weit entfernt davon ihr Feind zu sein, wie der dualistische Idealismus behauptet, vielmehr der verstärkende Resonanzboden ihrer Schwingungen sein kann.

Alle wesentlichen Triebrichtungen des Lebens nach Reichtum, Überfluß, Gefährdung, die schon mit unserem leiblichen Dasein gegeben sind, wiederholen sich auf seelischem Niveau, freilich in spezifisch gewandelter Artung und Tönung. Ihnen kommen auf wundersame, die Einheit eben der menschlichen Person und ihre Geistigkeit bestätigende Art wesentliche Sittenforderungen entgegen. Nur so gewinnt der Mensch die Ruhe der Seele und vermag an dem Ideal der edlen Mitte, der Ausgewogenheit und des Ausgleichs, welches die Alten μεσότης nannten, sich aufzurichten, nur so die Auswirkung aller dem Sinn der Existenz gehörenden Kräfte und Gegenkräfte zu kultivieren, denen lebensfeindliche oder geistfeindliche Moralisten mit ihrer Verneinung jene Energie der Verdrängung zuführen, die dann um so dämonischer nach Luft verlangt. Die Konkordanz, die Einstimmigkeit zwischen Geist und Leben ist nicht ein Freibrief der Raserei, sondern die Bürgschaft der menschlichen Würde, die nur durch Maßlosigkeit zerstört werden kann.

Maß und Begrenzung ist das Höchste für menschliches Streben. Ob auch den Menschen nie eine unendliche Sehnsucht verläßt, weil er selbst als Gemüt im Unendlichen wurzelt und darum nie geheime oder offene Trauer ihn aufgibt, das Heimweh eines in die Endlichkeit Verbannten, so wird die Erkenntnis, daß zum Wirken Grenzen gehören, der Resignation beruhigten, ja heiteren Charakter verleihen. Leben schließt sich zum Kreise, jedes Ding west an seinem Platze und ein Blick in den Raum der Natur zeigt das Gesetz der Bescheidung. Trennung ist nötig, damit das Einigende sich wirksam erweise, Sehnsucht, damit die Stille nicht starre werde. In dem Bewußtsein einer großen Umbildung der Dinge, die sicher nicht Fortschritt, vielleicht Entwicklung ist, wird der Mensch die Kraft finden, seiner vom Gemüt aufgedrungenen Ungeduld Herr zu werden und die Milderung der Wesenshärten des Lebens von einer allmählichen Verwandlung des Ganzen, nicht aber von der Revolutionierung seiner Teile erwarten. Utopien können wohl helfen, die Herrschaft über die Natur auszudehnen. Aber zum sozialen Frieden im Reich einer die ganze Erde umspannenden Gemeinschaft führt weder äußere Technik noch innere Ethik, sondern einzig eine Veränderung der menschlichen Natur selbst, in der wir uns verzehren müssen und die doch zu vollziehen nicht mehr in unserer Macht liegt.

Mit der Entwicklung seines Verantwortlichkeitsgefühls wird dem Menschen die Unausweichlichkeit der Gewalt im sozialen Leben zum Problem. Zunächst empfindet er die brutalen Methoden des Staates, Kriegführung und Strafvollzug, als anstößig, dann beunruhigen ihn die leiseren, aber um so grausameren Regeln des Ge-

schäftsverkehrs. So treibt ihn das Gefühl, ewig die Grundsätze der Nächstenliebe und Hingabe verraten zu müssen, wenn er in dieser Welt nicht untergehen will, bis zu der äußersten Frage: Können die Menschen unter sich nicht ohne Gewalt, ohne Künstlichkeit und Distanz, mit Vernunft und Liebe und Aufrichtigkeit restlos auskommen, wenn sie nur wahrhaft wollen? Lohnt es sich nicht, für dieses Ziel die alten Einrichtungen und Vorurteile dahinzugeben und einmal ganz von vorne, von Grund aus, von der Wurzel des Menschtums her anzufangen?
Stets hat das teuere Experiment der Revolution die Frage negativ beantwortet. Stets hat sich die Unausweichlichkeit der Gewalt, das unrettbare Gebundensein des Menschen an die Gesetze der Reserve, List, Unwahrhaftigkeit, wenn nicht gar der härteren Kampfmittel ergeben. Solange man allerdings bloß die physische Welt der Triebregungen und Zwecksetzungen, die biologisch-ökonomischen Notwendigkeiten, den Kampf ums Dasein dafür verantwortlich macht, wird die Menschheit die Hoffnung auf schließliche Überwindbarkeit der Gewalt durch Einsicht und Sympathie nicht aufgeben. Denn Natur und Geist sind eindeutige Größen, restlos bestimmbar und also auch restlos in einer Ordnung beherrschbar, wie sie die Vernunft haben will.
Wie aber, wenn das psychische Leben die vielleicht widervernünftigen, doch von der Natur erzwungenen Formen des sozialen Verhaltens (die nicht eher zu überwinden sind, als bis die Natur selbst überwunden ist) von sich aus gutheißen und veredeln kann, weil es sie braucht? Wie dann, wenn die Psyche Gewaltmittel als Schutzmittel der Distanz und Verhaltenheit, Vornehmheit und Künstlichkeit zu ihrer Entwicklung braucht, weil sie durch allzu große Nähe, durch restlose Aufrichtigkeit und Unverhülltheit leidet und Schaden nimmt? Wie, wenn die Seele des Menschen als das absolut Mehrdeutige, das undurchsichtig, verborgen, geschont, also, selbst wenn es eindeutig bestimmbar wäre, mehrdeutig bleiben soll, damit es seine schöpferische Kraft im Geiste behält, die Gewalt in irgendeinem Sinne bejahte? Dann müßte der Mensch um des Höheren willen in ihm die Systeme der Öffentlichkeit, von den einfachsten Höflichkeitsformen zwischen Person und Person bis zu

den großen Künstlichkeiten des Staates dieser neuen Möglichkeit zuliebe auf die Utopie der Gewaltlosigkeit verzichten und mit der Welt des Kampfes, eines freilich in den Mitteln kultivierbaren Kampfes, der nicht ums Dasein, sondern ums Sosein ausgefochten werden soll, einen Frieden machen.

Die vorliegende Abhandlung hat ihren Zweck erreicht, wenn es ihr gelungen ist, zu zeigen, daß die ganze Sphäre der Öffentlichkeit unter diesem Gesichtspunkt eines *Hygienesystems der Seele*, wir wollen nicht sagen, so wie sie heute aussieht, sich rechtfertigen läßt, doch immerhin Möglichkeiten besitzt, die andere Zeiten, etwa das achtzehnte Jahrhundert in Europa, andere Kulturen wie die des chinesischen Volkes schon erkannt hatten, die dann unter dem Ansturm des modernen Industrialismus verschüttet und vergessen worden sind und die eine unvergängliche Aufforderung an unsere Generation, wie an jedes Geschlecht, zu welcher Zeit und in welchem Lande es auch lebe, richten, sich ihrer zu erinnern und nicht müde zu werden, aus ihrem Geist, dem Geist des Taktes, der Verhaltenheit, der Güte und der Leichtigkeit das verkrampfte Gesicht dieser Menschheit von heute in einer Kultur der Unpersönlichkeit zu lösen.

Macht und menschliche Natur

Ein Versuch
zur Anthropologie der geschichtlichen Weltansicht
(1931)

> Der Gedanke will Tat, das Wort will Fleisch werden. Und wunderbar! Der Mensch, wie der Gott der Bibel, braucht nur seinen Gedanken auszusprechen, und es gestaltet sich die Welt. Die Welt ist die Signatur des Wortes. Dieses merkt euch, ihr stolzen Männer der Tat. Ihr seid nichts als unbewußte Handlanger der Gedankenmänner, die oft in demütiger Stille euch all eu'r Tun aufs bestimmteste vorgezeichnet haben.
> (Heinrich Heine, Zur Geschichte der Religion und Philosophie in Deutschland)

Inhalt

DER ZWECK DIESER SCHRIFT 139

1. Die naturalistische Fassung der Anthropologie und ihre politische Mehrdeutigkeit 144

DER WEG ZUR POLITISCHEN ANTHROPOLOGIE 147

2. Ihre universale Fassung im Hinblick auf den Menschen als geschichtliches Zurechnungssubjekt seiner Welt 147

3. Soll universale Anthropologie empirisch oder apriorisch verfahren? 151

4. Zwei Möglichkeiten des apriorischen Verfahrens 154

5. Die neue Möglichkeit einer Verbindung apriorischer und empirischer Betrachtung nach dem Prinzip der Unergründlichkeit des Menschen 160

6. Exkurs: Diltheys Idee einer Philosophie des Lebens . . 165

7. Das Prinzip der Unergründlichkeit oder der offenen Fragen 175

8. Der Mensch als Macht 185

9. Die Exponiertheit des Menschen 191

10. Exkurs: Die Bedeutung der Nichtentscheidbarkeit des Vorrangs von Anthropologie und Philosophie für den Geltungsbereich der Machtfrage 201

11. Ohnmacht und Berechenbarkeit des Menschen 221

12. Gebundenheit an ein Volk 228

Der Zweck dieser Schrift

Die oberste Frage der politischen Anthropologie: wie weit gehört Politik – der Kampf um Macht in den zwischenmenschlichen Beziehungen des einzelnen, der Gruppen und Verbände, der Völker und Staaten – zum Wesen des Menschen, scheint nur von philosophischem, nicht von politischem Interesse zu sein. Wer so denkt, vergißt, wie tief die Praxis von Theorie durchdrungen sein muß, um ihre Entscheidungen treffen zu können. Die Methoden und Nachwirkungen der Bismarckschen Ära haben freilich bei uns diese Einsicht, die in den Ländern mit einer politischen Kultur auch in den Büros der Ämter und Zeitungen nie ganz vergessen wird, auf sehr geringen Kurswert gebracht.
Nicht zum Nutzen der Politik. Je geringer sie geachtet ist, um so schlechter wird sie. Denn nicht der Glücksfall des großen einzelnen bestimmt ihr Niveau, sondern das Maß der Aufmerksamkeit, das ihr auch die nicht unmittelbar materiell an ihr interessierten Schichten eines Volkes entgegenbringen. Jenes für die Geringschätzung so bezeichnende Abgleitenlassen ihrer Fragen in die Ebene der Wirtschaft, jenes Verlorengeben des Staates an Finanz, Industrie und Handel entspringt bei uns zu einem wesentlichen Teil der auch von Krieg und Umwälzung nicht berührten Haltung der Intellektuellen zur politischen Sphäre als solcher. Nach wie vor herrscht bei uns die Überzeugung, daß Politik eine Technik ist, die von Exponenten irgendwelcher Machtgruppen gemacht werden muß, mit den großen Dingen der Wissenschaft, Kunst, des Rechts und des Glaubens aber nie in einem Atem genannt werden darf. Und schlimm genug nach dieser Überzeugung, daß man nicht einmal an so etwas wie Kulturpolitik vorbei kann, deren Aufteilung unter die großen Weltanschauungsparteien die Kalamität des Politischen den Geistigen besonders fühlbar macht.
Es ist eben nicht gleichgültig, gerade im Zeitalter des Demos und seiner nationalstaatlichen Selbstbestimmung, wie über Volk und Staat rein theoretisch gedacht wird. Es ist nicht gleichgültig, wie

die Philosophie darüber denkt, weil Gesetzgebung und Rechtsprechung zur Klarheit über ihre eigenen Kategorien auf die Philosophie zurückgreifen müssen, deren Geschäft es schließlich ist, statt der Notbauten von Zweckdefinitionen, ohne welche die einzelne Wissenschaft und der Praktiker nicht auskommen, feste Fundamente zu schaffen.
Deshalb darf man nicht gleich die Geduld verlieren, wenn Philosophie sich um Politik bemüht. *Dieses Bemühen ist zugleich eine Frage an die Philosophie.* Wäre es so, daß die Philosophie von einem gesicherten Bestande an Erkenntnissen aus sich der Politik als einem bisher von ihr vielleicht zu sehr vernachlässigten »Gebiet« zuwendete, dann wäre politische Anthropologie eine reine Anwendungsfrage; in dem Sinne etwa wie forensische Psychiatrie oder Kinderpsychologie angewandte Fächer sind. Philosophie steht zur Wirklichkeit in einem anderen Verhältnis, das Anwendungen von vornherein ausschließt. Sie kann zur Wirklichkeit Kontakt nur gewinnen, wenn sie zentral in das Fundament ihrer selbst die Wirklichkeit mit aufnimmt, so daß sie nicht erst im Ergebnis, sondern *im Ansatz* schon von der Wirklichkeit lernen wird. Philosophie darf nicht von oben zum Leben kommen wollen (wie es zuletzt noch Nelson angab, für den Politik angewandte Ethik war), sondern muß sich in den Blickbahnen dieses Lebens selbst zu ihm hin gestalten. Und das ist wieder nur möglich, wenn sie diesen Kontakt mit dem Leben, dieses zu ihm kovariante Denken als *für ihr eigenes Wesen notwendig* und nicht bloß als für den gewünschten Zweck eines Verständnisses des Lebens notwendig begreift.
Was aber soll den Inhalt der politischen Anthropologie bilden? Zunächst die Genealogie politischen Lebens aus der Grundverfassung des Menschen als einer ursprünglichen Einheit von Geist, Seele und Leib nach Maßgabe einer Theorie der Triebe und Leidenschaften, eine politische Affektenlehre und Charakterologie zugleich, von der die politische Praxis Nutzen hätte. Sodann die geschichtlich orientierte Besinnung auf die wechselseitige Abhängigkeit, in der die Auffassung von der menschlichen Natur, d. h. das Zusammenwirken der physischen Organe, der Psyche und des

Leibes, in der Rangordnung zwischen Vernunft, Willen, Gefühl, Leidenschaft, und die Auffassung vom Staate oder der Gemeinschaft jeweils stehen. Die Geschichte der organizistischen Theorie gäbe Belege dazu. So ließe sich schließlich die Mikrokosmosidee vom Menschen am Leitfaden des politischen Makrokosmos entwickeln und das *politische Apriori* aufdecken, das sich für die Vorstellungen vom menschlichen Wesen in seiner ganzen Weltverflochtenheit wirksam erweist.

Dazu fehlt uns heute das Fundament. Zuerst muß das Fundament geschaffen werden. Das liefert die Philosophie in ihrem gegenwärtigen Zustand nicht. Auch die Anthropologie liefert es nicht. Denn weder die rein empirische der Anatomen, Rassenbiologen und Vererbungsforscher noch auch die in ersten Ansätzen vorhandene medizinische Anthropologie ist dazu ohne naturalistische Vorentscheidungen über Wesen und Wurzel des Politischen imstande. Hier muß die Philosophie selber eingreifen. Und das kann sie nicht in der Weise, daß sie einfach direkt nach dem Wesen des Politischen fragt, um es angeblich voraussetzungslos zu fassen, sondern sie muß auf die Art ihres Fragens dabei zugleich achten, weil sie durch die Frage nach der Politik von der Politik selbst in Frage gestellt wird.

Mit dieser Möglichkeit mindestens muß sie rechnen – für die Staatslehre ist hier Carl Schmitt führend vorangegangen –, wenn das Ergebnis nicht eine klassifizierende Phänomenologie oder Ontologie der politischen Phänomene sein soll, in der die mögliche politische Bedingtheit ihrer »Sachlichkeit« übersehen wird. Wissen wir denn, ob es möglich ist, voraussetzungslos zu denken, ohne uns damit bereits für ein politisches Kategoriensystem: die politische Diskussionsbasis des Liberalismus entschieden zu haben, dessen polemisches Apriori eben diese naiv zum Ansatz genommene Voraussetzungslosigkeit ist? Man sollte sich um der *Theorie* willen hüten, in einer Epoche, in der die Diktatur eine lebendige Macht geworden ist, in der Rußland und Italien den Tod der Göttin der Freiheit verkündet haben, nach den Prinzipien des klassischen Liberalismus über Politik zu denken. Marxismus und Syndikalismus zwingen zu einer neuen Art von politischer Reflexion, zu einer

neuen Art des Philosophierens, die fähig ist, diesen Möglichkeiten schon im Ansatz mit kovarianten Maßstäben zu begegnen.
Das Thema unserer Schrift ist demnach, ein Fundament für die Betrachtung politischer Dinge zu finden, das dieser Möglichkeit eines politischen Apriori in der Wurzel philosophischer Überlegung selbst gewachsen ist. Aus dem Geiste der Politik sucht sie die Philosophie im Innersten zu bewegen, *um die Politik in ihrer menschlichen Notwendigkeit zu begreifen.* Anders kann man ihren Ernst nicht erkennen. Wie Kunst, Wissenschaft und Religion dadurch zu Medien der Welterkenntnis geworden sind, daß die Philosophie sie je zu ihrem Organon machen konnte, so wird auch die Politik die gleiche Würde nur erringen, wenn Philosophie sie aus der Stellung eines zufälligen Betätigungsgebietes des naturgebundenen Menschen befreit, indem sie sie zu ihrem Organon macht.
Für den Leser bedeutet das insofern einen Verzicht, als damit die Diskussion politisch unmittelbar interessanter, für den Staatslehrer, den politischen Soziologen und Praktiker aus logisch-methodischen oder ethischen Gründen wichtiger Themen an dieser Stelle unterbleibt. Doch hoffen wir, auf unserem Wege einer Begründung der politischen Anthropologie den Zugang zu dem zentralen Problem des Volkes zu bahnen, das in seiner eigentümlichen Mittelstellung zwischen den Sphären der Natur und des Geistes den Horizont darstellt, in dem politisches Leben sich entfaltet und aus dem her der Zwang und die Pflicht zur Macht für den Menschen entspringt.
Das Buch stellt sich damit in die Diskussion einer Wissenschaft und Philosophie der Politik, die – wir nennen nur einige Namen – in Deutschland von philosophischer Seite besonders durch Freyer und Litt, von juristischer Seite durch Carl Schmitt, Kelsen, Smend, von soziologischer Seite durch Max Weber, Scheler, Karl Mannheim, von historischer Seite besonders durch den bisher zu wenig beachteten Otto Westphal vorangetragen wird. Zugleich gehört es in die Auseinandersetzung um das Problem von Philosophie und Anthropologie, das, von der Historismusfrage aus durch Dilthey in Bewegung gebracht, auf sehr verschiedenen Wegen Scheler, Heidegger, Misch und der Verfasser in Angriff genommen haben.

Dem Kenner meiner Schriften sage ich nichts Neues, wenn ich betone, daß mir seit meiner »Einheit der Sinne« von 1923[1] der von Dilthey und Misch gewiesene Weg in dieser Frage der richtige zu sein scheint. Was ich dann in der Abhandlung »Grenzen der Gemeinschaft«[2] versucht habe, nämlich eine anthropologische Begründung der politisch-diplomatischen Konstante im menschlichen Gesamtverhalten zu geben und »Das Politische« als eine mit dem übrigens nicht bloß auf Staat oder auf Verbandsinteressen bezogenen Leben notwendig erzeugte Brechungsform der Lebensbeziehungen zu erweisen, soll in dieser neuen Schrift sein philosophisches Fundament erhalten.

Wir hoffen, den Interessen an staatsbürgerlicher Erziehung und Theorie der Politik auch auf dem indirekten, abseitigen Weg der Philosophie nützen zu können; einem Weg, der von all den Themen fortzuführen scheint, welche zur politischen Anthropologie gerechnet werden: Rasse und Staat, Führertum und Charakter, Trieb, Geist, Vernunft und Leidenschaft im politischen Kalkül und in der Diplomatie, Psychologie der Völker, Nationen und Machtzustände, Typenlehre der Staats-, Wirtschafts-, Sozial- und Kulturpolitik, soziale Differenzierung und Weltanschauung. Denn wir suchen die Frage zu lösen, ob die politische Sphäre als solche, die mit der urwüchsigen Lebensbeziehung von Freund und Feind gegeben ist (C. Schmitt), zur Bestimmung des Menschen oder nur zu seiner zufälligen, seinem Wesen äußerlichen physischen Daseinslage gehört; ob Politik nur der Ausdruck seiner Unvollkommenheit ist, deren Überwindung, wenn sie auch vielleicht nie faktisch gelingen wird, durch die Ideale einer wahren Humanität, einer ihn zu seinem eigentlichen Wesen entbindenden moralischen Erziehung gefordert ist; ob sie nur die Nachteile seiner Existenz bedeutet, der er als endliches Wesen verfallen, aber eben nur verfallen ist.

Mögen also die, welche es angeht, die staatsbürgerlichen Erzieher,

---

[1] Helmuth Plessner, Die Einheit der Sinne. Grundlinien einer Ästhesiologie des Geistes, Bonn 1923. Jetzt in: Gesammelte Schriften, Bd. III.
[2] Helmuth Plessner, Grenzen der Gemeinschaft. Eine Kritik des sozialen Radikalismus, Bonn 1924. Vgl. in diesem Band S. 7–133.

die Geduld nicht verlieren, wenn Philosophie aufgeboten wird, diese Frage zu lösen. Wir können sie nicht mit einem fertigen philosophischen Instrumentarium lösen, sondern müssen um der Sache des Menschen in der Politik und der Politik im Menschen willen die ganze Frage der Philosophie selbst dabei aufrollen. Gewiß, Politik leidet – das spüren wir in der weltanschaulichen Belastung der Parteien –, wenn sie zu ernst genommen wird. Aber diesen falschen Ernst im Spiel bekämpft man nur durch eine rücksichtslose Erkenntnis der Bedeutung dieses Spiels, das die Völker immer mit ihrem Leben und Glauben zu bezahlen haben.

1. Die naturalistische Fassung der Anthropologie und ihre politische Mehrdeutigkeit

Folgt man dem im letzten Drittel des 19. Jahrhunderts traditionell gewordenen Wortgebrauch, so bedeutet Anthropologie die Lehre vom Menschen, welche aus den Forschungen der Anatomen, Prähistoriker, Rassen- und Vererbungsbiologen zu gewinnen ist: eine empirische, vergleichende Untersuchung der mutmaßlichen Ursprünge des Menschengeschlechts und seiner Ausprägungswege in Rassen. Unter politischer Anthropologie hätte man dann[3] die Nutzanwendung dieser ausschließlich biologischen Erkenntnisse auf das politische Leben der Völker zu verstehen. Eine Nutzanwendung in theoretischer Hinsicht, insofern als die Erkenntnis von der Entwicklungsgeschichte der Formen und Kräfte politischen Lebens einen wesentlichen Teil, ja den Horizont kulturellen Daseins der Völker unter dem Aspekt seiner Naturbedingtheit begreiflich macht. Und eine Anwendung zu praktischem Nutzen, wenn man bedenkt, daß eine Einsicht in Gesetze, welchen das Politische durch seine Naturverbundenheit unterworfen ist, die

---

[3] Ludwig Woltmann, Politische Anthropologie. Eine Untersuchung über den Einfluß der Descendenztheorie auf die Lehre von der politischen Entwicklung der Völker, Eisenach 1903. Gegen eine ihrer empirischen Grenzen bewußte Sozialanthropologie richten sich diese Ausführungen natürlich nicht.

Unsicherheit in der politischen Kalkulation wesentlich einschränken wird. Von einer solchen Wissenschaft wäre im Endeffekt so etwas wie eine metereologische oder konjunkturtheoretische Vorausberechnung politischer Stürme und Krisen zu erwarten und Hand in Hand damit eine fortlaufende Anweisung für den Staatsmann, die den Erfolg seiner Handlungen in steigendem Maße garantiert. Angesichts der Tatsache, daß gerade im politischen Kampf die Leidenschaften eine wesentliche Rolle spielen, da er im Zeichen der höchsten Ideale eines Volkes geführt wird, erscheint der Gedanke solcher anthropologischen Fundamentierung staatsmännischen Handelns als willkommene Hilfe für den Führer, der nüchtern und besonnen zu bleiben hat, um den Kampf im richtigen Moment zu beginnen und zu beenden.

Hilfe in doppeltem Sinn. Der Gedanke kann ein Programm werden, die Politik zu rationalisieren, d. h. aus der Sphäre der Leidenschaften und Ideale in die Ebene geschäftsmäßiger Erwägungen zu bringen und sie dadurch von allen illusionären Erwartungen zu befreien, die einem heute erreichten Entwicklungsgrad wenigstens der zivilisierten Völker nicht mehr entsprächen. Als Desillusionierungsmittel bildet dann politische Anthropologie eine Forderung politischer Aufklärung, von der die Linksparteien die allmähliche Zivilisierung der Kampfsitten im innerstaatlichen und zwischenstaatlichen Leben, den Fortschritt im gegenseitigen Verständnis der Klassen, Stände und Interessengruppen, schließlich der Völker erhoffen.

Man wird sich aber auch nicht wundern dürfen, den Gedanken einer Zurückführbarkeit des Politischen auf das Anthropologische bei den Rechtsparteien verfochten zu sehen, die im Sinne eines Machiavelli oder Hobbes von der Unveränderlichkeit und Unverbesserlichkeit der menschlichen Natur allzusehr überzeugt sind, um eine grundsätzliche Veränderung in den Beziehungen der Bürger oder der Völker für möglich zu halten. Ihnen stellt sich der Abbau der Leidenschaften und Illusionen, der moralischen Argumente und kulturellen Ambitionen auf das biologische Fundament als Demaskierung dar, welche das wahre Antlitz des Menschen in seiner nackten Bestialität enthüllt. Politische Anthropologie zeigt nach ihrer Meinung die eigentlichen Triebkräfte jenseits ihrer geistigen Motivierung im ewig gleichen Spiel, das die Fortschrittlichen längst hinter sich gelassen zu haben wähnen, während es eine dauernde untergründige Spannung sei, die sich von Zeit zu Zeit gewaltsam entladen muß. Anthropologie wird dann zum Programm der vornehmlich pessimistischen, aufklärungsfeindlichen und insofern konservativen Verfechter der reinen Machtpolitik.

Diese parteiischen Entwürfe beruhen auf einer mit der einseitigen Auslegung des Wortes Anthropologie verbundenen Vorentscheidung. Denn weder steht fest, daß der Mensch ein rein biologisch erfaßbares Wesen ist, noch auch die in den Gedankengängen stillschweigend vorausgesetzte Idee, das Physische an ihm habe ausschlaggebende Bedeutung für seine Existenz im ganzen ihrer geschichtsgestaltenden Äußerungen. Bestimmt sich auch der Staat aus dem Monopol legitimer physischer Gewaltanwendung gegen seine Bürger im Interesse ihres Schutzes gegen innere und äußere Feinde, so erschöpft diese biologische Grenzfunktion, ultima ratio regum, gerade nicht das Leben der Politik. Man muß sich hüten, die beständige Drohung, welche die Folgsamkeit gegen Gesetz und Verträge zu garantieren sucht, in jenes mutmaßliche Fundament der Staaten als ihr determinierendes Prinzip zurückzuverlegen, bevor man Klarheit über das Wesen des Politischen und seines Trägers gewonnen hat.

Der Weg zur politischen Anthropologie

2. Ihre universale Fassung im Hinblick auf den Menschen als geschichtliches Zurechnungssubjekt seiner Welt

So sieht man sich auf eine umfassende Auslegung des Wortes Anthropologie zurückverwiesen, wie sie bis zum letzten Drittel des 19. Jahrhunderts üblich war und heute wieder üblich zu werden beginnt. Als Lehre vom Wesen des Menschen im ausdrücklichen Hinblick auf alle Seinsweisen und Darstellungsformen kann sie infolgedessen den zu engen Rahmen einer biologischen Disziplin unmöglich ertragen. Sie umfaßt das Psychische ebenso wie das Geistige, das Individuelle ebenso wie das Kollektive, das in einem beliebigen Zeitquerschnitt Koexistierende ebenso wie das Geschichtliche.
An dieser Universalität ihrer Aufgabe scheint sie zu scheitern. Denn wie dürfte es heute im Zeitalter spezialistisch entwickelter Person- und Völkerpsychologie, Ethnologie, Soziologie und Geschichtswissenschaft, von allen biologischen und medizinischen Fächern ganz abgesehen, noch möglich sein, zu so etwas wie einer Universalerkenntnis des Menschen durchzudringen? Wie dürfen wir hier, wo alles im Fluß ist, auf irgendeine bleibende Synthese hoffen, die nicht schon nach wenigen Jahren überholt ist? Von Überwölbungen ist nichts zu erwarten, außer, daß sie einstürzen. Gerade die Grundlagen der Einzelwissenschaften vom Menschen liegen nicht für die Ewigkeit fest. Was wir heute an der Physik oder der Psychologie erleben, kann morgen die Physiologie, Pathopsychologie, Ethnologie treffen. Die Soziologie z. B. befindet sich seit geraumer Zeit in einem Dauerzustand von Grundlagenkrisis, die Geschichtsschreibung ebenso. Und nicht nur die Resultate, auch die Zielsetzungen und Methoden bieten keinen Halt. Von einer an der Logik der Erforschung des Menschen orientierten »kritischen« Suche nach dem Kategoriengewebe der Erfahrungseinheit »Mensch«, die regressiv das ihr vorausliegende Leitbild zu ermitteln hätte, ist darum auch nichts zu erhoffen.

Wohl aber gibt die geschichtliche Auffassung, *die bis zum Äußersten geht,* eine Anleitung zur universalen Anthropologie, wenn sie den Menschen auch in den außerempirischen Dimensionen des rein Geistigen als Zurechnungssubjekt seiner Welt, als die »Stelle« des Hervorgangs aller überzeitlichen Systeme begreift, aus denen seine Existenz Sinn empfängt. Wir müssen ihn nicht so begreifen, aber wir *können* es. Diese Systeme bilden die in ihrer übergreifenden Einheit wiederum problematische Fülle der Kulturen, wie sie im Laufe seiner Geschichte auf diesem Planeten allmählich hervorgetreten sind.

Der Mensch, verantwortlich für die Welt, in der er lebt: Wenn wir es überhaupt als einen Fortschritt, eine Entdeckung gelten lassen, daß wir im Unterschied zu den außer- und vorchristlichen Völkern es zum Begriff »des Menschen« als einer gegen religiöse und rassenmäßige Unterschiede indifferenten *weltbildenden* Wirklichkeit gebracht haben, dann sind wir nach Maßgabe dieser Universalperspektive gerade nicht allein dazu verpflichtet, unsere Kultur als absolutum den »Heiden« zu bringen, sondern ebenso unsere Kultur und Welt gegen die anderen Kulturen und Welten zu relativieren. Vielleicht ist das der erste Schritt zu ihrer Preisgabe. Aber um diesen Schritt kommen wir nicht herum, wenn wir an unserer Entdeckung, d. h. eben an unserer religiös im Gefühl der Gleichheit alles dessen vor Gott, was Menschenantlitz trägt, verankerten Wissenskultur festhalten wollen. Bejahung unserer Kultur und Religion bedeutet also den Verzicht auf ihre Verabsolutierung, Anerkennung außereuropäischer Kultursysteme und Weltbilder, die relativ auf ihre Träger und damit indirekt auf Gott, vor dem sie alle als »Menschen« gleich sind, gleichberechtigt oder wenigstens gleich möglich sind. Mag der christliche Theologe hier auch die Kardinalbeziehung zwischen Unwissenheit und Unerlöstheit der Nichtchristen zur Primatstellung des christlichen Volkes verwenden, so liegt doch in der Missionspflicht zugleich das Anerkenntnis einer natürlichen Gemeinsamkeit der Heiden mit den Christen, das längst seinen theologisch-bekenntnishaften Sinn verloren hat und eine Lebenswurzel unserer gesamten Bewußtseinsstellung geworden ist.

Von dieser Erfahrungsstellung aus relativieren sich im Universalaspekt der den Planeten bedeckenden Völker »ihre« Götter und Kulte, Staaten und Künste, Rechtsbegriffe und Sitten. Der für »unseren« Aspekt sie alle umfassende Raum der Natur relativiert sich auf unser abendländisches Menschentum und gibt die Möglichkeit anderer Naturen frei. Aber diese Relativierung führt sich nur durch, indem der Grund, auf dem sie beruht: Gleichheit alles dessen, was Menschenantlitz trägt, vor Gott, selber als Prinzip zum Vorschein kommt. Der Mensch wird als das Subjekt, als der Schöpfer und die produktive »Stelle« des Hervorgangs einer Kultur entdeckt. Wie Nietzsche es im »Willen zur Macht« apostrophiert: »Der Mensch als Dichter, als Denker, als Gott, als Liebe, als Macht: O über seine königliche Freigebigkeit, mit der er die Dinge beschenkt hat, um sich zu *verarmen* und *sich* elend zu fühlen! Das war bisher seine größte Selbstlosigkeit, daß er bewunderte und anbetete und sich zu verbergen wußte, daß *er* es war, der das geschaffen hat, was er bewunderte.«[4] In dieser Rücknahme der über- und außermenschlichen Forderungen religiöser, ethischer, juristischer, künstlerischer, wissenschaftlicher Wirklichkeiten in den Machtbereich schöpferischer Subjektivität, die sich an sie verlieren kann, weil sie produktiv-selbstvergessen sie ins Dasein und in Geltung gesetzt hat, liegt das Prinzip der Relativierung aller außerzeitlichen Sinnsphären einer Kultur auf den Menschen als ihre Quelle im Horizont der Geschichte.

Gewiß können wir die menschliche Produktivität einschränken und ihr nur den Finderblick statt der echten Schöpfermacht zugestehen. So sucht z. B. Scheler[5] dem Historismus und Soziologismus zu entgehen, wenn er nur »jede faktische und allen Menschen von Anfang an mitgegebene *bestimmte* ›eingeborene‹ Funktionsapparatur der Vernunft«[6] zugunsten der Annahme einer Vielheit selbst wieder auf ihre (ethnische usw.) Lebens- und Interessenbasis

---

4 Friedrich Nietzsche, Aus dem Nachlaß der Achtzigerjahre. Werke, hrsg. von Karl Schlechta, Bd. III, München [6]1969, S. 680.
5 Max Scheler, Die Wissensformen und die Gesellschaft. Gesammelte Werke, Bd. 8, hrsg. von Maria Scheler, Bern und München [2]1960, S. 25 ff.
6 Ibid., S. 25.

relativer Vernunftorganisationen preisgibt; so »daß wir ... das der Wesensidee des Menschen entsprechende *absolute Ideen- und Wertreich* ganz gewaltig viel höher über alle *faktischen* bisherigen Wertsysteme der Geschichte gleichsam aufhängen, ... nichts bewahrend als die Idee des ewigen, objektiven Logos, in dessen ... Geheimnisse ... einzudringen nicht *einer* Nation, einem Kulturkreise ... zukommt, sondern nur *allen zusammen* mit Einschluß der zukünftigen in *solidarischer* ... *Kooperation* unersetzlicher, weil individualer Kultursubjekte«.[7] Als ob mit dieser Korrektur eine Position bezogen wäre, die man nicht als Europäismus entlarven könnte! Da es doch für diese Position bezeichnend ist, allmenschlich gültige Zusammenhänge auf dem halben Wege einer universellen Relativierung aller Religionen, Moralen, Weltbilder derart sichtbar machen zu wollen, daß das über die Erde verbreitete geistige Leben, in einem überlebendigen Wert- und Ideenhimmel nach seinem Gehalt verankert, als eine Symphonie von Ausblicken ins Absolute erscheint. Weshalb sich dieser Standort höchstens inhaltlich – in der Weite der menschlich notwendigerweise möglichen Wertwelten und der ihnen zuzuordnenden Funktionen –, nicht aber prinzipiell von den »billigen absoluten Wertphilosophien der Gegenwart« unterscheidet, gegen die er in großer Aufmachung hervorgekehrt wird. Hier wie dort begreift man nicht die Tiefe der Geistesgeschichte, welche den Hervorgang der überzeitlichen Werte und Kategorien aus dem Leben, die geschichtlichsoziale Bedingtheit auch dieser Lehre vom Hervorgang des Ewigen aus dem Zeitlichen, zu erkennen gibt – eine säkularisierte Vergottung des Menschen, die in der christlichen Überzeugung von der Menschwerdung Gottes vielleicht ihr Ur- und Gegenbild hat –, und sieht daher nicht, daß das Zugeständnis des bloßen Finderblicks an die menschliche Macht noch von seiner Position Gebrauch macht, die der Gefahr der letzten Selbstrelativierung nicht gewachsen ist.

Begreifen wir also den Menschen nicht nur als einen durch Rasse und spezifisches Volkstum, Anlagen usw. mit je verschieden gear-

---

[7] Ibid., S. 26 f.

teten »Okularen« oder Sinnesorganen des Geistes ausgerüsteten Finder, dem entsprechende transsubjektive Wirklichkeiten in den Blick kommen, während nichtentsprechende wegseligiert werden – was nämlich eine aufs Tier, aber nicht auf den Menschen passende Vorstellung ist –, begreifen wir ihn als Schöpfer, der freilich an seine eigenen Kreaturen gebunden ist und ihnen untertan wird, dann bahnen wir im Blick auf diese in der Linie geschichtlicher Weltauffassung liegende Möglichkeit den Weg zur universalen Wesenslehre des Menschen oder der philosophischen Anthropologie. Ihre fundamentale Schwierigkeit stellt sich sofort als eine doppelte in der Fassung ihres Gegenstandes, des »Wesens« von »Mensch«, und ihres Vorgehens auf diesen Gegenstand hin dar.

3. Soll universale Anthropologie empirisch oder apriorisch verfahren?

Offenbar ist solche Wesenslehre des Menschen keine empirische Disziplin. Denn aus der Erfahrung etwas von der Vorstellung erkennen, die selber der Erfahrung vom Menschen und ihrer Auswertung zugrunde gelegt werden soll, heißt einem unendlichen Zirkel verfallen. Aber apriorisch kann diese Wesenslehre vom Menschen auch nicht sein. Sie wäre dann nicht imstande, den Hervorgang der zeitlosen, apriorischen Wahrheiten und Verbindlichkeiten aus dem Leben im Horizont der Geschichte und ihrer Erfahrung begreiflich zu machen: *wenn* es sicher sein soll, daß der Mensch Ursprung der für ihn gültigen und unvordenklichen Bedingungen seines Wissens, Wollens, Fühlens und Glaubens ist; *wenn* es – zufolge der eben dargelegten Gründe – zum Sinn des Begriffes »Mensch« gehören soll, daß die ihn bindende Welt auf sein natürlich-geschichtlich je verschieden geartetes Menschentum relativ ist. Ein Prinzip, demzufolge der Begriff Mensch im Körperlichen, Seelischen und Geistigen die Breite einer Realisierungsmöglichkeit erhält, einer Realisierung in Völkern, Rassen, Nationen und Epochen, welche die ökumenische Einheit der Mensch-

heit auch ohne absolut geltende Bezugssysteme: Gott – Vernunft – Welt garantiert. Eine apriorische Wesenslehre aber müßte an dieser Stelle des Hervorgangs des Apriori aus dem Mächtigkeitsgrunde des Menschen dieses Prinzip der Zurechnung zugunsten solcher absoluten Bezugssysteme durchbrechen.
Überdenken wir die Alternative. Eine empirische Wesenslehre ist ein Unding, sie widerspricht dem Wesenscharakter. Warum? Durch die bedeutsame Einschränkung, daß »Wesen einer Sache« das gegen ihre nur erfahrungsmäßigen Abwandlungen Konstante besagt. Wesen einer Sache deckt sich dann mit dem, woraufhin sie als eine solche ansprechbar ist. Sage ich Tisch, dann zeichne ich den Rahmen, in dem die Tischhaftigkeit eines »Tisches« oder sein Wesen als Tisch heraustritt. Ich kann Tisch sagen, also gibt es – die Möglichkeit, von so etwas wie Wesen dieses Tisches im Unterschied von gerade diesem Tisch zu reden. Faßt man Wesen anders, nicht konform zu begrifflicher Allgemeinheit und ideeller Gestalteinheit, etwa als die tragende Substanz oder Kraft, als das eigentlich Bedeutsame einer an dem jeweils in Rede Stehenden selbst nicht ablesbaren Funktion, sein Geheimnis, seine verborgene Qualität, dann müßte eine Wesenslehre des Menschen eminent empirisch sein.
Die Sprache trennt zwar wesenhaft und wesentlich. Wesentlich mag am Menschen etwas Empirisches: das Herz oder der Charakter oder die Herkunft, mag an diesem Menschen vielleicht seine künstlerische Begabung oder sein gutes Aussehen sein, wesentlich nicht nur für ihn, die Wesenhaftigkeit wird damit noch nicht getroffen. Aber was garantiert uns den objektiven Sinn der Rede von Wesenhaftigkeit und Essenz und quidditas? Wenn ich Rauch aufsteigen sehe und frage: was ist das, so kann die Frage in sehr verschiedenen empirischen Richtungen beantwortet werden (das ist Wasserdampf, ein Holzfeuer. Da brennt ein Haus, das ist ein Nebelfetzen usw.); nur wenn der Frage die ausdrückliche Richtung auf diejenigen Bedingungen gegeben wird, denen die jeweilige Sache, so wie sie *angesprochen* ist, offenbar »gehorcht«, *indem* sie so angesprochen wird – als Rauch, nicht als Dampf, Wolke, Nebelstreifen –, entsteht der Boden für die spezifische apriorische

Wesensproblematik. Denn es muß schon ein vorhergängiges Verständnis von Rauch, d. h. der Rauchhaftigkeit im Spiel sein, wenn das rechte Wort für den Eindruck zur rechten Zeit sich einstellen soll. Auf die vorliegende Problematik angewendet: Nur wenn feststeht, daß die so vollklingende Frage nach dem Wesen des Menschen in diesem akademischen Sinn einer Freilegung der zuvor in den Blick gefaßten Bedingungen der Ansprechbarkeit von etwas als Mensch gefaßt ist, im Sinne einer Kategorialanalyse also, kann die Frage empirisch nicht beantwortet werden.

Apriorisch soll die Wesenslehre aber auch nicht verfahren können, wenn sie den Menschen als Zurechnungssubjekt seiner Kultur, als »Stelle« schöpferischen Hervorgangs der Bedingungen einer Objektivität begreiflich machen will. Angenommen, sie verfährt apriorisch. Was ist die Folge?

Im Bereich des Mensch Genannten müssen die Bedingungen, ihn so zu nennen, die Momente, an denen das Zutreffen der Redebedeutung orientiert ist, maßgebend für die Wesensfixierung werden. An der Ansprechbarkeit auf sein Menschentum hin hat dann die Wesenslehre die Garantie ihrer Beantwortbarkeit. Schon das ist bedenklich, wenn es auch für den Forscher, der nicht ins Blaue hinein fragen, sondern, wie man sagt, vernünftige Fragen stellen will, geradezu methodisches Prinzip bedeutet. Über die Beantwortbarkeit durch Aufweis dieses Wesens ist also schon entschieden; das Wesen »ist«, und zwar ein Zugängliches und zu Offenbarendes. Da sein Bereich durch die Benennbarkeit nicht einfach nur angezeigt, sondern abgesteckt ist, insofern als das Zutreffen der Benennung am Wesen selbst hängt, die Bedingungen der Erfüllung der Redeintention nicht nur mit den Wesensmerkmalen zusammentreffen, sondern identisch sind, hat das Wesen in genau ihrem Sinne etwas von jener Allgemeinheit an sich, die als Allgemeinheit des benennenden Ausdrucks in der Rede fungiert. Nach phänomenologischem Prinzip kann es nicht anders sein: ἀποφαίνεσθαι als Erscheinen und zur Sicht kommen, vom Gegenstande her, und ἀπόφανσισ als offenbarende und zur Sicht bringende Rede, zum Gegenstande hin, bilden eine in gegensätzlicher »Bewegung« aufbrechende, urtümliche Einheit des Verwurzeltseins von Ausdruck

und Sache. Infolgedessen besagt Wesen des Menschen (= das, was den Menschen »allererst« zum Menschen macht oder auf dessen Grunde erst er Mensch ist), das Menschheitliche an ihm und determiniert sein hic et nunc Menschsein; die Menschheitlichkeit ist methodisch schon als sein Fundament vorweg gesichert.
Da der Mensch als Zurechnungssubjekt seiner Kultur, als Schöpfer im Horizont seiner Geschichte begriffen werden soll, der schöpferische Hervorgang aber aus dem Fundament, der Wurzel seines Menschtums vollzogen werden muß, wenn anders seine Produktivität etwas mit ihm »selbst« zu tun hat – sonst ist er eben für sein Tun nicht restlos verantwortlich gemacht –, so schiebt sich von vornherein die Menschheitlichkeit »die Menschheit in ihm«, wie der deutsche Idealismus sagte, als zeugender Grund unter. Ein wenn auch nur methodisch gemeinter Apriorismus führt zwangsläufig zur universalistisch-rationalistischen Ontologisierung menschlichen Wesens.

4. Zwei Möglichkeiten des apriorischen Verfahrens

Zwei Möglichkeiten sind hier zu beachten, die Möglichkeit einer inhaltlichen und die Möglichkeit einer formalen Bestimmung des menschlichen Wesens oder, anders gefaßt, die Möglichkeit einer Setzung des Wesens in ein Was und der Setzung des Wesens in ein Wie. Die erste Möglichkeit läßt nichts offen, sondern zwingt zu einer konkreten Angabe des Wesens des Menschen. Beispiele wären etwa: der Dichter ist der wahre Mensch, das Griechentum ist das wahre Menschentum, Christus allein ist wahrhaft Mensch gewesen, Philosophie ist eigentliches Menschsein. Nach dieser Methode kann eine Eschatologie, eine Heilsgeschichte, eine Kirche, ein Dogma denken, indem sie von vornherein auf die profane, natürliche, rationale Offenheit gegen Möglichkeiten anderen Menschtums verzichtet. Die zweite Möglichkeit der Setzung des Wesens in ein Wie schafft sich von vornherein den Raum, alles was Menschenantlitz trägt, als gleichberechtigte Ausformungen und

Weisen des Menschseins zu verstehen. Hier besteht nicht der Zwang zu einer konkreten Angabe des Wesens, sondern nur der Zwang, das eigentlich Menschliche mit einer Struktur zu decken, die formal und dynamisch genug sein muß, um die in der *ganzen* Breite ethnologischer und historischer Erfahrung ausgelegte Mannigfaltigkeit als mögliche Modi des Faktisch-werdens dieser Struktur sichtbar zu machen.

Auf eine solche Strukurformel gehen Scheler und, in der speziellen Methodik ihm allerdings entgegengesetzt, Heidegger, dessen Werk (obwohl es auf anderes zielt) als Beispiel der apriorischen Anthropologie dienen soll. Der Mensch ist durch eine Art, zu sein = Dasein definiert. Um die Fassung, »Auslegung« des Daseins geht es in der Frage nach seinem Wesen. Seine Essenz liegt in seiner Art, zu sein, in seiner Existenz, die als eine »geschehende Grundverfassung« konzipiert wird. In der Übernahme je seiner Möglichkeit vereinzelt sich die Existenz als das Sein zu Möglichkeiten, wird der Mensch frei zu seinem Schicksal und damit in dem Modus: je er selbst – erst Mensch. Dieses Werden zum Sein geschieht, sofern Dasein existent geworden ist. Aber dieses Geschehen vollzieht sich nicht als die erfahrbare Geschichte der Ursprünge und der die Schicksale der Menschen und Völker bestimmenden Umbrüche, sondern *ermöglicht* als die Essenz seiner Geschichtlichkeit die erfahrbare Geschichte. Die »Grundexistentialien« (Wesensmomente des Daseins) machen Geschichte allererst möglich. Und wenn die Frage nach dem, was früher ist als der Mensch – sie gehört nach Heidegger nicht mehr zur Anthropologie, welche, wie diejenige Schelers, die Idee vom Mensch bereits voraussetzen müsse – darum das Eigentliche, sein Radikal zum Ziel nimmt, so wird sie in der Analyse des Daseins, das je meines ist, eine Methode ausbilden, welche den schöpferischen Hervorgang eines auf ein gewisses Menschentum relativen Kultursystems und seiner wahlverwandten Welt begreiflich machen kann.[8]

Immerhin scheint diese zweite Möglichkeit der Setzung des

---

8 Vgl. hierzu übrigens Martin Heideggers Besprechung von Ernst Cassirers Philosophie der symbolischen Formen, Bd. II: Das mystische Denken, in: Deutsche Literatur Zeitung, N. F. V (1928), S. 1009.

menschlichen Wesens in ein Wie und eine Weise das Offensein gegen die ganze Breite der Kulturen und Epochen zu gewährleisten. Denn die formal-dynamische Struktur der Existenz gestattet ihre Abwandlung in die verschiedensten faktisch gewordenen Existenztypen oder Typen des »In der Welt Seins«. Warum sollte die existentiale Bewegungsform der »Transzendenz des Daseins«, wie sie Heidegger in seinem Kantbuch angibt: »Von-sich-aus-hin-zu-auf ... dergestalt, daß das so sich bildende Worauf-zu zurück- und hereinblickt in das vorgenannte Hin-zu ...«[9], nicht auf jedes beliebige Existenzsystem in seinem Verhältnis von Mensch und Welt passen? Je in ihrer »Welt« gefaßt, werden sich der Inder, der Grieche, der Eskimo, der Polynesier, der protestantische Christenmensch nach gleichem Bewegungsschema, oder besser auf ein gleiches Bewegungsschema hin entwerfend verstehen lassen. Wenn (ich folge den Worten Mischs[10]) in der Weise »ursprünglich bildender Geltung« der »Horizont« hervorgebracht wird, innerhalb dessen uns die Bedeutsamkeit dessen, womit wir umgehen, »offenbar« zu werden vermag, sei es der Horizont einer »Welt« für das Sichhinwenden zu Gegenständen überhaupt, sei es der der sittlichen Welt, in deren »Medium« ich, mit Fichte zu reden, mich allererst »als Person erblicke«, – so gilt dieses Geschehen auch da, wo es den Geschehenden noch verborgen bleiben muß. In einer Totemkultur z. B. mag das existentiale Grundgeschehen anders verborgen sein als in der europäisch-christlichen Welt, mag die »Verfallenheit« anders fixiert sein, mag die Verlorenheit an das »Man« anders gelagert sein als im christlichen Europa, in dem die Entdeckung von so etwas wie »Person« und »Welt« schon geleistet ist. Aber das ändert doch nichts daran, daß das in Wahrheit Menschliche dort eben *noch nicht* – zu sich aufgebrochen oder faktisch geworden ist. Und halten wir daran fest, daß Mensch nur dann ist, wenn »Dasein« faktisch geworden ist, so entsteht sofort die Frage: Ist Menschsein notwendig-mögliches »Zu sich Durch-

---

9 Martin Heidegger, Kant und das Problem der Metaphysik, Bonn 1929, S. 181 (4. Aufl. Frankfurt a. M. 1973).
10 Georg Misch, Lebensphilosophie und Phänomenologie (Schluß), in: Philosophischer Anzeiger IV. 3./4. (1930), S. 175-330.

und Aufbrechen« (Bewußtwerden und Übernehmen des eigenen Schicksals) zur je eigenen Personalität? Oder ist es gar an wirkliches Aufbrechen gebunden? Wenn der Indianer, der Etrusker, der Ägypter je in seiner mütterlichen Landschaft diesen Durchbruch und die mit ihm verbundenen Entdeckungen nicht gemacht hat, die nur im christlichen Bereich möglich geworden sind (auf dem Untergrund der klassischen Antike), dürfen sie dann noch Menschen heißen? Oder sind sie Menschen nur dem Schein nach, und gehört alles, was Menschenantlitz trägt, nur somatisch zu jenem Bereich, in dem Dasein faktisch werden kann?
Fraglos muß eine Analyse des Wesens Mensch, die so angesetzt ist wie die Heideggersche, in der einheimischen Region dessen, was ich je selbst bin, anfangen. Und auf ihrem Wege werden ihr die typischen Lebenszüge auftauchen, die »unser« Dasein, das Dasein von Europäern, die von klassisch-christlicher Tradition geformt sind, nun einmal beherrschen. Ausgerichtet auf eine Strukturformel, die mit der Auslegung des eigenen auch die mögliche Auslegung fremden Daseins verbindend alles Menschliche der Möglichkeit oder dem Wesen nach auf seine Essenz und sein Specificum hin ausdrücken soll, kann dieser Weg, der schließlich in der Formulierung des Sinnes von Sein schlechthin enden will, sich sehr wohl als bloßer Weg ausgeben. Die Existentialanalyse mit den Stationen der Sorge, des Seins zum Tode, der Angst hat immer die Möglichkeit, den jeweiligen Gehalt auf die Methode zu relativieren und zu sagen: das ist unser Zugang zum menschlichen Wesen; nur auf jenem Lebensboden, dem die Fraglichkeit dessen, was er eigentlich ist, zugehört, kann Wesensanalyse genuin getrieben werden. Gräbt sie tief genug, dann wird sie schon die Abzweigungsstellen finden, wo aus der Grundwurzel der Menschlichkeit (Daseinheit = Wesen des Daseins) die Möglichkeiten sich ergeben, in andere Auslegungsformen der Existenz als die eigene Form, welche für die gewählte Methode maßgebend war, zu geraten.
Sind diese anderen Auslegungsformen nicht mit der eigenen nicht nur gleich möglich, als »transzendental zufällige« Formen der Verfallenheit, sondern auch gleichberechtigt? Wenn nicht, dann sind eben die Träger von Kulturen, welche keine Möglichkeit zur

Übernahme des eigenen Schicksals, zur Personalität, ja letzten Endes sogar zur Metaphysik im griechisch-christlichen Sinne haben, keine Menschen oder Menschen nur im Latenzzustand. Sie befänden sich günstigstenfalls in einem Zustand natürlicher Unerlöstheit, aber auch nur, sofern man eben ihnen eine natürliche Bekehrbarkeit zubilligt. Sind aber die anderen Auslegungsformen mit der eigenen gleichberechtigt, dann hebt sich der Universalitätsanspruch der eigenen Daseinsauslegung auf. Dann ist es *unser* Wesen, hier und heute, was die Existentialanalyse in der Ausrichtung auf das Eigentlich-Menschliche wahrhaft nur in den Blick bekommt. Und das besonders Schwierige daran ist nicht das Auftreten des Universalitätsanspruchs in der Blickrichtung dieser einseitigen Daseinsform, sondern die Bestimmung des Verhältnisses der Daseinsformen untereinander. Denn was erlaubt mir dann noch die Einheit der Vergleichshinsicht, indem ich sie alle als Formen des Daseins, des Menschentums beurteile? Nur die Gleichheit dessen, was Menschenantlitz trägt? Womöglich doch nur somatische Kriterien des homo sapiens et faber als einer Erscheinung im Rahmen sinnlicher Erfahrung?

Die apriorische Anthropologie oder Existentialanalyse, welche in der formalen Wesensfassung (gegenüber einer materialen) sich gegen die Breite der Kulturen und Epochen offen halten wollte, entdeckt am Ende die Verengung ihres Blickfeldes als eine Folge ihrer methodischen Apriorität. Indem sich ihr durch die methodische Anweisung das Eigentliche des Daseins als die Daseinheit (Menschheit) präsentiert, die allererst den Menschen zum Menschen macht, wird die Menschheit im Menschen zum Wesen des Menschen. Die Bedingungen der Möglichkeit, Existenz als Existenz anzusprechen, *haben zugleich* den Sinn, Bedingungen der »Möglichkeit« zu sein, Existenz als Existenz zu führen. Eine Vorzugsstellung der Kultur, in der diese Möglichkeit faktisch (oder nur möglicherweise faktisch) ist, vor anderen Kulturen, welche diese Möglichkeit von sich aus nicht haben, ist damit gegeben. Sie kann sich natürlich liberalisieren, wenn sie bei den anderen nur eine Unerwecktheit und Unerlöstheit zum Möglichkeitssinn ihrer eigenen Existenz annimmt und auch bei ihnen die Umkehr »zu sich« für möglich hält; das wäre dann im Prinzip die christliche Haltung gegenüber den Heiden, den noch nicht zur Gotteskindschaft durchgedrungenen Kindern Gottes. Oder sie ist rigoros und spricht ihnen den Charakter des Menschseins ab, der ja nach der ganzen Voraussetzung an Kennzeichen wie Sprache, erfinderische Tätigkeit, von körperlichen Merkmalen schon gar nicht zu reden, nicht gebunden sein soll.

Im Enderfolg kommt mit der apriorischen Anthropologie so oder so eine Verabsolutierung bestimmter menschlicher Möglichkeiten heraus. Schon der Katholik z. B. wird die Heideggersche Angabe des Sinnes von Existenz ablehnen müssen. Und wie erst müssen sich die Aspekte außereuropäischer Kulturen und Daseinssysteme dagegen ausnehmen; zu deren Sinn der eminente »Mangel« an Individualität, Personalität und Freiheit zu Möglichkeiten gehört, eine »Verfallenheit an das Man«, – deren eigener Lebenssinn damit eben nicht getroffen wird, wenn er in solcher Perspektive erscheint. Es liegt aber in der Konsequenz der gleichen Blickhaltung, wie sie für die apriorische Anthropologie kennzeichnend ist, Respekt zu haben vor den jedem Leben und Lebenssystem je einheimischen Perspektiven und es dem Menschen zu überlassen – und gewaltlos von ihm zu erfahren, was er ist und als was er sich auslegt, ob er die Essenz seiner Existenz in seine Existenz oder: in einen anderen Menschen, in Tier oder Pflanze, in Stern oder Erde, in einen Gott oder in die Elemente setzt. Die vom Abendland errungene Weite des Blicks erfordert die Relativierung der eigenen Position gegen die anderen Positionen. Ihr Mittel und ihre Entdeckung ist der Begriff Mensch, sind im Grunde alle formalen oder formalisierbaren Kategorien wie Leben, Kultur, Welt. Dieser ihrer Relativität hat sich die eigene Position bewußt zu bleiben, wenn sie in der Gleichmöglichkeit des Verstehens und Ausdeutens anderer Positionen die Gefahr der Uniformierung des Fremden nach eigenem Wesensschnitt vermeiden will.

5. Die neue Möglichkeit einer Verbindung apriorischer und empirischer Betrachtung nach dem Prinzip der Unergründlichkeit des Menschen

»Es wurde im vorhinein bemerkt, daß der Begriff ›Möglichkeit‹ gerade insofern gefährlich ist, als er verstattet, Macht und Kunst und denkerische Bedingung unter der Vorherrschaft der rein diskursiven Kategorie zu vereinen, um dadurch einen Übergang von der Lebensinterpretation zur Ontologie des Daseins zu bewerkstelligen ... Die existentiale Macht des Weltverständnisses ... soll in ihrer ›Möglichkeit‹ begriffen werden: unplatonisch, aus der Dynamik des Lebens begriffen werden als ein selbstmächtiges Geschehen, dessen Produkt ... nicht durch ein ihm jenseitiges peras bestimmt ist, sondern die ›Wurzel seiner eigenen Möglichkeit‹ im Dasein ›geschlagen‹ hat. Aber die Bewegung wird nun nicht, wie wir es für das ›Können‹ erwarten möchten, im Grunde des *Daseins,* sondern dem Bedingungsverhältnis, dem denkerischen Möglichsein entsprechend im ›Grunde des *Wesens* des Daseins‹ angelegt, also bereits von der philosophischen Reflexion über das Leben her«.[11] »Das ist nach Heidegger ›das Dasein‹ in ihm, das durch die Endlichkeit bestimmt und in seiner zeitlosen, in sich geschlossenen Grundbewegtheit von der Zeitlichkeit aus konstruiert werden soll, während uns das ›von dem Menschen gelebte Leben‹ in dem unergründlichen Woher verschwebt, das erst zur Bestimmtheit der Bedeutung kommt, wenn ihm sein eigenes Jenseits, die in sich geschlossene Gestalt einer geistigen Welt durch die immer geschichtlich bestimmte Konzentration der Kräfte abgerungen wird«.[12]

Soll der Mensch als die schöpferische Durchbruchstelle seiner geistigen Welt, aus deren Werten und Kategorien heraus er sich, seine Mitwelt und Umwelt versteht und behandelt, seines eigenen Apriori also und seiner ihm je schon vorgezeichneten Denk-, Willens- und Gefühlsmöglichkeiten verstanden werden, dann kann die Theorie, die eben dieses Urhebertum begreiflich zu machen

11 G. Misch, Lebensphilosophie und Phänomenologie, S. 266.
12 Ibid., S. 238.

Apriorische und empirische Betrachtung

sucht, wie wir sahen, weder empirisch noch apriorisch sein. Sie darf sich wenigstens keiner der beiden Methodenprinzipien verschreiben. Es muß *offen*bleiben, um der Universalität des Blickes willen auf das menschliche Leben in der Breite aller Kulturen und Epochen, wessen der Mensch fähig ist. Darum rückt in den Mittelpunkt der Anthropologie die Unergründlichkeit des Menschen, und die Möglichkeit zum Menschsein, in der beschlossen liegt, was den Menschen allererst zum Menschen macht, jenes menschliche Radikal, muß nach Maßgabe der Unergründlichkeit fallen. Nur wenn und weil wir nicht wissen, wessen der Mensch noch fähig ist, hat es einen Sinn, das leidvolle Leben auf dieser Erde zu bestehen. Die Unergründlichkeit seiner selbst ist das um des *Ernstes* seiner Aufgaben willen verbindliche Prinzip seines Lebens und seines Lebensverständnisses.

Und nur sofern wir uns unergründlich nehmen, geben wir die Suprematiestellung gegen andere Kulturen als Barbaren und bloße Fremde, geben wir auch die Stellung der Mission gegen die Fremde als die noch unerlöste unmündige Welt auf und entschränken damit den Horizont der eigenen Vergangenheit und Gegenwart auf die zu den heterogensten Perspektiven aufgebrochene Geschichte. In dieser Richtung vollzieht sich der Abbau jener Vorstellung eines einlinigen Fortschritts, der den Blick der Historiker, Soziologen und Psychologen von vornherein auf das Abendland des 18., 19. und 20. Jahrhunderts fixiert hielt, als ob ihre Zivilisation, da sie rationale Geschichtserkenntnis und Sozialforschung in Freiheit gesetzt hatte, das letzte und höchste Stadium der Menschheit repräsentiere. In dieser Blickrichtung vermag allein jene Gerechtigkeit einer rationalen Geisteswissenschaft Wurzel zu schlagen, die mit der Desillusionierung ihrer selbst mit den bevormundenden und gönnerhaften Urteilen über außereuropäische und vergangene Dinge aufräumt. Relativ auf das eigene Wert- und Kategoriensystem erblickt die Geisteswissenschaft, die um die Errungenschaft dieser Blickstellung weiß, darin einen Fortschritt, ohne ihn zum Maßstab ihrer Objekte zu machen und ohne in ihm einen stillen Prozeß zu sehen, der den Gang des Geistes bis zu einer nunmehr erreichten endgültigen und absoluten Freiheit vorangetragen hätte.

Die Ausrichtung der Frage nach dem Wesen des Menschen läßt allein in dieser Rücksicht auf die Geschichte ihren *Tatsachen* das ihnen ursprüngliche Gewicht von *Entscheidungen* über das Wesen des Menschen. So nimmt man der Geschichte den Charakter einer bloßen Empirie, die in Sachen der Wesenserkenntnis nichts vermöchte. So entnimmt man aus der Entdeckung der Geistesgeschichte eine neue Erkenntnismöglichkeit auch für die Philosophie, wie die Urheber der Geistesgeschichte es gewollt haben und wie Dilthey es gegen eine Zeit des wieder erstarkenden geschichtsfremden Apriorismus – der, will er es auch nie wahrhaben, der wieder auferstandene Rationalismus und eine im Grunde reaktive Verabsolutierung europäischer Wertsysteme ist – geltend gemacht hat.
Es hat Völker und Epochen gegeben, es gibt noch heute Völker, die den »Begriff« Mensch nicht kennen, denen die Ähnlichkeit alles dessen, was Menschenantlitz trägt, nicht das besagt, was sie uns besagt. Es gibt die Märchen, in denen ein Mensch noch Mensch ist, selbst wenn er in anderen Gestalten auftritt. Es gibt die Vorstellungen des Totemismus und die Praxis der Zauberei, in denen die Möglichkeit der wahren Verwandlung an Leib und »Wesen« vollkommen ernst genommen ist. Soll man aus diesen Dingen der Wirklichkeit und Überlieferung nichts lernen? Sie sind es doch gerade, welche eine an den körperlichen Merkmalen der species homo orientierte Anthropologie problematisch machen, und nicht die angeblich fundierungsbedürftige Dinglichkeit des menschlichen Körpers. (Aus dem Umstande, daß ein Ding, ein Gegenstand der Erfahrung, ein Vorkommen unter anderen Dingen, ein Vorhandensein schon angewiesen ist auf eine Subjektivität oder zum mindesten ein lebendiges Verhalten, dem »allererst« sich so etwas wie Dinglichkeit und Vorhandenheit konstituieren können, kann für den Problemansatz der Anthropologie nichts gefolgert werden. Es sei denn, man verfällt den seit dem 17. Jahrhundert entwickelten Argumenten des gnoseologisch-ontologischen Primats der theoretischen oder praktischen Subjektivität, wie selbst noch der Begründer der Phänomenologie in seiner Lehre vom absoluten Bewußtsein als Konstitutionshorizont oder im Existentialismus sein größter Schüler Heidegger.)

Nur sofern wir uns unergründlich nehmen, geben wir dem eigenen noch zu lebenden Leben, geben wir dem vom Menschen gelebten Leben das Gegengewicht des Ernstes, der ihm infolge der Durchrelativierung seiner geistigen Welt und ihrer Demaskierung als seines von ihm hervorgebrachten Jenseits verlorenzugehen droht. Daß der Mensch sich als Urheber der ihm entgegenstehenden Transzendentien verborgen bleiben konnte, läßt sich geschichtlich und philosophisch nicht begreifen. Daß er in dem Moment der Entdeckung seiner Urheberschaft das alte Gleichgewicht verlieren mußte, ist eine Selbstverständlichkeit, wenn man den damit vollzogenen Bruch einer uralten Tradition bedenkt, die ihre Wirkung bis in die letzten Fasern unseres geistigen und alltäglichen Lebens hinein gehabt hat. Zeigt die Erfahrung, daß die Selbstauffassung des Menschen als Selbst-Auffassung, als Mensch im Sinne einer ethnisch und historisch abwandelbaren »Idee« selbst ein Produkt seiner Geschichte bedeutet, die Ideen Mensch, Menschlichkeit von »Menschen« eroberte Konzeptionen sind, denen das Schicksal alles Geschaffenen bereitet ist, untergehen – und nicht nur außer Sicht geraten – zu können, so wird er dieser ungeheuren Freiheit durch eine neue Bindung begegnen müssen. Diese Bindung wächst ihm aus keiner wie immer gearteten *absoluten* Wirklichkeit mehr zu. Der Wirklichkeit ist ein für allemal, solange der Mensch an sich als Mensch, d. h. ursprungebender Macht zur Objektivität festhält, ihr Schrecken genommen. Auch die Wirklichkeit der Geschichte darf für diese Selbstauffassung nicht mehr bedeuten als erfahrbare Wirklichkeit, deren Aufschlüsse von der am Prinzip der Unergründlichkeit gebildeten Zuwendung des Menschen zu ihr abhängen; des Menschen, der um die geschichtliche Gewordenheit dieses geschichtsaufschließenden Prinzips, um sich als gewordenen Ursprung weiß.
Eine neue Verantwortung ist dem Menschen zugefallen, nachdem ihm die Durchrelativierung seiner geistigen Welt den Rekurs auf ein Absolutes wissensmäßig abgeschnitten hat: das Wirkliche gerade in seiner Relativierbarkeit als trotzdem Wirkliches sein zu lassen. Aus der durchschauten Machtstellung seiner selbst darf der Mensch eben nicht mehr wie der Idealismus vergangener Zeiten

eine wie immer geartete Vormachtstellung gegenüber den an sich seienden Wirklichkeiten machen. Diese Verabsolutierung der eigenen Sphäre zu einem bevorrechtigten Sein (unter den Titeln Bewußtsein, Ich, Seele, Geist, Vernunft usw.) und der eigenen in Antizipationen weltschöpferischen Selbstmacht zu dem einzigen in Wahrheit unbezweifelbaren Sein hat nur da einen Sinn, wo ein Absolutes, *da es noch gilt,* zu behaupten oder zu widerlegen ist. In einer solchen geistigen Welt gilt Absolutheit als Maßstab und kann deshalb noch darum gerungen werden, wem sie zuzusprechen sei, wenn – wie in der Deutschen Bewegung nach Kant – die Gewißheit vom Dasein Gottes sich aufzulösen beginnt. Die Geschichte des Idealismus ist nichts anderes als die Geschichte der allmählichen Entdeckung menschlicher Selbstmacht unter der noch nachwirkenden und maßgebenden Vorstellung eines Absoluten bzw. einer absoluten Ordnung und Garantie der Wirklichkeit. Wie sie denn auch der allmählichen Überwindung des absoluten Staates, zumal in Deutschland, parallel läuft. (Spricht man heute von einer »Rückkehr« zur Ontologie, wie sie von Meinong eingeleitet und unter den Anstößen der phänomenologischen Richtung von N. Hartmann in Angriff genommen ist, so darf dieser wesentliche Unterschied zur alten Ontologie des christlichen Zeitraums bis zu Leibniz und Wolff nicht übersehen werden.) –
In dem Verzicht auf die Vormachtstellung des europäischen Wert- und Kategoriensystems gibt sich der europäische Geist erst den Horizont auf die ursprüngliche Mannigfaltigkeit der geschichtlich gewordenen Kulturen und ihrer Weltaspekte ganz frei. In dem Verzicht auf die Absolutheit der Voraussetzungen, welche diese Freilegung selbst erst möglich machen, werden diese Voraussetzungen zum Siege geführt. Europa siegt, indem es entbindet. Der gleiche Prozeß wie in der Freilassung zur Evolution der je eigenen Wesensmöglichkeiten im Zeichen politischer Autonomie und nationaler Selbstgestaltung trägt auch die gegenwärtige Philosophie zur anthropologischen Fundamentierung ontologischer Erkenntnis. In dem Verzicht auf die Vormachtstellung der eigenen Erkenntnisbedingungen, der überhaupt eigenmöglichen Zugangsbedingungen zur Welt als dem Inbegriff aller Zonen und Gestalten

des Seienden vollzieht die neue Philosophie – und hier sieht man erst die Gebundenheit so vieler Philosophien der Gegenwart, wie etwa die Schelers oder Heideggers, an die alten Maßstäbe – die volle Umwertung der Erfahrung für ihr eigenes Erkenntnisziel. Diese neue Stellung zum Apriori in seinem Verhältnis zum Aposteriori geschaffen zu haben, ist das Werk Diltheys. Weil es herausgewachsen ist aus den Kämpfen um eine Begründung des Erkenntnissinnes der geschichtlichen Erfahrung, verlangt die auch nur dieses Problem berücksichtigende Schilderung seiner Absicht einen kurzen Blick auf die Zeit, in der es entstand, und die philosophische Situation, die es überwand. Mit ihm beginnt die neue Anthropologie. *Und nur von ihm aus* läßt sich die Idee des Menschen, da sie der geschichtlichen Perspektive verhaftet bleibt, so exponieren, wie es dem Sinn der Politik entspricht.

6. *Exkurs:* DILTHEYS IDEE EINER PHILOSOPHIE DES LEBENS

Um zu verstehen, wie die Philosophie durch Dilthey sich den Weg zu einer Theorie des lebendigen Menschen bahnte, muß man zunächst auf das Bewußtsein seiner Zeit zurücksehen. Denn das Zeitbewußtsein geht mit anderen als nur wissenschaftlichen Maßstäben an die großen Themen der Welt und des menschlichen Lebens heran. Es kann einer Zeit in keinem Augenblick verborgen bleiben, daß sie vor Aufgaben gestellt ist, die gerade ihre Generationen, die Alten, die Reifen, die Jungen zu lösen haben, Aufgaben gewiß theoretischer Art, an die Mittel des Denkens appellierend, Erkenntnisprobleme, die sie nach sachlichen Kriterien entscheiden müssen, damit sie mit den Anforderungen des Lebens fertig werden. Religiös und sozial gebundene Zeiten sehen sich in diesen Hinsichten, sofern ihnen überhaupt derartige Probleme aufbrechen, an die Entscheidungen der göttlichen Offenbarung und der sakralen Körperschaften verwiesen. Kindererziehung und Berufswahl, berufliche Ausbildung und Berufsausübung in Gemeinschaft und Öffentlichkeit mögen dann weitgehend gesichert erscheinen und, weil durch ehrwürdige Tradition und heilige Satzung geordnet, wenn auch nicht konfliktlos, nach feststehenden Grundsätzen sich meistern lassen. Eine religiös so unsicher gewordene Zeit wie das späte 19. Jahrhundert aber, die den stärksten sozialen Erschütterungen und Umschichtungen ausgesetzt war und angesichts einer nur durch die Macht des Denkens und Experimentierens zu beispielloser Entwicklung getriebenen Technik sich mit Recht ein Novum der Weltgeschichte empfand, als die Epoche des zum ersten Mal nur auf sich selbst gestellten, nur seinen Möglichkeiten vertrauenden Menschen, konnte der Welt- und Lebensanschauung der Überlieferung nicht gläubig mehr folgen.

Durch ihre die bisherige Lebensordnung entwurzelnden Entdeckungen und Erfindungen war die moderne Wissenschaft von selber zur Führungsmacht des Lebens geworden. Sie prägte das Leben im gleichen Sinne und Tempo zu einem Provisorium, wie sie selbst in jedem Augenblick nach ihren Ergebnissen und Thesen nur provisorisch war. Wenn heute Petroleum galt, morgen Gas und übermorgen Elektrizität, wenn der Stand der Physik, Medizin, der Maschinenbau- und Verkehrstechnik, damit der Industrie, damit der Wirtschaft unausgesetzt seinem Überholtsein entgegenstrebte, dann mußte der Mensch dieser Zeit sich nur als einen Übergang empfinden, als ein sich relatives Durchgangsstadium in einer beständigen, endlosen Möglichkeiten geöffneten Entwicklung. Im Anfang wird eine Gesellschaft diese Auflockerung und Relativierung ihrer Gegenwartsverfassung positiv und optimistisch nehmen und entwicklungsfreudig sich nicht in die trüben Perspektiven eines unwiederbringlichen Verlustes vergangener Zeit einspinnen. Aber der Gegenschlag kann nicht ausbleiben, auf die Konjunktur folgt die Krise, und eines Tages enthüllt sich die Depravierung des Gegenwartszustandes zu einem bloßen Provisorium als Verrat am Lebenssinn der an diese Gegenwart gebundenen Generation, als Bedrohung des Menschen durch die Relativierung seiner in diese und keine andere Gegenwart geflochtenen Chance. Dann wird er sich dagegen wehren, durch die Zukunft immer wieder um seine Gegenwart betrogen zu werden und dem Ideal eines Fortschritts die Wirklichkeit seiner Existenz zu opfern.

Ein von Natur rückwärts gewandtes, pessimistisch-heroisches Ethos in der Kosmologie Schopenhauers und Richard Wagners, der Dekadenzlehre des Grafen Gobineau, der Geschichtsauffassung Jakob Burkhardts und des jungen Nietzsche wird also insofern zeitgemäß sein, als es die notwendige Ergänzung zu dem vorwärts gewandten Forschrittsethos (im optimistischen Darwinismus, in dem Positivismus Comtes und Spencers) bildet. Notwendig jedoch nur in der eingeschränkten Bedeutung einer von den Gemütskräften getragenen Reaktion auf den fortschrittlichen Ernüchterungsprozeß, in den allmählich das ganze Leben hineingerissen wird. Aus einer provisorisch gewordenen Wirklichkeit rettet sich die Zeit wieder einmal in die Bilder vergangener Größe und sucht in der Geschichte die unwiederbringlich verlorenen Möglichkeiten ihrer eigenen Existenz.

In einer Epoche siegender Bürgerlichkeit, ökonomischer Expansion, rationaler Durchdringung der wirklichen Welt bildet sich infolgedessen ein die romantischen Traditionen fortsetzendes Geschichtsbewußtsein aus, stärker noch: eine geschichtliche Gesinnung und Einstellung zum Leben. Sie verträgt sich mit der zeitgenössischen Entwicklungstheorie und ihrem Bilde von Entstehung und Stellung des Menschen in der Natur nur in den engen Grenzen der Überzeugung vom »natürlichen« Gewordensein und beständigen Anderswerden aller Dinge. Sie bekämpft dagegen die zeitgenössische Entwicklungspraxis als Banalisierung alles Großen und nach Vollendung im Leben Verlangenden, sie wehrt sich deshalb mit allen Mitteln gegen die Übergriffe der das Fortschrittsethos tragenden Naturwissenschaften auf die Geschichte und sucht sie von allen ihren nivellierenden Erklärungen freizuhalten. Eines dieser Mittel ist die Erkenntnistheorie der Geschichtswissenschaft. Ihr kommt ein unmittelbares Lebensinteresse dieser sich menschlich bedroht fühlenden Zeit entgegen.

Troeltsch hat die Hintergründe dieses Kampfes der deutschen historischen Schule gegen den Positivismus der angelsächsisch-französischen Länder gezeigt, der ein wichtiges Symptom war für die geistige Gegnerschaft und Isolierung Deutschlands bis zum Weltkrieg gegen die westliche Zivilisation. Daß sich dieser Kampf um die Geschichte besonders eindringlich und prinzipiell in Deutschland abspielte, hatte nicht zuletzt seine Gründe in der politisch-sozialen Zwitterstellung seiner zwischen Herrscher, Adel und Militär einerseits, Parlament, städtischer Bevölkerung und vor allen Dingen Industriearbeiterschaft andererseits unausgeglichenen Verfassung. In das moderne Leben griff hier eine selbst schon historisch gewordene Macht, ihrer Geschichtlichkeit bewußt, unmittelbar ein, ohne doch die Angleichung zwischen ihrem und seinem Ethos wie etwa in England vollziehen zu können. Das geschichtliche Element bot spürbare Widerstände im gegenwärtigen Dasein und verlangte nach seiner Rechtfertigung gegen den Fortschrittspositivismus der modernen Aufklärung. Daher erhielt das Problem der Geschichte eine über seine wissenschaftliche und weltanschaulich-gemüthafte Seite hinausgreifende Aktualität im neuen deutschen Kaiserreich. An keinem der Brennpunkte industrieller Entwicklung prallten die Mächte des Fortschritts und der Tradition schärfer aufeinander.

Eine spezifisch europäische Frage, welche die positivistisch gebildeten Demokratien des Westens gewissermaßen durch ihre politische Entwicklung für sich entschieden hatten, wurde zum Leitfaden, an dem Deutschland seine geistige Gespaltenheit bewußt überwinden wollte. War dieser Leitfaden aber einmal aufgenommen, so mußte die Reflexion zwangsläufig zu den Fundamenten der modernen Wissensgläubigkeit, auf denen Kapitalismus und Industrialismus ruhen, vorgetrieben werden. Gesinnung und These des unendlichen Fortschritts, die Prinzipien der Entwicklung, gelangten selbst ins Licht.

Für diese Auseinandersetzung kamen weder die zahlreichen Schulen des Wissenschaftspositivismus (die naturwissenschaftlich-psychologischen Erkenntnistheorien) noch der Marburger Kritizismus in seiner strengen Bindung an die Wissenschaften in Frage, die für ihn gerade methodisch außer Diskussion stehende, weil faktische Geltung behalten sollten. Nur eine Erkenntniskritik, die bei aller Vorgabe der natur- und kulturwissenschaftlichen Ansprüche die Bedingtheit dieser Vorgabe selbst noch zum Problem zu machen wagte, hatte hierfür freie Hand genug. Dann nämlich verschwand die einseitige Bindung an die Wissenschaft, ihre Zwischenschaltung zwischen Philosophie und menschliche Wirklichkeit, sie wurde ein Geltungs- und Wertbereich unter anderen Bereichen der Kultur, und die Gleichursprünglichkeit aller geistigen Manifestationen, ihre Gleichzugänglichkeit für die Philosophie war gesichert. Rickert, von der Windelband-Lotzeschen Tradition ausgehend, hat diesen bedeutenden Schritt von der Wissenschafts- zur Kulturkritik getan, indem er die gewissermaßen provinzielle Reichweite des Wissenschaftlichen innerhalb eines Systems der Kultur- und Lebenswerte zum Leitprinzip nahm. Indem die Wissenschaften dadurch in eine Ebene mit den anderen geistigen Objektivationen Kunst, Religion, Wirtschaft, Recht usw. zu liegen kamen, erweiterte sich zugleich mit dem Stoffkreis der Philosophie und dem Horizont ihrer Aufgaben die transzendentale Subjektivität dieser Objektivationen. Aus einem puren Limes der Erkenntnissynthesis oder allenfalls einem reinen Bewußtsein, das empfindungsgemäß-sinnlich passiv, urteilsmäßig-rational spontan gedacht war, wurde eine geordnete Mannigfaltigkeit von Stellungnahmen zu Werten, eine primär praktische Größe, dimensioniert genug, um von der konkreten Menschlichkeit nicht allzuweit mehr abzustehen.

Gesinnung und These des unendlichen Fortschritts, die Voraussetzungen des naturalistischen Positivismus der Zeit, traten als Prinzipien einer geschichtsfremden, rein naturwissenschaftlichen Begriffsbildung deutlich heraus. Die Selbständigkeit der Geschichte und Geschichtswissenschaft schien gegen alle positivistischen Übergriffe eines Buckle, Taine, Lamprecht, Breysig, gegen alle angeblich allein wissenschaftlichen Versuche, historischen Gesetzen nachzuforschen, endgültig gerechtfertigt, Einmaligkeit und Unersetzlichkeit menschlicher Größe gegen biologisch-psychologisch-soziologische Erklärungen gesichert. Jedoch wieder nur auf eine Art, die gerade den Historiker, die historische Gesinnung unbefriedigt lassen mußte. In zwei Richtungen: im Hinblick auf das übergeschichtlich-zeitlose System der Werte und im Hinblick auf den zu ihnen Stellung nehmenden Menschen. Rickert hatte die Geschichte auf Kosten ihrer Geschichtlichkeit, d. h. ihrer grundsätzlichen Wandelbarkeit und Lebendigkeit gerettet. Sie war um der reinlichen Trennung der für sie konstitutiven Kategorien von den Naturkategorien willen aus dem konkreten Lebensverband mit der Natur und Psyche gelöst und zugleich in ihrer Rolle eines bloßen Schauplatzes für die Verwirklichung an sich zeitloser Werte zu einer (im Vergleich mit ihrem ewigen System sekundären) »nur« empirischen Größe geworden. Was den wahrhaft aufwühlenden Sinn der Geschichte ausmacht, daß sie nicht nur die Bühne ist, auf der nach irgendeinem Zusammenhang Träger außerzeitlicher Werte kommen und gehen, einen gewiß einsinnig gerichteten, einmaligen Ablauf dramatischer Zuspitzung vollbringend, daß sie vielmehr Ort der Erzeugung und Vernichtung der Werte, des Unerzeugbaren, Unzerstörbaren selber ist, war bei Rickert in ein friedliches Verhältnis zwischen Ewigkeit und Zeitlichkeit unter dem Bild der Trägerschaft umgedeutet. Je nach ihrer psychophysischen Verfassung ließen die Individuen (und Zeiten) durch ihre Stellungnahme bald dieses, bald jenes Stückchen Werthimmel in ihrem faktischen Verhalten durchscheinen.

Rickerts Kulturphilosophie war wohl eine Philosophie im Interesse, aber nicht aus dem Geiste der Geschichte. Sie hatte gewissermaßen nur thematisch-gegenständlich von dieser Entdeckung des 19. Jahrhunderts Besitz ergriffen, ohne sich von ihr ergreifen und in ihren Denkmitteln umgestalten zu lassen. Sie hatte nicht verstanden, daß man sich ihr auch thematisch nur nähern konnte, wenn man aus ihr für sich selber lernte und am eigenen Denken die Konsequenzen ihrer Erkenntnis zog. So blieb Rickert halb im 18. Jahrhundert stecken: ein zeitloser Kosmos ewig geltungsmöglicher Werte (die Platonische Ideenwelt in Lotzescher Transkription) einem zeitlosen Transzendentalsubjekt ewig möglicher Stellungnahmen gegenüber; zwischen ihnen ein flutendes μὴόν, der Limes der Wirklichkeit.

Dilthey hatte schon früh erkannt, daß auf diesem Wege eines einfachen Seitenstücks zur Erkenntniskritik der Naturwissenschaften, einer gebietsmäßig neben die Transzendentallogik der Natur tretenden Transzendentallogik der Geschichte ihren Forderungen und ihren Gefahren nicht zu begegnen sei. Durch einen Erweite-

rungsbau der kritischen Philosophie war hier nichts zu gewinnen, weil die Entdeckung der geschichtlichen Welt den Boden selbst in Bewegung zeigte, auf dem ihn das 18. Jahrhundert errichtet hatte. Gerade die Behandlung der Geschichte als ein Gebiet neben der Natur als einem ganz anderen Gebiet bewies das Unverständnis der Geschichte sowohl in ihrer Stellung als Objekt wissenschaftlicher Untersuchung wie als diese Untersuchung selbst tragende, d. h. aus sich hervortreibende und irgendwann wieder in sich hineinnehmende Macht. Was gegenüber den Erkenntnisoperationen an Dingen, die an sich unverständlich sind: Stein, Farbe, Wasser, Blatt, gerechtfertigt ist, die transzendentale Frage nach ihrer Möglichkeit darf nicht – auch nicht formal – auf Erkenntnisoperationen an Dingen, die an sich schon verständlich sind: Buch, Inschrift, Satz, Wort, angewandt werden. Dann eben setzt man sie als das schon an, was man gerade um jeden Preis von ihrem Wesen fernhalten will: als eine zweite Natur. Dann hängt man auch sie zwischen zwei transzendentalen Polen auf und nimmt ihrer Beweglichkeit und Lebendigkeit den entscheidenden Sinn.
Es galt vielmehr, die Kritik der historischen Vernunft im Aspekt der Historie selber durchzuführen, um ihren Ansprüchen und nicht fremden, von außen an sie herangebrachten nachzugehen. In diesem Aspekt gibt es weder die Kluft zwischen einer zeitlosen Sphäre ewiger Sachverhalte, Werte, Wahrheiten und einer zeitlichen Wirklichkeit, noch die Kluft zwischen der Historie und ihrem Betrachter nach Art der Wahrnehmungskluft zwischen Auge und Gegenstand. Aus der Wirklichkeit steigen die Werte und Wahrheiten empor, für eine gewisse Dauer maßgebend und bindend, aus der Geschichte wächst die Reflexion des Geschichtsschreibers, sie selber erst durch seine eigene Arbeit ausgestaltend. Das Apriorische, Ideelle, Geistige und das bloß Empirische, Materielle, die realisierenden Bedingungen der Triebe, des Blutes, der Macht bilden einen Lebenszusammenhang, wie er gleichermaßen die Geschichte als Objekt der Betrachtung und den Historiker durch die Verständlichkeit ihrer Objektivationen Sprache, Wissen, Religion, Recht usw., durch die Tradition von Geschlecht zu Geschlecht und durch das verstehende Eindringen in die Tradition

trägt und umfaßt. Der Erkenntnistheoretiker hatte also nicht zu fragen, ob dieser Aspekt des Lebenszusammenhanges im Verstehen an sich wahr sei oder nicht und vielleicht durch einen anderen ersetzbar, sondern diesen Aspekt gibt es, er ist maßgebend für die Praxis der geschichtlichen Forschung, seine Möglichkeit hat die Philosophie zu begreifen.
So exponierte das zu Kant analog formulierte Thema einer »Kritik der historischen Vernunft« Probleme, zu deren Durchführung sich Dilthey sein eigenes Werkzeug erst schaffen mußte. Die zeitgenössische Erkenntnistheorie war entweder in einem naturwissenschaftlichen Empirismus befangen und dann für die Eigenart der geschichtlichen Erfahrungswelt blind oder transzendentalidealistisch in Positionen des reinen Bewußtseins, der logischen Gegenständlichkeit und der Geltungsapriorität verhärtet und darum wieder auf andere Weise der geschichtlichen Relativität entfremdet. Ihr allgemeiner Zuschnitt auf die Naturerfahrung, von dem sich auch die Rickertschule nicht freimachen konnte, soweit es um Dinge des Aufbaus der die geschichtliche Welt vermittelnden Wahrnehmungswelt ging, ihre Abhängigkeit also in diesem elementaren Problem der Anschauung von der transzendentalen Ästhetik Kants – die Naturalisten machten sie empiristisch, die Transzendentalisten aprioristisch für sich geltend – war vielleicht das Haupthindernis für die damalige Philosophie, die der Geschichte spezifische Gegenständlichkeit und die entsprechenden Zugangsarten zu ihr: Lebenszusammenhänge, Bedeutungsgefüge für ein deutend-interpretierend-auslegend vorgehendes Verstehen in den Blick zu bekommen. Und die zeitgenössische Psychologie versagte in dieser Frage ebenfalls. Ihr Fanatismus der Exaktheit ließ nur das Experiment im Laboratorium und als Methode strenge Kausalerklärung zu. Ein Verstehen als Weise des Erkennens konnte es für sie ebensowenig wie für die Erkenntnistheorie geben. Auch sie hing in ihren Vorstellungen von Wissenschaftlichkeit am Modell der naturdinglichen Erfahrung.
Das Ziel einer Kritik der geschichtsforschenden Vernunft als einer sich im Aspekt der Geschichte haltenden Grundlegung ihrer selbst rollte damit die ganze Position der in Erkenntnistheorie bzw.

Wertlehre und Psychologie gespaltenen Philosophie auf. Das Erkennen konnte nicht mehr nur als ein auf Sinnesempfindungen und Anschauung aufgebautes Hinlangen zum Gegenstand und Verarbeiten des Gegenstandes nach Maßgabe von Urteilsformen gelten. Denn es gibt das Verstehen als ein Eindringen in Gegenstände, die sich selber aussprechen und von sich Zeugnis ablegen, das Verstehen, das in der sinnlich-anschaulichen Schicht ansetzt und bis zum Wesenskern einer Person, eines Typus, eines Zeitalters vordringt, von beidem, Anschauen und Begreifen, in jeder Phase eine Einheit. Die Erfahrung konnte nicht mehr als ein nur nachträglich gegebener gegenständlicher Zusammenhang gelten, der sich formal konstruieren bzw. vorausberechnen läßt und demgemäß seine reinliche Trennung als eine nur aposteriorische Mannigfaltigkeit von einer Apriorisphäre gestattet, denn es gibt die geschichtliche oder die Lebenserfahrung mit dem für sie bezeichnenden Hervorgang des Überzeitlich-Ideellen aus der Schöpfermacht des geschichtlichen Menschen und dem Untergang einer objektivierten Geisteswelt, dem unvordenklichen Geschick des Ewig Neuen.

Daher blieb gar keine Wahl mehr: die Philosophie mußte im Sinne einer Erkenntnistheorie mehr als Erkenntnistheorie werden und sich zu einer Lehre von den Elementen der Geschichtlichkeit, d. h. von all dem, was Geschichte »möglich« macht, vom Individuum in seinem Wechselverhältnis mit seiner Generation, Zeit, Tradition, von den Zusammenhängen wie Staat, Recht, Wirtschaft, Sprache usw., von der Masse und ihrer Dynamik, ausbauen. Aber so ausbauen, daß diese Elemente nicht in einer außergeschichtlichen Ebene reiner Werte, ewiger Wahrheiten, Sätze an sich, menschlicher Wesenskonstanten gesucht wurden, sondern da, wo der Aspekt der Historie sie selbst zu suchen gebietet, in echt kritischem Geist also nach Maßgabe der Geschichte als Wissenschaft: in der Geschichte.

Wenn Dilthey ständig geistesgeschichtliche Analyse mit seinen anfänglich beschreibend-psychologischen, später um das Problem einer Kategorienlehre des die geschichtlichen Elemente geschichtlich (nicht metaphysisch, metahistorisch-emanatistisch) ausbildenden

»Lebens« zentrierten systematischen Arbeiten in Wechselwirkung hielt – ein tiefsinniges Verfahren, wenn man das Problem dahinter sieht (was freilich erst Misch gelungen ist) –, so bedeutet diese scheinbar nur unentschlossene, systematischen Aufgaben nicht gewachsene Haltung die konsequente Durchführung einer kritischen Grundlegung der Geschichtswissenschaft im Wege der Selbstrelativierung ihrer Elemente. Geschichte muß so, wie sie aus sich selber durch ihre Überlieferung an die sie erforschende Gegenwart zum Verständnis kommt, in sich selbst »möglich« gemacht werden. Dies ist der eigentliche Sinn des von Dilthey terminologisch gebrauchten Wortes Leben, das seine Bedeutung aus sich hervortreibt und sie sich selber zu verstehen gibt, das in der Linie seiner Geschichte werdenden Wirklichkeit die Bedingungen ihrer Möglichkeit selbst erst ausbildet.

Es führt also bei Dilthey der kritische Rückgang zu den ermöglichenden Bedingungen nicht auf eine Vernunftapparatur oder eine Seins- und Wesensordnung im Zeitlosen hin, sondern er erreicht nur einen relativ zur historischen Wirklichkeit äußersten Gegenpol, um von ihm aus zu ihrer Mannigfaltigkeit wieder vorzustoßen. Kategorien des Lebens sind also nicht statisch konzipierte Wesensgesetze eines an sich wohl Dynamischen, sondern dynamische Konzeptionen, d. h. geschichtliche Größen von geschichtsbildender und -leitender Macht. Die Philosophie steht hier auf eine ganz neue Art in Austausch mit der Erfahrung: nicht mehr durch ein Selbstopfer zugunsten der induktiven Wahrscheinlichkeitserkenntnis und auch durch keine Verewigung der Erfahrung im Sinne Hegels, sondern durch eine ständig in Bewegung bleibende Zirkulation zwischen Erfahrung und dem, was sie möglich macht. Relation zwischen Apriori und Aposteriori in diesem Sinne ist selber erst der Grund für die Möglichkeit einer Geistesgeschichte, mit der allein die Philosophie ihre systematische Arbeit verrichten kann, wie sie in ihr allein zur Erkenntnis ihrer selbst gelangt.

Von hier aus versteht man es überhaupt, daß Dilthey in seinen Anfängen die Kategorien der Geschichtlichkeit in einer beschreibenden Psychologie suchen konnte, die als Psychologie der Lebenserfahrung nicht zergliedern, sondern die vortheoretische Natürlichkeit des von Mensch zu Mensch gehenden Lebens zum Ausdruck bringen sollte. Bon sens, dichterische Einfühlung und Phantasie, der Scharfblick des Arztes, Richters, Lehrers, Kaufmanns, das politische Rechnen mit dem Gegner, dies waren die Quellen einer für den Historiker maßgebenden Psychologie des sich in seiner Existenz aussprechenden Menschen. Durch den energischen Widerspruch der zeitgenössischen Psychologie bedrängt, wurde Dilthey durch die neu eröffneten Möglichkeiten phänomenologischer Fassung der unmittelbaren Gegebenheiten dazu geführt, diese Quellen des Geistigen nicht mehr in der durch bestimmte Wissensinteressen künstlich isolierten Zone des Psychischen zu suchen. Aber die platonisierenden und idealisierenden Vorentscheidungen der Husserlschen Phänomenologie mit ihrer Absolutsetzung des reinen Bewußtseins und ihrem Prinzip der Sachdeckung der allgemeinen Redebedeutungen durch »Wesen« und Washeiten als »seiender« Größen verboten ihm, in dieser Möglichkeit mehr als ein Instrument der Aufklärung zu sehen, und wiesen ihn auf den Weg einer eigenen aus hermeneutischem Geist gedachten Grundlegung der Hermeneutik.

7. Das Prinzip der Unergründlichkeit oder der offenen Fragen

Von Kant ging Dilthey aus. Ihm schwebte eine Kritik der historischen Vernunft vor, die im Gegensatz zu einer hegelisierenden Darstellung der Vernunft in der Geschichte die Arbeit des Geschichtsforschers an seinem Material zum Ausgangspunkt nehmen sollte, um von da aus nach ihren sie leitenden, nach den ihr vorhergängigen Grundlagen ihres Begreifens zu suchen. Der suchende Regreß war auch sein methodisches Vorbild. Trotzdem verschob sich im Laufe der Arbeit die Idee von der Methode so radikal gegen die Kantische Methodenidee, daß die Kluft zur Cohenschule nicht nur, sondern vor allem auch zur Windelband-Rickertschen Richtung unüberbrückbar wurde. Sein Vorgehen mußte sich den

Vorwurf mangelnder Logik gefallen lassen. Seine Wissenschaftlichkeit wurde zwar nicht im Hinblick auf die geistesgeschichtlichen Resultate angezweifelt – sein Ruhm als Geisteshistoriker gewann ständig an Ausdehnung –, wohl aber im Hinblick auf die angeblich irrationalen Fundamente. In der Tat liegt hier die große Schwierigkeit, aber auch die eigentliche Entdeckung, die Misch in ihrer positiven Kraft herausgestellt hat; eine Entdeckung von revolutionärer Bedeutung, um welche Dilthey offenbar nur insoweit wußte, als sie sich ihm im Fortgang seiner Arbeiten bewährte, die sich ihm aber, da er seiner Zeit zu weit voraus war, nicht in der systematischen Prägnanz abhob, wie es uns durch Misch und durch die inzwischen weiter vorgetriebene Problematik der Philosophie heute möglich geworden ist.

Man muß auf das Methodenprinzip Kants selbst zurücksehen. Seine Philosophie unterscheidet sich von der dogmatischen, d. h. direkt auf ihre Gegenstände – die ihr traditionell gehörenden Themen – zufragenden Philosophie durch die bewußte Indirektheit ihres Frageverfahrens. Sie hat, um der Philosophie Exaktheit, d. h. Ausgeführtheit und zu diesem Zweck Vollendbarkeit ihrer Fragen zu sichern und sie durch das Bewußtsein ihrer Fragemöglichkeit in den stetigen Gang einer Wissenschaft zu bringen, eine Verknüpfung zwischen der zum Beispiel und Maßstab der Erkenntnisbildung genommenen exakten Naturwissenschaft und der Philosophie hergestellt. Eine Verknüpfung von der Art, daß im Wege der Begründung des Rechts zur Proklamierung eines solchen Vorbildes für die Philosophie die innere Möglichkeit dieses Vorbildes in Bedingungen gefaßt wird, welche die Aufbauelemente der Natur selber bilden. Die Metaphysik der Natur kommt durch die Untersuchung der Naturwissenschaft auf ihre Möglichkeit hin zur Durchführung. Im Medium der Rechtsfrage an eine Wissenschaft wird über das Wesen ihres Objektes entschieden.

»Ich behaupte nun, daß die Transcendentalphilosophie unter allem spekulativen Erkenntniß dieses Eigenthümliche habe: daß gar keine Frage, welche einen der reinen Vernunft gegebenen Gegenstand betrifft, für ebendieselbe menschliche Vernunft unauflöslich sein, und daß kein Vorschützen einer unvermeidlichen Unwissenheit und unergründlichen Tiefe der Aufgabe von der Verbindlichkeit freisprechen könne, sie gründlich und vollständig zu beantworten, weil eben derselbe Begriff, der uns in Stand setzt zu fragen, durchaus uns auch tüchtig machen muß, auf diese Frage zu antworten, indem der Gegenstand außer dem Begriffe gar nicht angetroffen wird (wie bei Recht und Unrecht).«[13] Denn »was in allen möglichen Fällen *Recht* oder *Unrecht* sei, muß man der Regel nach wissen können, weil es unsere Verbindlichkeit betrifft, und wir zu dem, *was wir nicht wissen können*, auch keine Verbindlichkeit haben«.[14] Wohl bleibt uns in der Erklärung der Naturerscheinungen vieles ungewiß, »weil das, was wir von der Natur wissen, zu dem, was wir erklären sollen, bei weitem nicht in allen Fällen zureichend ist«[15], doch beruht diese Ungewißheit wohlgemerkt nicht auf einem schülerhaften Nichtmitkommen mit der Lehrmeisterin Natur, sondern auf dem material begründeten Mißverhältnis zwischen den zur Antwort jeweils verfügbaren Fakten und dem vorher entworfenen Plan der Frage, in der wir über den je erreichten faktischen Wissensstatus hinausgreifen. Die Naturforscher waren es, die »begriffen, daß die Vernunft nur das einsieht, was sie selbst nach ihrem Entwurfe hervorbringt, daß sie mit Prinzipien ihrer Urtheile nach beständigen Gesetzen vorangehen und die Natur nötigen müsse, auf ihre Fragen zu antworten, nicht aber sich von ihr allein gleichsam am Leitbande gängeln lassen müsse; denn sonst hängen zufällige, nach keinem vorher entworfenen Plane gemachte Beobachtungen gar nicht in einem notwendigen Gesetze zusammen, welches doch die Vernunft sucht und bedarf. Die Vernunft muß mit ihren Prinzipien ... in einer Hand, und mit dem Experiment, das sie nach jenen ausdachte, in der anderen, an die Natur gehen, zwar um von ihr belehrt zu werden, aber nicht in der Qualität eines Schülers, der sich alles vorsagen läßt, was der Lehrer will, sondern eines bestallten Richters, der die Zeugen nötigt, auf

---

13 Immanuel Kant, Kritik der reinen Vernunft. Gesammelte Werke, hrsg. von der Kgl. Preußischen Akademie der Wissenschaften, Bd. III, Berlin 1911 (Reprint 1971), S. 331.
14 Ibid., S. 330.
15 Ibid., S. 330.

die Fragen zu antworten, die er ihnen vorlegt. Und so hat sogar Physik die so vorteilhafte Revolution ihrer Denkart lediglich dem Einfalle zu verdanken, *demjenigen,* was die Vernunft selbst in die Natur *hineinlegt,* gemäß dasjenige in ihr zu *suchen*..., was sie von dieser *lernen* muß«...[16]

Von der durch Galilei inaugurierten Physik hat die Philosophie die Forschungsmaxime zu übernehmen, ihren Gegenstand nicht als Lehrmeister, sondern als Zeugen zu behandeln. Dies bewahrt sie vor dem Verfahren des unkritischen Dogmatikers, »der die Sphäre seines Verstandes nicht gemessen, mithin die Grenzen seiner möglichen Erkenntnis nicht nach Prinzipien bestimmt hat, der also nicht schon zum voraus weiß, wieviel er kann, sondern es durch bloße Versuche ausfindig zu machen denkt...«.[17] Philosophie hat die Pflicht zum Bewußtsein ihrer Fragemöglichkeit, d. h. ihrer Grenzen, die sie anerkennt. Das, worin sie endet, begegnete ihr sonst als bloße Schranke, an der sie sich stößt, als hemmende Gewalt, der sie unterliegt. Ein derart unbesonnenes Geradezu-Philosophieren ist *unwürdig*, weil es dem Prinzip der Moralität, der Selbstbestimmung eines freien Willens widerspricht, »der nach seinen allgemeinen Gesetzen notwendig zu demjenigen zugleich muß einstimmen können, welchem er sich *unterwerfen* soll«.[18] Die Revolution der Denkart, »daß wir nämlich von den Dingen nur das apriori erkennen, was wir selbst in sie legen«[19], welche die moderne Naturforschung in den Sattel gesetzt hat, muß um ihrer Moralität willen zum Vorbild der Umänderung der Philosophie genommen werden. Die Grenzbestimmung unserer Vernunft, welche die Bestimmung der Philosophie in ihrem Wesen – als ihrem Ende – bedeutet, kann nur nach Gründen a priori in diesem genau bezeichneten Sinne geschehen. Was Mathematik und Physik zu ihren Erfolgen verholfen hat, ist die Anwendung des Prinzips der

---

16 I. Kant, l. c., S. 10 (Hervorhebung von H. P.)
17 Ibid., S. 501.
18 Immanuel Kant, Kritik der praktischen Vernunft. Gesammelte Schriften, hrsg. von der Kgl. Preußischen Akademie der Wissenschaften, Bd. V, Berlin 1913 (Reprint 1974), S. 132.
19 I. Kant, Kritik der reinen Vernunft, S. 13.

Menschenwürde auf ihr eigenes Verfahren. »Dem Gebrauch der moralischen Begriffe ist bloß der *Rationalismus* der Urteilskraft angemessen, der von der sinnlichen Natur nichts weiter nimmt, als was auch reine Vernunft für sich denken kann, das ist die Gesetzmäßigkeit, und in die übersinnliche nichts hinein trägt, als was umgekehrt sich durch Handlungen in der Sinnenwelt nach der formalen Regel eines Naturgesetzes überhaupt wirklich darstellen läßt«.[20]

Wenn es sich nun um eine Fruktifizierung der empirischen Geisteswissenschaften, die ein anderes Wissenschafts- und Exaktheitsideal als die Naturwissenschaften haben, für die Philosophie, für die Erkenntnis unserer Erkenntnismöglichkeiten handelt, dann zwingt die Befolgung des von Kant begründeten indirekten Frageverfahrens gerade zum Verlassen seiner Position. In seinem Zeichen des Prinzips der Menschenwürde, der Autonomie und der darin als transdiskutabel behandelten Idee der Gesetzmäßigkeit, welche das den Begriffen Naturgesetz und Sittengesetz noch Vorausliegende ausmacht, kommt der Boden der Transzendentalphilosophie selbst in Bewegung. Das unbedingte Gebot der Autonomie kehrt sich gegen die Vereinseitigung der möglichen Erfahrung als der nur naturwissenschaftlichen Erfahrung. Eine neue Erfahrung, an der nicht soviel Wissenschaft als Mathematik in ihr ist, verlangt ihr Recht, wenn ihr Vorgeben, Erkenntnis zu sein, zu Recht bestehen soll. Den Maßstab zu ihrer Prüfung aber darf man nur ihr selbst, nicht einer ihr fremden Wissensnorm entnehmen. Und damit tritt neben die an den »Rationalismus der Urteilskraft« gebundene naturwissenschaftliche Erklärung gleichberechtigt das von einem anderen Prinzip getragene Verstehen.

Auch das Verstehen erreicht sein Ziel nur durch Antizipationen, wenn es nicht auf den Zufall angewiesen bleiben, sondern diszipliniert geübt sein will. Auch der Geisteswissenschaftler sucht, vernünftig fragen zu lernen und nicht ins Blaue hinein. In diesem vorgreifenden Entwurf sichert er sich die Beantwortbarkeit der aus seinen Erfahrungsobjekten aufsteigenden Fragen am Leitfaden des

---

20 I. Kant, Kritik der praktischen Vernunft, S. 71.

sie enthaltenden Erfahrungszusammenhanges. Gerade diese antizipatorische Einschränkung des Fragens hat die Begründung der empirischen Geisteswissenschaft möglich gemacht, eine Kunst, den Naturwissenschaften abgelauscht, welche das empirisch disziplinierte Verstehen von der naturwüchsigen Harmonie zwischen dem Verstehenden und seinem Gegenstande (»man muß Cäsar sein, um Cäsar zu verstehen«) frei macht bzw. dieses schon Verstandenhaben in einem anderen Sinne in den Dienst des objektiv erst zu erarbeitenden Verständniszusammenhanges der Motive, des Charakters, der Lebenssituation usw. stellt.
Was jedoch die problementwerfende Antizipation des Geisteswissenschaftlers prinzipiell von der Antizipation des Naturwissenschaftlers unterscheidet, ist genau das, was das Erklären des letzteren als eine *cognitio circa rem* im Unterschied zum Verstehen des ersteren als einer *cognitio rei* bestimmt. In freier Variation eines Kantischen Begriffspaares ausgedrückt: das im Problementwurf in die Dinge gelegte Apriori hat für die Erkenntnis von Naturobjekten als Erscheinungen eine konstitutive Bedeutung, während es für die Erkenntnis von geistigen Objekten nur eine regulative Bedeutung besitzt. Die naturwissenschaftliche Frage enthält die Garantien ihrer Beantwortbarkeit durch Zuspitzung auf eine Alternative, so daß das Experiment, welches nach dem Problementwurf ausgedacht ist, wie es auch ausfällt, positiv oder negativ, eine These bestätigt oder widerlegt. Das Eintreten oder Nichteintreten einer bestimmten Erscheinung besagt, da von vornherein die alternative Zuschärfung der Frage mit der Einschränkung des Befragten auf eine raum-zeitlich bestimmte, also zu messende und durch das Messen ergründbare Erscheinung erkauft ist, in jedem Fall eine Antwort auf die Frage. Natürlich kann falsch gefragt werden, so daß einer Erscheinung nichts oder noch nichts Eindeutiges zu entnehmen ist; das liegt dann eben an der Frage.
Die naturwissenschaftliche Problemstellung bietet daher idealiter mit der Garantie der Beantwortbarkeit zugleich die Garantie der Beantwortung im Sinne der Bestätigung oder Widerlegung einer These. Sie verschafft sich die Garantie in der bewußten Einschränkung ihres Erkenntniszieles auf eindeutige Festlegung ihrer Ge-

genstände nach den Prinzipien der Messung. Während die geisteswissenschaftliche Fragestellung zwar nicht auf die Garantie der Beantwortbarkeit, denn sie will vernünftig und entscheidbar fragen, wohl aber auf die Garantie der Beantwortung verzichten muß, da ihre Gegenstände nicht als Erscheinungen, d. h. in Raum- und Zeitstellen-Festlegungen erschöpfbare Größen genommen werden können. Die Unmöglichkeit einer freien Verfügung über ihre Objekte, wie sie das Experiment darstellt, und die Unmeßbarkeit ihrer unräumlichen und unzeitlichen Beschaffenheit findet jedoch in ihrer unmittelbaren Zugänglichkeit oder Verständlichkeit – denn ihre Objekte sprechen sich selber aus und geben sich dem um sie Bekümmerten zu bedeuten – das positive Gegengewicht. Was wiederum nicht ausschließt, daß auch in der Geisteswissenschaft gelegentlich die Stellung einer die Garantie ihrer Beantwortung gebenden Frage gelingt. Nur ihr Wissenschaftsideal weist nicht darauf hin. Ihre Objekte sind im Sinne des Verstehens als prinzipiell unergründbar in Frage gestellt. Sie sind offene Fragen.

Eine offene Frage ist, was den Sicherheitsgrad ihrer Entscheidung angeht, der formal geschlossenen Frage des Naturforschers allerdings unterlegen. Dafür zielt sie aber in die Sache selbst, anstatt auf die Regel der eindeutigen Festlegung der Sache. Mit dieser Zielnahme weist sie ins Unbekannte und Unergründbare. Die Unerschöpflichkeit ihres Gegenstandes beruht jedoch nicht einseitig, wie man es gerne darstellt, auf seiner materialen Beschaffenheit, als ob seine Lebendigkeit und Geistigkeit unserer Begriffe spottete. Eine solche Begründung der Offenheit geisteswissenschaftlicher Problematik wäre einfacher Rückfall in eine (im Kantischen Sinne) vorkritische Denkweise, für welche in dem Verhältnis von Fragen und Gegenstand der Gegenstand die Führung hat, die Vorstellungen sich nach den Gegenständen richten. Vielmehr beruht die Unergründlichkeit der geistigen Welt auf dem methodischen Prinzip der ins *Verständnis* zielenden Frage. In der freien Anerkennung der Verbindlichkeit des Unergründlichen eröffnet sich die Möglichkeit, so etwas wie geistige Welt und Geschichte, als eine nie ausschöpfbare und doch faßliche, d. h. immer neu zu sehende, weil beständig sich in anderem Sinne erneuernde Lebenswirklichkeit in den Blick zu bekommen. Und erst in dem verbindlich Nehmen des Unergründlichen, das sich unter dem Gesichtspunkt naturwissenschaftlicher Erklärung als ein Verzicht darstellt, in diesem, wenn man also will, schöpferischen Verzicht, gelangt die geistige Welt als eine bis in unsere lebendige Gegenwart hinein *unabgeschlossene* und von ihrer Gestaltung durch unser Denken und Handeln in jedem Augenblick *abhängige* Wirklichkeit in Sicht. Die Offenheit ihrer Fragen, welche an den Objekten der geistigen Welt der Vergangenheit als das nicht mehr Verständliche, Verschüttete und Verlorene, als die abgründige Ferne ewig verschlossener Rätsel zum Vorschein kommt, ist nur die andere Seite der Tatsache, daß sie in unmittelbarem durch die allmähliche Entwicklung der Zeiten hindurch vermittelten Wirkungszusammenhang mit uns als ihren Produkten stehen.

Das sich von der Geschichte getragen Wissen, das sich aus der Geschichte geworden Wissen vermittelt damit die Einsicht in ihre Ursprungsmächtigkeit. In der Anerkennung der Verbindlichkeit des Unergründlichen wird also der zeitliche Hervorgang des Un- und Überzeitlichen, des Geistes, entdeckt oder die geistige Welt, das Jenseits des vergänglichen Menschen, als sein eigenes Jenseits ihm zurückgegeben. So nimmt sich der Mensch – und damit findet er sich als Mensch – Gott und Natur, Recht und Sitte, Kunst und Wissenschaft als die seiner Macht entsprungenen Wirklichkeits-, Wert- und Kategoriensysteme wieder zurück, indem er sie »versteht«.

Historisch begreifen heißt infolgedessen am Ende sich selbst und seine Welt als aus der Macht vergangener Generationen geworden erkennen und damit die eigene Gegenwart in der Breite ihrer sämtlichen Dimensionen auf das sie aufschließende menschliche Verhalten zurückführen. Vor dem Standort, von dem aus kraft freier Anerkennung der Verbindlichkeit des Unergründlichen diese Sicht auf geschichtliche Wirklichkeit zum Durchbruch kommt, macht sie nicht halt, sondern baut ihn auf das Gesichtete selber ab und nimmt ihm in dieser historischen Relativierung das Gewicht eines *absoluten* Standpunkts, Prinzips oder Fundaments. In der geschichtlichen Selbstbeziehung der Historie, Soziologie, Ethno-

logie, Psychologie, Anthropologie dokumentiert die sie leitende Auffassung des Lebens ihre Anfangslosigkeit. Die Philosophie dieser Auffassung, welche als freie Besinnung über ihr steht, macht aus diesem besinnlichen Darüber kein Argument für eine ihr reservierte außergeschichtliche, außerzeitliche, absolute Position. Sie versteht es als eine mit der objektiven Haltung mitgegebene Notwendigkeit, die dem menschlichen Leben verbleibt, wenn es zur Objektivität resignierend in freie Rationalität übergeht.
Gibt man diesem so in seine geschichtlichen Ursprünge zurückschlagenden Kreis ausschließlich den Charakter objektiver Wirklichkeit *unter Aufopferung* oder Außerachtlassung des ihn schlagenden Prinzips, so verabsolutiert man die Wirklichkeit und erhält als Resultat den Historismus. Seine angebliche Notwendigkeit und die Unvermeidlichkeit aller der mit ihm gegebenen Relativismen (wir erwähnen hier nur den historischen Materialismus von Marx und Engels) beruht auf dieser Vernachlässigung der Verankerung der geschichtlichen Welt in der freien Annahme der Verbindlichkeit ihres Prinzips, das Anweisung auf den lebendigen Vollzug durch lebendige Menschen gibt. Dieser lebendige Vollzug ist allein je einer Gegenwart möglich, die sich damit eben als Gegenwart vor dem sich verlierenden Hinter- und Untergrund der Vergangenheit abhebt und aus dem bloßen Gewordensein als das Werdende heraushebt. Was von der Vergangenheit her gesehen die letzte Auswirkung scheint, die gelebte Gegenwart, die aber eigentlich schon Vergangenheit, nur in ihrer Nähe noch gegenwärtige Vergangenheit ist, gibt sich in ihrer Unmittelbarkeit erst aus dem unergründlichen Woraufhin unserer Entscheidungen, also nur durch einen Umbruch der Blickstellung zu sehen und zu verstehen. In diesem Umbrechen des Blickes wendet sich das Leben selbst zu sich, um sich als vergangenes und gewordenes zu entdecken. In diesem Umbrechen aber hebt es sich aus dem Kontinuum des Gewordenen heraus und manifestiert als Gegenwart seine *Macht über* die Vergangenheit.
Diese Macht ist einmal theoretische Macht, insofern es von der Wendung der Blickstellung abhängt, daß die Vergangenheit als bis in die Blickstellung selbst noch hineinwirkender Zusammenhang

oder als Geschichte erfaßt wird. Diese Macht ist zum anderen aber praktisch-politische Macht, insofern von den Entscheidungen der je um ihre Gegenwart ringenden Generationen die Vergangenheit mitgestaltet wird. Wenn Vergangenheit primär nicht ein Objektzusammenhang ist, von der Gegenwart durch eine Kluft und damit auch von ihrem Betrachter durch eine Kluft getrennt, wie im isolierenden Beobachten des Naturforschers die Dinge als reine Objekte möglichst auf reine Vis-à-vis-Stellung gebracht werden, sondern wenn sie das mähliche zu einer Art Abgeschlossenheit sich Verfestigende ist, das wieder in den lebendigen Gegenwartspunkt aufgelöst werden kann – sie ist ja seine Genesis –, dann zeigt sich auch die rückwirkende, geschichtsschöpferische Gewalt dieser (vorwirkend nur genetisch gefaßten) Kontinuität zwischen Gegenwart und Vergangenheit. Jede Generation wirkt so auf die Geschichte zurück und macht sie darin zu jenem Unabgeschlossenen, Offenen und ewig sich Erneuernden, dem ihre offene Fragestellung im verstehenden Eindringen allein adäquat ist.

Das Prinzip der Verbindlichkeit des Unergründlichen ist die zugleich theoretische und praktische Fassung des Menschen als eines historischen und darum politischen Wesens. Es in seiner theoretischen Funktion bewußt zum ersten Male angewandt zu haben, ist das Verdienst Diltheys, dem damit ein vollendetes Gegenstück zur Kantischen Leistung gelungen war. Bei Kant das Ethos der Gesetzmäßigkeit, der absolut achtungswürdigen Form eines Naturgesetzes überhaupt, der Notwendigkeit und Allgemeingültigkeit. Bei Dilthey das Ethos der Unvorhersehbarkeit als des Prinzips, das vergangene und das eigene Leben in seiner Schöpfermacht und zugleich in seiner Zerbrechlichkeit von dem dunklen Horizont her zu sehen, aus dem es kommt und in den es geht. Wie im Kantischen Ethos des kategorischen Imperativs zugleich der Rechtsgrund für die Rechtsgründlichkeit des kritischen Philosophierens und seiner Orientierung an der mathematischen Naturwissenschaft gelegt ist, so im Diltheyschen Ethos des über alle Möglichkeiten hinaus Mächtigen der geschichtliche Grund für die Orientierung der Philosophie an der Geschichte als ihrem Beispiel, ihrem Gegenstand, ihrem Rahmen und ihrer Form.

In der Freigabe auf den Horizont der Geschichte verzichtet Philosophie nicht historistisch auf die Möglichkeit, den Sachen selbst sich gegenüberzustellen, denn dies ist die falsche Geschichtsperspektive aus der in ihrer Objektivität schon verabsolutierten Vergangenheit; sondern sie weiß, daß diese Freigabe nur von einem der Vergangenheit vorlaufenden Vergegenwärtigen aus möglich ist, welches darum die Freiheit hat, sich selbst aus dieser Vergangenheit geworden und zur Vergangenheit werdend zu begreifen. Vergegenwärtigen ist aber gerade das, was in der Geschichte der Kulturen ihren Sachbezug, ihren Weltbezug, ihre innere Freiheit und darum ihre ewige *Umprägbarkeit* oder *Offenheit* bis in die fernsten Fernen theoretisch und praktisch-politisch möglich macht.

8. Der Mensch als Macht

In dem Verzicht auf die Vormachtstellung des eigenen Wert- und Kategoriensystems gibt sich der europäische Geist den Horizont auf die ursprüngliche Mannigfaltigkeit der geschichtlich gewordenen Kulturen und ihrer Weltaspekte als einer offenen, unbegrenzten, durch keinen »Weltgeist« planvoll gebundenen Mannigfaltigkeit frei. Diese Universalität des Blickes verlangt die Rücknahme der Verabsolutierung auch ihres Weltaspekts. Spät errungen, wird die geschichtliche Relativierung sich zuletzt ihrer eigenen Relativität bewußt und lernt sie, nach einer Periode historistischer Verzweiflung, nunmehr ruhig als die Bedingung einer echten Objektivität begreifen. Hatten ahistorisch denkende Zeiten ihre Vergangenheit als Vorstadien zu sich behandelt, hatte dann die Entdeckung historischen Bewußtseins die eigene Sicherheit allmählich untergraben und schließlich das Gegenwartsbewußtsein, den Glauben an echten Welt- und Sachkontakt völlig aufgelöst, so beginnt unsere Zeit mit der vollkommenen Preisgabe einer »natürlich zugänglichen« Absolutheit (vgl. die gegenwärtige Situation der protestantischen Theologie!) Gegenwart und Vergangenheit in ein gleichmäßiges Verhältnis zu bringen. Diltheys Leistung liegt darin, daß er die philosophische Haltung vorgezeichnet hat, die das ausspricht und im Medium der Wissenschaft praktiziert, was heute nicht mehr nur Sache der Gelehrten, sondern Sache des ganzen geistigen und öffentlichen Lebens in Europa ist: den Verzicht auf die Vormachtstellung des eigenen Wert- und Kategoriensystems mit der festen Überzeugung in seine Zukunftsfähigkeit zu verbinden.

Von dieser Haltung ist das Problem der Anthropologie getragen; vielmehr spricht sich diese Haltung in der Frage nach dem Wesen des Menschen aus. Denn der Begriff des Menschen ist nichts anderes als das »Mittel«, durch welches und in welchem jene wertdemokratische Gleichstellung aller Kulturen in ihrer Rückbeziehung auf einen schöpferischen Lebensgrund vollzogen wird. Wie erörtert, macht die Rückbeziehung vor keiner absolut gesetzten Transzendenz (Wert oder Wirklichkeit) halt. Also kann sie selbst nicht vor diesem einen schöpferischen Lebensgrunde haltmachen und mit irgendeinem organizistischen Pantheismus des »Lebens« ihrem eigenen Prinzip untreu werden. Sonst wäre die Konsequenz einer neuen Überbau- und Ideologienlehre nicht abzuweisen. Selbst der historistische Materialismus relativiert alle Kulturen und ihre Welten auf das Leben, wenn er ihm auch den eingeschränkten Sinn der ökonomischen Wirklichkeit und der sozialen Machtlage gibt. Mit der Preisgabe dieser Einschränkung ist es nicht getan. Das schöpferische Leben darf nur bedeuten die jeweilige menschliche Wirklichkeit, wie sie restlos in unsere Erfahrung eingeht; nicht einmal einen in ihr liegenden Quellgrund, dessen schöpferische Fähigkeit diesseits der Geschichte als eine zeitlos zeitigende Struktur von der Philosophie zu formulieren oder, wenn nicht rational, doch schauend zu fixieren wäre.

Das Prinzip, die Unergründlichkeit für das Wissen vom Leben des Menschen verbindlich zu nehmen, weist auf das Verhältnis zwischen dem ἄπειρο, dem unergründlichen Woher einer geistigen Welt, und dem πέρας dieser Welt, die in einer geschichtlichen Zwangslage geschichtlich dem ἄπειρο abgerungen wird. In dieser Perspektive denken heißt in der Richtung des Lebens selber denken, das von Individuation zu Individuation fortschreitet. Die In-

Der Mensch als Macht

dividuation selber ist erwirkt durch wiederum selbst erwirkte Faktoren. So bestimmt der Mensch gerade im Hinblick auf sein Wesen sich zur höchsten Instanz – und nicht die Philosophie. So bestimmt sich das *Dasein* in seiner gewordenen Individuation und in der Verteidigung dieser erwirkten Einseitigkeit – und mag es die Einseitigkeit des universal denkenden Abendländers sein – zur Instanz für die philosophische Frage nach seinem Wesen, nicht aber, wie etwa noch Heidegger meinte, der darin eine alte Tradition fortsetzt, das *Wesen des* Daseins diesseits und vor aller Individuation. Diese Selbstbestimmung hat nichts mit der Kantischen Autonomie zu tun, wenn wir sie als den zeitlosen Grundakt der freien Selbstnahme fassen, der nichts über sich hat. Indem die Entscheidung über das Wesen des Menschen nicht ohne seine konkrete Mitwirkung, also in keiner neutralen Definition einer neutralen Struktur gesucht werden kann, sondern nur in seiner Geschichte als eine ständig neu erwirkte Entscheidung, ist die für eine Gegenwart zu erringende immer auf eine schon getroffene Entscheidung freigegeben: entweder sie hält an ihr fest oder sie ringt sich von ihr los. Sie hat also die Geschichte, ihre Geschichte über sich.

Wird von dem Verhältnis zwischen dem Lebensuntergrund des Menschen und seiner je erwirkten Individuation das Bild einer fortwährenden Emanation ferngehalten, dann ist für die Anthropologie die Blickstellung des Menschen selbst, wie sie uns zugänglich ist, leitend geworden. *Dann ist das »natürliche« Verhältnis von Vergangenheit und Gegenwart zur Dimension des Nachdenkens über den Menschen gemacht.*

Es ist in doppeltem Sinne eine offene Immanenz. Die Vergangenheit, die uns in allem als verborgene oder bewußte Herkunft durchdringt und in dem Rahmen der Tradition umfangen hält, öffnet sich in das noch zu lebende Leben der Gegenwart hinein. Und die Gegenwart, die uns in einem anderen Sinne aus dem Woraufhin unserer Lebensführung umfangen hält, öffnet sich in das hinein, was wir faktisch schon sind, weil wir durch unsere Vergangenheit so geworden sind. Halten wir das Nachdenken über das Wesen des Menschen in dieser offenen Immanenz, dann halten wir, mit Misch zu sprechen, das Band zwischen dem Hintergründig-Mächtigen und der geschichtlich ihm abgerungenen Individuation, einmal im Sinne des Prinzips der rechten Betrachtung des Hervorganges des Menschlichen »aus« dem Leben – d. h. seines aus eigener Macht Erwirktseins, zum anderen im Sinne des Hervorgangs selber. *Deshalb* können wir das Erwirken strukturmäßig für sich nicht erfassen, sondern nur das Produkt kraft seiner Bedeutung, die es für den Menschen hat.

An dieser so in der Daseinslage der offenen Immanenz begründeten Unzugänglichkeit des Erwirkens, in das wir uns stets nur im Selbstvollzug und wie im Fluge versetzen, stellt sich abermals die Unergründlichkeit des Lebens heraus, die auf keinen für ein nur nicht mitkommendes Denken unerreichbaren Eigenschaften beruht, sondern welche die dem neuen Lebensethos entsprechende Grundhaltung zum Leben ausdrückt. In den Aussagen über die Unfaßbarkeit des Lebens und die Unerschöpflichkeit menschlichen Könnens kommt nicht ein Denken, das in Form negativer Grenzbegriffe asymptotische Anschmiegung an das Leben sucht (vgl. Bergson), zum Ausdruck, sondern eine sehr positive Haltung im Leben zum Leben, die um seiner selber willen die Unbestimmtheitsrelation zu sich einnimmt.

In dieser Relation der Unbestimmtheit zu sich faßt sich der Mensch als Macht und entdeckt sich für sein Leben, theoretisch und praktisch, als offene Frage. Was er sich in diesem Verzicht versagt, wächst ihm als Kraft des Könnens wieder zu. Was er an Fülle der Möglichkeiten dadurch gewinnt, gibt ihm zugleich die entschiedene Begrenzung gegen unendlich andere Möglichkeiten des Selbstverständnisses und des Weltbegreifens, die er damit schon nicht mehr hat.

Die Entschränkung von aller dumpfen Verlorenheit an irgendeine ungeprüfte Tradition und einseitig fixierte Stellung zu Welt und Leben, von Blindheit gegen das eigene und fremde Wesen, von Unerwecktheit und Undurchsichtigkeit des eigenen Tuns: wie immer auch die Zentralität und Universalität seines eigenen *point de vue* sich ihm darstellen mag, sie gestattet ihm nie seine Verabsolutierung. Wenn andere Kulturen auf dieser Erde zu ihrem eigenen

Mächtigkeitsgrunde nicht durchgebrochen sind und aus ihm ihre Lebensstellung geformt haben, so heißt das nicht: ihre Menschen wußten nichts von ihrer Menschlichkeit, sie legten sich noch falsch aus, sie verstanden sich und die Welt noch nicht recht, oder gar: ihre Menschen waren keine Menschen, sondern nur Menschentiere. Es heißt nicht einmal: sie waren zu ihrem eigenen Mächtigkeitsgrunde nicht durchgebrochen; denn indem wir sie als menschenmögliche Kulturleistungen eines eben besonderen Volkstums und Kulturkreises anerkennen, diese Anerkennung jedoch aus ihrem Menschenwesen gewinnen, *sofern wir es gerade offenlassen*, d. h. als Macht zu..., als Können bestimmen, müßten wir mit der Preisgabe dieser Offenheit auch für sie ihre menschliche Position negieren.

Jede andere Wendung führt zur Verabsolutierung unserer abendländischen Position. *Entweder* reserviert sie ihr den Durchbruch zum eigenen Mächtigkeitsgrunde (das Bewußtsein der Menschhaftigkeit) und macht das Mensch*sein* davon abhängig bzw. setzt das volle eigentliche Menschsein mit ihm gleich *oder* faßt es als die spezifische abendländische, vom Griechentum und Christentum entdeckte Lebensmöglichkeit und vollzieht damit die Monopolisierung des Menschseins in einem Kulturkreis. Halten wir aber an unserer Konzeption des Menschen als Macht und offener Frage, als an einem nur geschichtlichen Produkt fest, dann verliert sie den Sinn und Rang einer Wesensbestimmung, einer zum Menschlichen durchstoßenden Erkenntnis. Dann wird sie zu einem bloßen »Ausdruck« der europäischen Geistigkeit.

So kehrt die fundamentale Schwierigkeit wieder, dem in der Blickrichtung der europäischen Daseinsform auftretenden Universalitätsanspruch gerecht zu werden, ohne seine Relativität auf diese selber geschichtlich entstandene Daseinsform darüber zu vergessen. Denn von ihm hängt die Bestimmung des Verhältnisses der anderen, nichteuropäischen Daseinsformen zur eigenen und untereinander ab. »Was erlaubt mir dann noch die Einheit der Vergleichshinsicht, indem ich sie alle als Formen des Daseins, des Menschentums beurteile? Nur die Gleichheit dessen, was Menschenantlitz trägt? Womöglich doch nur somatische Kriterien

des homo sapiens et faber als einer Erscheinung im Rahmen sinnlicher Erfahrung?«
Die Lösung ist durch die Konzeption des Menschen als Macht nach dem Prinzip der offenen Immanenz oder der Unergründlichkeit selbst gegeben. Sie liegt in ihrem Sinn eines den Blick auf die Geschichte freimachenden Prinzips. In der Fassung seiner selber als Macht faßt der Mensch sich als geschichtsbedingend und nicht nur als durch die Geschichte bedingt. Die Gefahr der restlosen Relativierung, die mit dieser Freigabe des Blickes heraufbeschworen ist, wird in der gleichen Blickstellung dadurch wieder gebannt. Allerdings nicht in der überwundenen Form, daß das gesichtete Ganze des geschichtlichen Geschehens (in welchem die europäische Kultur seit den Griechen miteingebettet eine Disziplin des Wissens erzeugt hat) in einem vor- und übergeschichtlichen Absoluten des Geistes oder der Vernunft oder der Struktur menschlicher Schöpfermacht verankert wird, sondern in der neuen Form *immanenter* Verwurzelung dieses wirklichen Prozesses in seinen Bedingungen, die er sich selber schafft.
Mit ihrer Entdeckung mußte der Prozeß eine andere Richtung nehmen, weil die Menschen dadurch mächtiger geworden sind, als sie es vorher waren. Wie die Entdeckung der Naturbedingungen dem Menschen in steigendem Maße die Natur in die Hand gegeben hat, so daß sich der Planet nach seinem Willen umzugestalten beginnt, führt auch die Entdeckung seiner Geschichtsbedingungen ihm unvorhersehbare Macht zu, mit der er über sein bisheriges Geschichtsniveau sich erheben wird. *Solange* er an dieser Konzeption seines Wesens als Macht festhält, hat er Macht und gibt es Entwicklung. Aber das Kriterium, mit ihr das Wesen des Menschen schlechthin getroffen zu haben, bleibt der Geschichte immanent und bleibt selbst eine offene Frage.
Ihre Lösung ist theoretisch nur regulativ, nicht konstitutiv möglich, weil sie es selber nicht will gemäß dem Prinzip der Unergründlichkeit. Theoretisch definitiv ist die Wesensbestimmung des Menschen als Macht oder als eine offene Frage nur insoweit, als sie die Regel gibt, eine inhaltliche oder formale theoretische Fixierung als ... *fernzuhalten,* welche seine Geschichte in die Vergangenheit

und in die Zukunft hinein einem außergeschichtlichen Schema der Geschichtlichkeit unterwerfen möchte. Zugleich ist diese Bestimmung theoretisch richtig (im Kantischen Sinne sogar konstitutiv), weil sie den Menschen in seiner Macht zu sich und über sich, von der er allein durch Taten Zeugnis ablegen kann, trifft. Man darf nur nicht dabei übersehen, daß ihm in dieser Wesensaussage das Kriterium für die Richtigkeit der Aussage selbst *überantwortet* ist. Denken wir das »offene Frage Sein«, die Macht als eine *Essenz* im Menschen, dann kann ihre Wahrheit nur durch die Geschichte selber erhärtet werden. Dann gilt der Diltheysche Satz, daß der Mensch das, was er ist, nur durch die Geschichte erfahren könne, auch im praktischen Sinne.

Eine andere Garantie dafür, daß sich einander heterogene Kulturen auf einer gemeinsamen Basis der Menschlichkeit begegnen können, gibt es nicht und darf es nicht geben, wenn das Leben und Tun der Menschen den Sinn haben soll – den Sinn der Geschichte – diese Basis immer neu zu erobern, um ihrer sicher zu sein; wenn Geschichte mehr sein soll als eine große Maskerade der Zufälligkeiten, hinter der sich das eine unbewegliche Antlitz der Menschheit verbirgt. An dieser Unsicherheit hat der Mensch sein Lebenselement; ihm entringt er im Kampfe (d. h. *gegen das Fremde*) seinen eigenen Lebenssinn.

9. Die Exponiertheit des Menschen

Mit dem Prinzip, die Unergründlichkeit für das Wissen verbindlich zu nehmen, treten die ersten Umrisse der menschlichen Lebenssituation ins Licht. Der Mensch – in dieser Allgemeinheit auf das Menschliche hin gewagt, und ein Wagnis bleibt jede ihn in seinem formalen Charakter bestimmende Aussage – steht als *Macht* notwendig im *Kampf um sie*, d. h. in dem *Gegensatz* von Vertrautheit und Fremdheit, von *Freund und Feind*.

Als Faktum besagt das nichts, was man nicht schon immer gewußt hätte. Die Empirie kann es immer wieder in tausend Variationen bestätigen. Aber darauf liegt nicht der Nachdruck. Die Freund-Feind-Relation wird hier vielmehr als zur Wesensverfassung des Menschen gehörig begriffen, *und zwar gerade dadurch*, daß eine konkrete Wesensbestimmung von ihm *abgehalten*, er als offene Frage oder Macht behandelt wird. In seiner *Unbestimmtheit* zu sich gestaltet sich ihm der merkwürdige Horizont, innerhalb dessen ihm alles bekannt, vertraut und natürlich, seinem Wesen gemäß und notwendig, außerhalb dessen ihm alles unbekannt, fremdartig und unnatürlich, seinem Wesen widrig und unverständlich erscheint. Wo diese Horizontlinie läuft, kann er nicht vorausbestimmen und liegt nicht eher fest, als bis es durch ihn festgelegt wird. Die Festlegung durch ihn trägt jedoch (wiederum notwendig nach dem Prinzip der offenen Immanenz in der »natürlichen« Daseinslage zwischen seiner Vergangenheit und seiner Zukunft) den Charakter eines Festhaltens an einer schon getroffenen Festlegung oder eines Revoltierens gegen sie, also geschichtlich relevanten Charakter. Jede wie immer gestaltete Art von Gesellung und Vergemeinschaftung zu Zwecken des Wohnens, Wirtschaftens, Liebens, der religiösen Betätigung, der Nachkommenschaft ist durch diese Freund-Feind-Relation bestimmt. Ein vertrauter Kreis setzt sich gegen eine unvertraute Fremde ab.

Die gewöhnliche Auffassung deutet das Phänomen als Schutzmaßnahme unter Zurückführung auf die Angst vor Schaden bzw. als primäre Angriffsmaßnahme zum Zweck der Ausdehnung des eigenen Machtbereichs. Sie vergißt aber bei dieser gewöhnlich auch biologisch unterbauten Deutung den Grund für die primäre Angst und Feindseligkeit anzugeben, zumal einfache Nahrungssorge und Wettstreit um den Geschlechtspartner wohl für manche gesellschaftlich-geschichtlichen Situationen, durchaus aber nicht für alle die entscheidende Rolle spielen können. Der Grund für die beständige Bildung des Horizontes der Vertrautheit ist in der Tat eine zur Wesensverfassung der Mächtigkeit des Menschen gehörige Angst oder Bedrängtheit, die zugleich die feindselige Reaktion als Gegenschlag im Gefolge hat. Aber diese Angst ist verwurzelt in der Unheimlichkeit des Fremden und nicht in dessen möglicherweise abträglichen Wirkungen auf die eigene Sphäre der Vertrautheit;

weil das Fremde nicht bloß ein Anderes ist (wie etwa dem aufgeklärten Menschen der Stein nichts Fremdes, sondern ein Anderes als er ist, in der nüchternen und indifferenten Bedeutung der bloßen Verschiedenheit, wohl aber die Fremdheit leise im Pflanzlichen, vernehmlicher im Tierischen Boden gewinnt, um schließlich im Menschlichen auch noch für den aufgeklärten Menschen ihre letzte Domäne zu bekommen – und korrelativ dazu in dem rätselvollen Anblick des Universums). Denn das Fremde ist das Eigene, Vertraute und Heimliche im Anderen und als das Andere und darum – wir erinnern hier an eine Erkenntnis Freuds – das Unheimliche. Wenn die Formulierung erlaubt ist: Der Mensch sieht »sich« nicht nur in seinem Hier, sondern auch im Dort des Anderen. Die Sphäre der Vertrautheit ist also nicht von »Natur« begrenzt und erstreckt sich (gleichsam außergeschichtlich) bis zu einer gewissen Grenze, sondern sie ist offen und erschließt ihm dadurch die Unheimlichkeit des Anderen in der unbegreiflichen Verschränkung des Eigenen mit dem Anderen.

Von dieser Unheimlichkeit und Fremdheit kommt der Mensch nicht einmal durch die Humanitätskonzeption los. Sie ermöglicht ihm zwar die Bildung des Allgemeinbegriffs Mensch, der die Differenzen der Völker, Rassen, Staaten, Kulturen und Individuen als Unterformen und Fälle unter sich befaßt. Aber diese befriedende Entdeckung einer natürlichen Gemeinsamkeit läßt sich in keinen absoluten Kriterien sichern, die nicht wieder mit der Vereinseitigung des Menschlichen und der Monopolisierung eines bestimmten historisch gewordenen Menschentums verbunden wären. In der Konsequenz der Humanitätskonzeption liegt gerade die Relativierung ihrer selbst, damit die Preisgabe einer *natürlich gesicherten* Vormachtstellung gegenüber anderen menschlichen Positionen und Daseinsformen, die Gleichstellung der eigenen Wesenssphäre mit den fremden Sphären in einer Ebene unter Preisgabe des Gedankens einer natürlich gesicherten Entwicklungsdifferenz gegen die anderen und damit die Freigabe des Horizontes des eigenen Menschentums auf einen Wettbewerb mit den anderen Möglichkeiten des Menschseins. Eine Konsequenz des Zeitalters der Humanität, die von der Geschichte in der Entwicklung der nationalstaatlichen Kulturen, der formalen Europäisierung und Demokratisierung der Völker mit Einschluß der Kolonialvölker, der Autonomisierung gegeneinander selbständiger Machtzentren gerade im Zeichen der Humanität und Internationalität selbst gezogen wird.

Was dem Menschen jeweils unheimlich und fremd ist und *wie* sich ihm die Fremdheit gestaltet, welche die agressive Abwehr- und Schutzstellung bedingt, hängt von seiner jeweiligen Lebensstellung zu sich und »Welt« ab. Man darf nicht sagen, daß die Welt oder die Natur das zunächst Unheimliche und Feindselige sei. Viele gerade primitive Lebensverfassungen sprechen dagegen. Die berühmte positivistische Idee von der schreckerfüllten Urzeitstufe, auf der dem Menschen alles grauenhaft und unverständlich war, ist längst durch die Ethnologie und Völkerpsychologie widerlegt! Die Kulturgeschichte zeigt eine unablässige Verlagerung des Unheimlichkeitshorizontes und korrelativ dazu der Sphäre der freundlichen Vertrautheit, so daß der Gestaltwandel der Freund-Feindrelation nur geschichtlich zu erforschen ist. Sie hat darum auch nicht notwendig den Sinn einer spezifisch politischen Relation, weil sie alle Verhältnisse des Menschen durchwaltet. Aber in ihr wurzelt als einer Konstante der menschlichen Situation das Politische in seiner expliziten Form eines zwischenmenschlichen Verhaltens, das auf Sicherung und Mehrung der eigenen Macht durch Einengung bzw. Vernichtung des fremden Machtbereichs gerichtet ist und wiederum, auch in dieser expliziten Form, jedes Lebensgebiet in seinen Dienst stellen und ebenso von jedem Lebensgebiet seinen eigenen Interessen dienstbar gemacht werden kann.

[Zweierlei ist hier zu bedenken; erstens, daß das Politische (selbst in der Welt des aufgeklärten Europäers) zwar auf die Menschensphäre eingeengt ist und in den Relationen zu Gott, Natur und geistigem Sein keinen Boden hat, aber gegenüber der Einengung auf eine sogenannte Sphäre der Politik, d. h. des Staates, eine *alle* menschlichen Beziehungen durchdringende Weite behauptet. Es gibt Politik zwischen Mann und Frau, Herrschaft und Dienstboten, Lehrer und Schüler, Arzt und Patient, Künstler und Auftraggeber und welche privaten Beziehungen wir wollen, wie es im Öffentlichen eine Rechts-, Wirtschafts-, Kultur- und Religionspo-

litik, eine Sozialpolitik neben der eigentlichen Staats- und Parteienpolitik gibt. So kann das Wort: die Politik ist das Schicksal, seinen tiefen Sinn gerade dann behalten, wenn es einmal – Politik im expliziten Sinne genommen – auf das Zeitalter der Entdecktheit des Menschen eingeschränkt bleibt, das in seiner letzten Möglichkeit nur Eine Macht, den Menschen, anerkennt; wenn es dann aber auch – Politik als die in der Grundverfassung des Menschlichen überhaupt entspringende Notwendigkeit, in einer Situation des Für und Wider zu leben und in der Freund-Feindrelation sich eine Eigenzone gegen eine Fremdzone abzugrenzen und zu behaupten – als Einsicht in das heimliche Schicksal des Wesens Mensch begriffen wird.
Und dann ist zweitens nicht zu vergessen: das Unheimliche ist als solches nicht das Feindliche schlechthin. Es ist nur die Möglichkeit für das Feindliche oder die Spannung, aus der der Mensch unter immer anderen Formen in die Feindseligkeit gerät. Feind wird dem Menschen, was seinen Interessen abträglich ist. Das hat in den seltensten Fällen den Charakter der Unheimlichkeit. Im Gegenteil, es ist das Natürlichste und Vertrauteste von der Welt. Aber noch in dieser Vertrautheit und Selbstverständlichkeit der Interessengegensätze, die den alltäglichen Zank und Streit um die kleinsten und größten Dinge hervorrufen, dokumentiert sich die für die Streitenden selber ganz gleichgültige, aber den Zwang zum Streit hinter ihrem Rücken sozusagen hervorrufende Verschränkung des Einen in den Anderen, in der jeder »sich« nicht nur in seinem Hier, sondern ebenso im Dort des Anderen als seinem Dort fremd gegenübersteht. Auch diese Fremdheit ist noch nichts Unheimliches, außer für den Nachdenkenden. Denn sie zeigt und bildet den Zugang zu etwas für die Lebenssituation Fundamentalerem, als es die jeweils singulären, im Felde des täglichen Verhaltens auftretenden Konflikte sind: zu dem Untergrunde, gegen den der Spielraum dieses Verhaltens im ganzen abgegrenzt ist, der aber in dieser Abgrenzung zugleich die Funktion des Unheimlichen geltend macht.]
Will man also das Politische aus der schicksalsmäßigen Notwendigkeit des Menschen, Vertrautheit und Fremdheit, Freundschaft und Feindschaft nicht überwinden zu können, begreifen, als den

Rahmen des Lebens, nicht nur als ein Gebiet seiner Betätigung, das man den Geschäftemachern und Streithammeln am besten überläßt, so muß man auf ihn als das Können, als das Mächtige zurücksehen und von ihm jede falsche Fixierung ontologischer Art abhalten. Das Können, das Mächtige sind nur Ausdrücke für die Unbestimmtheit, in der das Zurechnungssubjekt der Geschichte im Sinne eines lebensmäßigen, in der offenen Immanenz der verschränkten Perspektiven von Vergangenheit und Zukunft sich haltenden Denkens seine Bestimmtheit jeweils anders und immer neu *erringt*. Lebensmäßiges, natürliches Denken in den Blickstellungen eines Lebens, das der Vergangenheit fortdauernd entwächst und vor einer unbekannten, Weissagung und Voraussicht heischenden Zukunft steht, in der Offenheit des Lebens denkend über dieser Offenheit sinnend verweilen und sie als die elementare Situation ansetzen – dies wäre die dem Menschen gemäße und ursprüngliche Betrachtung seiner selbst auf sein Wesen hin. In ihr findet er sich primär bedrängt, gegen ein Fremdes sein Eigenes sichernd.

Bisher ist das nur dargetan von der Humanitätskonzeption aus, die den Leitfaden der Anthropologie bildet. Begründet in der Verschränkung, durch die jeder seinen Mitmenschen als den, der man selber (aber doch als ein Anderer) ist, weiß und in der er mit ihm umgeht, spricht, Abkommen trifft usw.

Diese Verschränkung der Perspektiven im Miteinander und Gegeneinander wird auch von der eigentümlichen Struktur der Zeit aus deutlich, die als Einheit einer aus der Vergangenheit her in die Zukunft und einer aus der Zukunft her in die Vergangenheit offenen Gegenwart konzipiert werden kann (nicht muß). Wobei die Gegenwart aber gerade der Umbruch ist, in dessen Bruch die Kontinuität der vom Damals ins Dann fließenden »Zeit« vermittelt wird (weshalb Vergangenheit und Zukunft im Jetzt verschränkt sind. Die Verschränkung ist jedoch nicht auf die Zeit eingeschränkt oder entworfen. Sie ist vielmehr eine die ganze menschliche Daseinslage durchwaltende Verfassung). Sie ist es, welche diese Lage zur *Situation* macht. In der Situation ist der Mensch auf ihre Erledigung angewiesen. Seine Lage verlangt von ihm Entscheidungen, einerlei ob sie sich ihm als durch Wahl und Entschluß, durch den freien Akt der Selbstlenkung zu erledigende präsentieren (der klassische Grieche, der humanistisch empfindende Europäer würde sagen: in ihrem eigentlichen Wesen) oder nicht. So gibt es für den Menschen den rechten Augenblick, das Gebot der Stunde, die versäumte Gelegenheit und die richtig genutzte Gelegenheit. Und nicht nur in temporalem Sinne. Es gibt die günstige Konstellation, den geeigneten Raum in eigentlicher und übertragener Bedeutung. Es gibt die Schranken und Grenzen dessen, was hier und jetzt möglich ist. Diese Beengtheit der Situation läßt die Gegenwart einer in den Perspektiven der Situation nicht aufgehenden, für sie immer verdeckten, sie aber zugleich mit der Verdeckung anderer nicht ausnützbarer Möglichkeiten auch wieder aufschließenden Wirklichkeit sehen. So etwas wie »Welt« kommt nicht erst, wie Heidegger meint, nur an den defizienten Modis des Abreißens und Nichtfunktionierens eines werktätigen Umgangs mit allerhand Zeug abweisend zum Vorschein, sondern auch in dem positiven Überschuß und in der positiven Ausbreitung von Chancen, die aus dem Situationszwang heraus nicht endlos verfolgt werden können. Denn für die Situation und ihre Erledigung ist gerade dies entscheidend, daß kein Vorrangsverhältnis zwischen einer primären im werktätigen Umgang erschlossenen Umwelt von Bedeutungszusammenhängen und einer erst in ihren Störungen sekundär – verabschiedend-durchbrechend – sich meldenden Welt besteht. Keine von beiden ist primär. Sondern sie sind ineinander verschränkt, das Heimische und Vertraute und das Unvertraut-Unheimliche, Drohende und Abgründige. Immer schon besteht eine künstliche und doch natürliche, eine aus der Überlieferung ehrwürdige und zugleich verengende Eingrenzung der einheimischen Sphäre gegen die offene Fremde, die beständig gezogen, erneuert, verändert werden muß und nur die schwankende Frontlinie darstellt, auf der dem Gegner in tausend Gestalten das zum Leben Nötige abgerungen, abgetrotzt, abgebetet, abgelistet werden muß. In beständigen Umbrüchen erobert so der Mensch *zwischen* Umwelt und Welt, *zwischen* der heimischen Zone vertrauter Verweisungen und Bedeutungsbezüge, die »immer schon« verstanden worden sind, und der unheimlichen Wirklichkeit der bodenlosen

Welt seine Umwelt aus der Welt. An der Verschränkung zeigt er sich als Meister.

Weil der Ziegelstein im Hausbau auch schon die verstandene Unverständlichkeit: Stein, das Bogenholz auch schon: Holz, der ›Hammer‹ auch schon: Eisen ist (wenn auch nicht in der besonderen Restriktion des Mineralogen, Botanikers, Chemikers), weil auf allen Wegen und Böden seines Tuns diese urtümliche Vordringlichkeit des Unverstandenen in das schon auf Zweck und Sinn Ausgelegte einer Werkwelt verschränkt ist, hat die Situation des Menschen den Charakter der *Gewagtheit* und *Bedrohtheit*. So verlangt sie ineins mit dem Vorgriff ins Unbekannte die Sicherung gegen das Unbekannte, mit dem Sprung über die Grenze ihre Ausdehnung über den Sprungbereich hinaus. Jede Sicherheit ist einer Unsicherheit abgekämpft und schafft neue Unsicherheit.

In allen Situationscharakteren kommt jene Zwischenstellung zwischen der geschlossenen Umwelt kreishafter Verweisungen sinngebender und sinnempfangender Bezüge und der offenen Welt des bodenlosen Wirklichen zum Ausdruck, eine Stellung, für die nichts festliegt, ohne festgelegt zu werden, und nichts festgelegt werden kann, ohne schon festzuliegen. Frühere Zeiten haben wohl daraufhin den Menschen zwischen Tier und Gott gesehen, dem Tier, das in einer auf seine Funktionen abgestimmten Umwelt lebt, einer Sphäre rein daseinsrelativer Bedeutsamkeit, und Gott als dem Willen und Auge, dem das offene Unendliche der Wirklichkeit selbst aktual gegenwärtig ist. An solcher Zwischenstellung findet sich der Mensch von Horizonten umschlossen und seine Situation in ein Diesseits und Jenseits des jeweiligen Horizontes aufgespleißt. Geborgen und preisgegeben ist er so das bedürftige Wesen, das hofft, erwartet, wünscht, sich sorgt, will, fragt. Diese Bedürftigkeit, dieses Verlangen, dieses Suchen nach Erfüllung, dieses nur im sich selber Vorlaufen einer Führung des Lebens leben macht seine in die aktual gegenwärtige Unendlichkeit der offenen Welt verschränkte indefinite Endlosigkeit des Immer-Weiter-Müssens oder seine Endlichkeit aus. Aber diese Endlichkeit ist nicht die reine Endlichkeit des Tieres, das seine Bedürfnisse an seiner Welt zu Ende bringen kann, wie seine Welt selber in sich endlich ist. Sie ist selber eine in eine Unendlichkeit verschränkte und damit ausdrücklich sich als solche manifestierende Endlichkeit, die auf natürliche Weise künstlich ausgeglichen zu werden verlangt. Deshalb ist der Mensch »von Natur« künstlich und nie im Gleichgewicht. Deshalb kommt ihm jede Unmittelbarkeit nur in einer Vermittlung, jede Reinheit nur in einer Trübung, jede Ungebrochenheit nur in einer Brechung zustande.

Aus der wesenhaften Inkongruenz in der Lebenssituation zwischen Welt und Umwelt, die nichts anderes als die offene Mächtigkeit des Menschen herausstellt, resultiert der Zwang zum Willen zur Macht, um künstlich vermittelnd das Natürlich-Unmittelbare in seine *Rechte* einzusetzen. Das Rechte und damit das Recht »stammt« zwar nicht aus der Macht, die immer schon errungene Macht ist, wohl aber aus der Mächtigkeit, die sich in der natürlichen Künstlichkeit der je von Menschen eingenommenen und durchgeführten Lebenslagen dokumentiert. Weil er nur lebt, wenn er ein Leben irgendwie führt, und dieses Irgendwie stets den Charakter der Nichtnotwendigkeit, Zufälligkeit, Korrigierbarkeit und Einseitigkeit hat – darum ist ja sein Leben geschichtlich und nicht bloß natürlich, eine Kette von Unvorhersehbarkeiten, die hinterher sinnvoll sind, Versäumnissen und verlorenen Möglichkeiten, aber auch gerade in dem, was es je ist und war, bedeutsam und des Lebens wert –, muß der Mensch eine »natürliche« als die gerechte Ordnung *stiften*. Diese Stiftung des Rechts ist eine Entdeckung des Rechten und Gerechten, weil der Mensch nichts erfindet, was er nicht entdeckt, und ihm nichts festliegt, als bis es durch ihn festgelegt wird. Jede Satzung ist der Versuch, die wesenhafte Inkongruenz der Situation des Menschen in ihr selbst auszugleichen, eine produktive Möglichkeit der *Wieder*herstellung dessen, was nie bestanden hat, in der Sicherung dessen, was wahrhaft gerecht ist. In der Durchsetzung des gesatzten Rechts liegt der Sinn der Machtorganisationen bis in ihre technisch komplizierteste Form, den Staat.

Das Rechte ist ein Grundcharakter der menschlichen Situation, insofern alles an ihr auf Richtigkeit, Gerechtheit und Gerechtigkeit hin angesprochen werden kann. Im sich Zurechtfinden, das mit dem Finden des Rechten zusammenhängt, im Richten und den vielen um diese Bedeutung zentrierten Formen des Verhaltens, in der Richtung und im Gerichtetsein auf..., in dem einem Dinge, einer Forderung gerecht Werden, im recht Machen usw. spricht es sich aus. Unabhängig davon, daß die Findung und Sprechung, Schöpfung und Sicherung von Recht und Gerechtigkeit das eigene Gebiet einer besonderen Rechtspflege ausmachen können, bestimmt es die kategoriale Verfassung des menschlichen Lebens als eines ausgelegt-auslegbaren, gedeutet-deutbaren Lebens.

Schon Ich und Du und Wir sagen können bedeutet in der damit vollzogenen Abgrenzung der Sphären des Mein, Dein, Unser, Aller *Zurechnungen,* die zwar noch keinen expliziten juristischen Charakter tragen, aber eine rechtliche Ordnung des Lebens in allen seinen Äußerungen nötig machen. Weil der Mensch als offene Frage Macht ist, rechnet er sich zu, ermächtigt er und hebt, gezwungen durch die Inkongruenz seines Lebens (das er zufällig als dieses, nicht als ein anderes Leben führt) mit sich – in der Gesetzgebung und Rechtsprechung dieses zu sich ermächtigt Sein in die Sphäre ausdrücklicher Satzung; weil er nur lebt, wenn er ein Leben führt, weil nur das für ihn »schon so ist«, was er dazu erst macht. Als einer, der *zu sich* ermächtigt ist, findet der Mensch sich verantwortlich oder frei. Insofern aus dem zum Prinzip der Macht und des Könnens erhobenen Wesen sein Wille zur Macht stammt, muß dieser Wille den Charakter eines Willens zur Ermächtigung und damit zum Rechten und zur Stiftung des Rechten erhalten.

So scheint es, daß eine Verbindlichkeitserklärung der Unergründlichkeit für das Wissen vom Menschen, wie sie die Lebensphilosophie trägt und von ihr durchgehalten wird, indem sie den Menschen in den Horizont seiner von ihm errungenen Geschichte einspannt und freigibt, *den Primat des Politischen für die Wesenserkenntnis des Menschen,* die philosophische Anthropologie, bedeutet.

10. *Exkurs:* Die Bedeutung der Nichtentscheidbarkeit des Vorrangs von Anthropologie und Philosophie für den Geltungsbereich der Machtfrage

Philosophische Anthropologie ist nur als politische möglich? Vielleicht; nur in der Blickrichtung auf den Menschen als Macht und Können bleibt er eine offene Frage und wird auf eine ihn material oder formal in irgendwelche Struktur, die es überall da schon gibt, wo von Mensch zu reden ist, treffende Wesensbestimmung diesseits oder jenseits der vergangenen *und kommenden* Geschichte verzichtet. Und auf Grund dieses schöpferischen Verzichts ergibt sich *die* Universalität des Gesichtsfeldes für das Menschliche, die allein dem universalen Sinn der Philosophie entspricht. Politische Anthropologie ist dann keine angewandte Wissenschaft, keine Anwendung philosophischer Erkenntnis auf das Gebiet des Politischen, als ob es daneben eine theologische, eine ökonomische, eine Rechts-, Kunst- und Gesellschaftsanthropologie gäbe. Zumal diese Idee von parataktisch geordneten Kulturgebieten, von gleichmöglichen Betätigungsfeldern in einer Kultur eine geschichtlich bestimmte und im Abbau befindliche Konzeption des Zeitalters des liberalen Bürgertums und seiner Vorstellung vom freien Wettbewerb in gleichberechtigten Berufen ist. Politik ist dann nicht nur ein Gebiet und ein Beruf. Sie konnte das werden und kann es sein, weil sie auch mehr als nur das ist. Und sie konnte auch nur so in Verruf kommen, weil man unter dieser Berufs- und Gebietsvorstellung dieses Mehr vergessen hatte. Sie ist dann primär kein Gebiet, sondern der Zustand des menschlichen Lebens, in dem es sich nicht nur äußerlich und juristisch, sondern von Grund und Wesen aus seine Verfassung gibt und sich gegen und in der Welt behauptet. Sie ist der Horizont, in dem der Mensch die Sinnbezüge seiner selbst und der Welt, das gesamte Apriori seines Sagens und Tuns gewinnt.

Was heißt: Philosophische Anthropologie ist nur als politische möglich? Darin ist ein Zusammenhang zwischen dem Wesen des Menschlichen und Politischen ausgesprochen, der seine Rechtfertigung aus dem *philosophischen* Charakter der Wesensbestimmung empfängt. Er ruht auf dem Prinzip der Unergründlichkeit oder der offenen Immanenz. Trotzdem kann man von der philosophischen Anthropologie ebensowenig wie von der politischen Anthropologie sagen, sie seien Anwendungen des Prinzips. Es gibt nicht die allgemeine philosophische Anthropologie mit verschiedenen Anwendungsgebieten des Politischen, Religiösen usw.; es gibt ebensowenig über der Anthropologie die Philosophie, die sich nach einzelnen Anwendungsgebieten, unter die z. B. auch der Mensch und die Geschichte gehören, auffächern ließe. Philosophie, Anthropologie, Politik gehören vielmehr in einem anderen, zentralen Sinne zusammen. Sie schöpfen ihre Möglichkeiten aus derselben Quelle des Prinzips der Unergründlichkeit des Lebens und der Welt und *jede* sucht in selbständiger Weise dem offenen Mächtigkeitsgrunde, aus dem sie sich ermächtigt weiß, das an Möglichkeit zu entnehmen, was durch die Überlieferung, in die sie sich mit diesem Prinzip eingliedert und zu deren Übernahme sie sich damit bereit gefunden hat, jeweils vorgezeichnet ist. So spürt jede der fundamentalen Funktionen des Menschen, in denen er sich nicht verlieren, sondern schauend, denkend, handelnd mächtig und frei bleiben will, im Diesseits des Lebens, die »Logik« des Prinzips an sich selber. Keine der Funktionen ist den anderen übergeordnet; es gibt weder einen Primat der Theorie noch der Praxis. Den Primat hat das Prinzip der offenen Frage oder das Leben selbst. Dies ist nunmehr für die Philosophie zu erweisen.

I. Philosophie ist der selbst überlieferte Name für eine bestimmte Überlieferung, aus der er sich zu einem gewissen durchschnittlichen Verständnis bringt. Wer Philosophie treibt, weiß immer schon, einseitig, worum es geht. Alle radikalen Anfangsbetrachtungen zum Zweck einer unbezweifelbaren Ausgangsposition, wie sie das neuzeitliche Philosophieren besonders kennzeichnen, alle schematischen Festlegungen grundsätzlicher Art auf Ur- und Zentralprobleme der Philosophie (das Sein, der Wert, das Bewußtsein, der Begriff, das Verhältnis von Seiendem und Bewußtseiendem) *erwachsen* allererst einem Irgendwie-Verstehen dessen, was Philosophie ist und will. Wer Philosophie treibt, bewegt sich innerhalb eines Horizonts rationaler Mitteilung in Wort und Schrift. Er tut, selbst in Verlegenheit über sein Ziel, schon etwas anderes als der Jurist, der Politiker, der Arzt, der Künstler. Er weiß z. B. um eine gewisse charakteristische Distanz zur Erfahrung und Erfahrungswissenschaft, zur technischen Praxis. Die Vorbilder, die ihn bestimmen, mit denen er sich auseinandersetzt, gehören zu einem relativ geschlossenen Genus Mensch. Die Motive, die ihn zu seiner Mühsal treiben, finden im Horizont künstlerischer, staatlicher, kriegerischer, industrieller, kaufmännischer Tätigkeit keine Erfüllung. Verlangt darum nicht eine Bestimmung der Philosophie, ganz abgesehen noch von allem ihrem Inhalt, den schon die bloße Nennung des Namens anklingen läßt, eine verstehend-deutende Zurückführung auf diejenige Ebene des menschlichen Daseins, der sie *natürlicherweise* erwächst? Erweist sich nicht eine solche Auslegung der menschlichen Existenz, welche die spezifischen zur Philosophie hinführenden Bedenken entspringen läßt, als der natürliche, weil von der menschlichen Existenz selbst einmal eingeschlagene Weg, der in rechter Rücksicht auf die Tradition des Namens und der in ihm gefaßten Attitüde den Horizont einer Wesensbestimmung der Philosophie allererst sichtbar macht? Verlangt nicht geradezu das Überliefertsein unserer Sprache, Kultur und ganzen Daseinsverfassung den Einsatz der Bestimmung der Philosophie in eben derjenigen Schicht natürlicher Einstellung, an die sie überliefert ist? Gibt nicht die Traditionalität der Philosophie bereits den Leitfaden zur Wesensbestimmung, indem sie den Gesichtskreis, innerhalb dessen Tradition allein stattfindet, zum Ansatzfeld der Philosophie je schon erwählt hat?

Es gibt, so wird behauptet, einen »natürlichen« Weg des Vollzugs zwischen Namen und Wesen der Philosophie, der am Leitfaden der Überlieferung an das Leben der natürlichen Einstellung ihrem geschichtlichen Selbstvollzug bis zu ihren Quellen aufsteigend folgt. Dieses Aufsteigen zu den wahren Anfängen der Philosophie bedarf eines ständigen Vergegenwärtigens und Verstehens des Lebensrahmens, von dem aus und zu dem hin sie eine geschichtliche Macht bedeutet. Der rechte Gebrauch der von den Griechen gebildeten Begriffe, die für unser Philosophieren in unserem Alltag leitend sind, ist nur möglich, wenn er aus den Konzeptionen des

griechischen Lebens verstanden worden ist. Ein Verständnis dieses Lebens bestimmt sich aber notgedrungen aus dem Verstehen des Lebens und Daseins, das wir immer schon irgendwie verstanden haben, um es führen zu können. In diesem natürlichen Zirkel bewegen sich Verständnis und Auslegung der Vergangenheit zur Erarbeitung der Klarheit über die eigenen Ziele, für die sich das gegenwärtige Dasein entschieden hat. Jede Wesensbestimmung, und somit auch die der Philosophie, muß, so scheint es, in diesem daseinsgemäßen Kreislauf des Verstehens zwischen Gegenwart und Geschichte erfolgen.
Die Bedenken, eine Wesensbestimmung der Philosophie auf diesen Weg zu verweisen, kommen *erstens* aus der Möglichkeit einer Inkongruenz zwischen der Tradition und dem Problem des Wesens. In diesem Problem ist Philosophie auf ihren umfassendsten Gesichtskreis hin angesprochen, der ihr durch ihre »Möglichkeiten« allein vorgezeichnet wird. Was sich im Zeichen dieser Möglichkeiten vollzogen hat und zum Bestand der Tradition geworden ist, entzieht sich dem Gesichtskreis nicht, vermag ihn jedoch sehr wohl zu verdecken. Die Geschichte der Philosophie beweist es. Nicht das ist entscheidend, daß in ihrem Verlauf prinzipielle Möglichkeiten ihr verloren gegangen sind. Sie könnten in dem Kreislauf zwischen der Übernahme der Tradition in die eigene Zielsetzung und der Zurücknahme der Tradition in ihre Quellen wieder zum Vorschein kommen. Auch das entscheidet nicht, daß zu ihrer Tradition die Verleugnung der Tradition gehört. Jede Revolution gibt sich notwendig von dem her zu verstehen, daß sie zu stürzen bestimmt ist. Wohl aber könnte es sein, und dies ist entscheidend, daß man diesem Phänomen der *traditionsbildenden Verleugnung der Tradition* nur durch einen vollkommenen Abstand zu ihr, ihren überlieferten Gegenständen, Problemen, Begriffen und Disziplinen gerecht würde. So daß *die Preisgabe des Bodens, auf* dem, wie man sagt, sich der Streit der Meinungen abspielt, zur Voraussetzung einer Bestimmung der Philosophie in ihrer äußersten Möglichkeit gehörte, weil die Geschichte der Philosophie bezeugt, daß es ihr in diesem Streit um ihr eigenes Wesen *um die Sicherung* dieses Bodens erst zu tun ist.

Zugegeben, daß es sich bei diesem Bedenken um eine keinesfalls zwingende Seite der philosophischen Überlieferung handelt, so verlangt die Möglichkeit der Bodenlosigkeit und Gegenstandslosigkeit des philosophischen Streits nichtsdestoweniger im Ansatz der Wesensbestimmung der Philosophie Berücksichtigung. Vorzeitige Entscheidung zugunsten eines bestimmten Geschichtsbildes von Philosophie müßte sich rächen. Gerade weil die *radikale Skepsis* trotz ihrer Behauptung der Bodenlosigkeit und Sinnlosigkeit aller Philosophie darum, daß sie sich aus ihrer Überlieferung zum Verständnis bringt, als eine, wenn auch sich selbst außer Kraft setzende, Lehrmeinung zur *Überlieferung* gerechnet wird, muß der Aufstieg zu den wahren Anfängen der Philosophie am Leitfaden der Überlieferung problematisch werden, wenn er den Lebensrahmen zur »natürlichen« Basis ihrer Wesensbestimmung nimmt, von dem aus und zu dem hin sie ihre geschichtliche Macht angeblich entfaltet.

In dieser grundsätzlichen Verlegenheit wegen des Bodens der Wesensbestimmung ist bereits das *zweite* Bedenken gegen ihre Verweisung auf den Weg des lebensgemäßen Kreislaufs des Verstehens zwischen Gegenwart und Überlieferung enthalten. Zur *Basis* ist das Dasein der Menschen nur genommen, wenn es als eine bestimmte Region fixiert wird, der Philosophie natürlicherweise, d. h. nach Maßgabe des Daseins entsprungen sein soll. Nun entspricht es dem Dasein, sich in irgendeiner Auslegung zu fixieren. Der Mensch lebt nur, indem er sein Leben *irgendwie* führt. Dasein, Existenz, Leben vollzieht sich in seiner Alltäglichkeit immer vor einem Hintergrund oder Untergrund der Deutung, in der es (sich verständlich) basiert. So legt *sich* das Leben die Basis je nach der Stellung des Lebens zu sich und seiner Welt, ohne mit dieser (theoretisch immer möglichen) Fixierung etwas anderes als eine lebensgemäße Konsequenz zu ziehen. Es bedeutet also die zum Zweck der Wesensbestimmung der aus dem menschlichen Dasein entspringenden Philosophie unumgängliche Fixierung des Daseins zur Region (einer Art des Seins oder des Nicht-Seins oder der Geistigkeit oder der Natur usw.) lediglich eine literarische Art und Weise, nach der das Leben sich eine immer nur relativ zu sich verbindliche Basis legt. Damit ist aber nichts anderes vollzogen, als was die Existenz ja schon vollzieht, um ihr Leben führen zu können: *eine* Auslegung *neben* möglichen anderen. Eine für die Destruktion der Philosophie auf das Dasein dem Sinne nach universell in den umfassendsten Gesichtskreis ihrer Geschichte ausgespannte Interpretation des Daseins enthüllt sich als eine neben anderen mögliche Lebensleistung, wie jede geeignet, den Gesichtskreis (nach Maßgabe eines Volkstums, einer geschichtlich bedingten Zeitlage usw.) zu verengen oder ganz zu verdecken.

Zugegeben, daß auch dieses Bedenken keineswegs zwingend ist, so verlangt doch die von der Interpretation sogar bewußt eingenommene Abhängigkeit vom Leben in ihrer möglichen Abbaubarkeit auf das Leben Berücksichtigung im Ansatz einer Wesensbestimmung der Philosophie. Wenn niemand dieser Interpretation der Philosophie auf die Existenz als Basis verbürgen kann, daß sie darin den für sie zum Umfang ihrer *gesamten* Möglichkeit hinlänglichen Gesichtspunkt eingenommen hat, weil die dabei leitende Konzeption der Existenz *selbst schon* Deutung und Auslegung eines Unfixierten und immer nur wieder in der *Führung* der Existenz zur Fixierung Kommenden ist (hier vorgreifend als Leben, Dasein, Existenz, Mensch zugestanden), dann wird die Wahl eines derart »natürlichen« Weges zur Wesensbestimmung problematisch. Gäbe es wirklich die Möglichkeit einer solchen Interpretation des Menschen, dann wäre ihm sozusagen buchmäßig die Not seines Lebens abzunehmen, aus der heraus er sein Leben zu gestalten hat. Auch das hat es gegeben. Die Bibel, der Koran haben diese Funktion gehabt. Auch das kann es wieder geben. Gerade daran zeigt sich aber, in der Bedingtheit des Aspekts, die Bodenlosigkeit der sog. Existenz.

II. Besonders gefährlich und für jede wahrhaft radikal gemeinte Wesensbestimmung der Philosophie abträglich wird ihre aus der Gewohnheit gerechtfertigte Fixierung des Daseins zu einer besonderen *Seins*region, wenn sie sich mit ontologischen und gnoseologischen Tendenzen aus der philosophischen Tradition verbindet. Sie hat die Unterstellung der Philosophie unter die Gesichtspunkte dieser Tendenzen zur Folge. Die Philosophie verengt sich auf

Schulbegriffe bestimmter Disziplinen und bestimmter klassischer Autoren. In dem Sich-als-Sein-Verstehen des »Lebens« kommt dann mit der großen Ontologietradition der Antike eine spezifisch neuzeitliche Bewegung zum Durchbruch, die ihre prägnante Form bei Descartes gefunden hat. Wenn es dem Cartesianismus immer wieder gelang, Einfluß in der Philosophie zu gewinnen und seinem Begründer die Stellung des Inaugurators neuzeitlichen Philosophierens zu sichern, so liegt es darin, daß in seiner Lehre der alte Gedanke der Stufung des Seins nach Graden der Realität bzw. der Evidenz in den spezifisch atheologischen Gedanken vom seins- und erkenntnismäßigen Vorrang des Subjekts hinübergerettet worden ist. Die Stufung des Seins wird zwar so ihrer hieratischen Bindung entkleidet, läßt aber in neuer profaner Form das Denken gewähren, das eine bestimmte Region als Fundament braucht. Entgegen den Absichten Descartes' ist die These vom ontologisch-gnoseologischen Vorrang des Subjekts zum Ausgangspunkt einer Emanzipation dieser vorzüglichen Seinsregion geworden, die eine Wendung in der Art des Philosophierens hervorgerufen hat, an deren Folgen wir heute noch leiden.

Das erste Argument für den seins- und erkenntnismäßigen Vorrang des Subjekts wird gewöhnlich in Anlehnung an die cartesianische Zweifelsbetrachtung gewonnen, wonach der Zweifel gegen alles, nur nicht gegen sich in den Bedingungen seiner Möglichkeit gerichtet werden kann. Da aber zu diesen Bedingungen eines Zweifels ein Zweifelnder gehöre und jeder Zweifel einem Zweifeln entspringe, sei dieser Zweifler in seinem Tun und Sein über jeden Zweifel erhaben. Mit der Konzeption eines den Zweifel als Fraglichkeit entspringen lassenden Seins des Zweifelns wird eine Basalsphäre fraglosen Seins jeder Problematik als Bedingung ihrer Möglichkeit vorgegeben.

Das zweite Argument für die seins- und erkenntnismäßige Vorzugsstellung des Subjekts bildet der sog. Satz des Bewußtseins oder der Immanenz. Alles Wissen von etwas spielt sich innerhalb einer im Etwas sich gegen ein letztlich nicht Wißbares abgrenzenden Sphäre ab. Nur in diesem durch sein Hinausgreifen aus der eigenen Mitte entfalteten Horizont wird Welt faßbar. Einzig ver-

möge dieses Bei-sich-selbst-Seins des Subjekts sind Objekt und Objektivität wissend zu erreichen.
Ein drittes Argument schließlich macht im Hinweis auf die eigentümliche Eingriffsfähigkeit des Willens die zentrale Ursprünglichkeit des Subjekts geltend, das in seinem Sein zugleich ein Sinn des Vermögens und Könnens, eine wirkliche Möglichkeit offenbart und in dieser Aufgebrochenheit zur Tat an seinem Dasein das Prinzip seiner Beherrschung bewährt. Ob Freiheit bezeugend oder nicht bezeugend, kann mindestens der Schein einer Freiheit im Sinne der Anfänglichkeit nicht bestritten werden, die dem Subjekt bedeutet, daß es das, was es ist, selbst ist. Selbst etwas sein bezeichnet dann im Gegensatz zum Sein des bloß Seienden nach Art physikalischer Dinge oder mathematischer Gebilde einen Vorzug, weil selbst sein und sein können, d. h. seine eigene Möglichkeit sein »mehr« ist als nur sein; und weil nach einem alten ontologischen Prinzip die Möglichkeit höher steht als die Wirklichkeit, das Kann höher (bzw. »tiefer«) »ist« als das Ist, das Ist auf dem Kann basiert.
Nun bringt sich die derart argumentierende Behauptung einer seins- und erkenntnismäßigen Vorzugsstellung des Subjekts in einem Rahmen zur Geltung, der alles andere als selbstverständlich ist. Offenbar handelt es sich für die Behauptung um die besondere Sicherung einer Realität gegen Angriffe der Skepsis in Verfolgung gewisser Erkenntnisziele, also um eine Situation, die mit der besonderen Zuspitzung des Subjektsbegriffs gegeben ist. Läßt sich eine Zwangsläufigkeit in dem Spiel von Angriff und Verteidigung innerhalb des Rahmens nicht verkennen, so bleibt die Notwendigkeit des Rahmens selbst darum doch zweifelhaft. Da die Geschichte und die vergleichende ethnologische Soziologie positiv zeigen, daß es Lebenszustände gegeben hat und noch gibt, denen ein derartiger Rahmen fremd ist, daß die Konzeption eines von Umwelt und Mitwelt abgedrängten und auf sich zurückgeworfenen Subjekts und korrelativ dazu einer auf Sicherung der Realität ihrer Gegenstände bedachten Erkenntnis in einem oder in mehreren Geschichtsverläufen errungen worden ist, so liegt es nahe, den Versuch zu machen, *den ganzen Rahmen* selbst auf das hin abzu-

bauen, aus dem er geschichtlich entstanden ist. Dieses Medium der rahmenschaffenden Konzeptionen ist das Leben oder Dasein, wie es die Menschen führen, einerlei, ob sie Wissenschaft und Erkenntnis wollen oder nicht. Wie der Philosoph, der die Realität der Außenwelt bestreitet oder zu beweisen sucht, vom gesunden Menschenverstand an sein Tun und Treiben vor, während und nach der Arbeit erinnert wird, mit dem er angeblich die Voraussetzungen seiner Arbeit am Leitfaden eines natürlichen Weltbegriffs immer schon widerlegt hat, so wird hier die ganze Philosophie an jene Einstellungen erinnert, die ihr angeblich selbst zugrunde liegen, ohne durch Philosophie je in Frage gestellt werden zu können.
Auch im Sinne des Verständnisses entlegener Zeiten und Kulturen, die der eigenen Daseinsverfassung fremd sind, ergibt sich daher eine noch »vorphilosophische bzw. vorwissenschaftliche« Aufgabe, die Einstellungen und Motivationen aufzuspüren, welche die eigene und fremde Rahmengebung tragen und sie relativ auf ihr Dasein notwendig machen. Der positivistische Gedanke einer natürlichen Weltanschauung verliert sein szientifisch-europäisches Gesicht und verwandelt sich in den philosophisch scheinbar unverbindlichen Gedanken der natürlichen bzw. relativ natürlichen Einstellung, einer alles menschliche Dasein und In-der-Welt-Sein kennzeichnenden Grundverfassung, welche die Bedingungen der Möglichkeit zu jeder menschlichen Gestaltung bereithält.
Trotz ihrer Entschränkung von den engen Blickbahnen einer extrem ichhaften Subjektivität behält diese Grundverfassung der Existenz den Gesichtskreis der spezifisch subjektiven Daseinsstellung zur Welt bei. Was nach seiner Verfassung als Dasein, Leben, Existenz die Konzentrierung zur Ichhaftigkeit in unserem Sinne wenigstens erlaubt, übernimmt damit unvermeidlich diejenigen Charaktere, welche dem Subjekt in der neueren Philosophie zu seinem Primat verholfen haben. An Stelle des relativistischen, des formalistischen und selbst des panspiritualistischen Idealismus tritt eine Philosophie des Lebens in den Perspektiven der Innerlichkeit. Ich, Du, Wir und Man werden zu gleichmöglichen Modis dieses angeblich ursprünglich-natürlichen Ausgangsmediums jeder nur möglichen Philosophie.

Galt nach der Lehre vom Primat des Subjekts die Situation der Selbstisoliertheit gegen das Sein durch Einbettung des erkennbaren Seins in das Bewußtsein des Erkennens als die Basis, von der aus die Philosophie operiert, so hat sich zwar diese Isolierung gemildert im Hinblick auf das einzelne Individuum, aber die Einbettung der Philosophie in ein sie von den Dingen abhebendes spezifisches Medium ist geblieben. Der Mensch behält die Vorzugsstellung, seins- und erkenntnismäßig, nur hat sich der Sinn des Seins- und Erkenntnismäßigen ins scheinbar Unverbindliche gewandelt, da ihm das wissenschaftliche Gepräge verloren gegangen ist. Weder bedeutet der seinsmäßige Vorrang wie in der idealistischen Argumentation unbezweifelbare Realität – der die bezweifelbare der Außenwelt gegenübersteht – noch der erkenntnismäßige Vorrang Vorbedingung des Erkennens, die auch das zweifelnde Erkennen trägt. Mit der Aufgabe des gnoseologischen Rahmens und seinem Abbau in »das Leben«, aus dem es und die in ihm zwangsläufig sich entfaltende Problematik verstanden werden sollen, hat sich vor die Frage nach der Möglichkeit des Erkennens die Frage nach der Möglichkeit des *Verstehens* geschoben. Dementsprechend bedeutet die Sicherung des Menschen in seiner Existenz als Ausgangsbasis der Philosophie nicht eine Rückversicherung im Interesse ihrer Realität, sondern ihrer Selbstverständlichkeit. Da jedes geschichtliche und soziologische Verständnis sich am Leitfaden des Verständnisses des Daseins, das wir führen, vollzieht, wird eine Prinzipienlehre dieser Selbstverständlichkeit notwendig, die wiederum auf eine Fundamentalanalyse des Daseins als natürlicher Basis aller Interpretation zurückweist. Unter Berufung auf Dilthey hat in unserer Zeit Heidegger eine solche Existentialanalyse des menschlichen Daseins als Grundlegung der Gesamtphilosophie in Angriff genommen. Aber die von ihm wie selbstverständlich behandelte Einstellung dieser Analyse auf eine Ontologie als der Lehre vom Sinn des Seins nimmt das Sich-als-Sein-Verstehen der Existenz zur Voraussetzung. Gerade von Dilthey aus hat ihr Misch widersprochen.

Jedenfalls – und nur dieses Moment verdient an dieser Stelle Aufmerksamkeit – bedeutet die Behauptung eines selbstverständlichen

(»natürlichen«) Weges des Vollzuges zwischen Namen und Wesen der Philosophie, der ihrem geschichtlichen Selbstvollzug am Leitfaden der Überlieferung an das Leben der »natürlichen« Einstellung – das sich immer schon selbst irgendwie verstanden habende Dasein – bis zu ihren Quellen aufsteigend folgt, die Proklamierung des *Primats der Anthropologie über die Philosophie*.

III. Wie immer es um die Phänomene der natürlichen Einstellung zur Welt bestellt sein mag, und somit auch der Philosoph sich vorfinden, wie vordringlich auch jene unser Sinnen und Trachten, und so auch unser Philosophieren, durchdringende Selbstverständlichkeit der Existenz sei, die in jedem Atemzug, in jeder Handbewegung, in jedem Umgang mit »Dingen« und Menschen »immer schon« sich bezeugt hat, bevor sie zur ausdrücklich-abständigen Freilegung in einer Frage nach dem Dasein kommt, so besteht doch nicht im geringsten ein Zwang, diesen »nächstgelegenen« Phänomenen sein Augenmerk zur Grundlegung der Philosophie zuzuwenden. Nur wenn schon über Philosophie und den Zusammenhang zwischen ihrem Wesen und ihrer Geschichte derart *entschieden* worden ist, daß für sie – etwa als forschende Untersuchung, als Wissenschaft vom »Sinn« der Welt – zunächstliegende und greifbare Phänomene den Ausgangspunkt zu bilden haben, Phänomene, in denen die Sinnhaftigkeit womöglich zu einem »natürlichen« Aufschluß über sich immer schon gebracht ist, nur dann wäre ihre anthropologische Basierung ein aus dem Wesen der Philosophie gerechtfertigtes Verfahren.

Aber das Wesen der Philosophie ist gerade in die Frage genommen. Die zugestandene Bekanntheit ihres Namens, aus einer großen Tradition sich zum Verständnis bringend, kann um der Reinheit, Gründlichkeit und Entschiedenheit der Bestimmung willen gerade nicht zum Leitfaden dienen. In der rechten Rücksicht auf die Tradition des Namens in seiner »immer schon irgendwie verstandenen« Bedeutung stabilisiert die Richtung auf das Wesen das *Grundproblem* einer prinzipiell durchzuführenden Untersuchung, nicht aber ihren Ansatzpunkt.

Nicht um eine Verweigerung der Anerkennung von Phänomenen handelt es sich hier, als ob schon ausgemacht wäre, daß der Appell an phänomenale Qualitäten für eine grundsätzliche Erwägung überhaupt und in irgendeinem Sinne belanglos ist. Die Stabilisierung des Problems des Zusammenhangs zwischen Namen und Wesen bedeutet also kein Bedenken gegen die Aufweisbarkeit natürlicher Verbindungen zwischen ihnen im Horizont der Selbstverständlichkeit menschlichen Daseins. Im Gegenteil geht die Einsetzung des Problems an dieser Stelle ausdrücklich von dem seltsamen und zugleich selbstverständlichen Überliefertsein des Namens aus, wenn sie den Gebrauch des Überliefertseins *als eines Leitfadens* zur Bestimmung des Wesens für problematisch erklärt. Einzig darum handelt es sich, ob ein Verfahren zur Ermittlung des Wesens der Philosophie sich auf Phänomene – und mögen sie noch so sehr im nächsten Gesichtskreis menschlich existentieller Selbstverständlichkeit liegen – einlassen darf. Solange nicht ausgemacht ist, *ob denn die Macht des Menschen zur Philosophie* die in dem harmlos und unverbindlich erscheinenden Worte Philosophieren als einem der Philosophie Ursprung gebenden Sein und Tun behauptet wird, *nicht selbst schon Ausdruck einer Philosophie, der Lebensphilosophie ist,* muß die Frage offen bleiben.

Auf ihr Wesen hin angesprochen ist Philosophie im Horizont ihrer Geschichte in die Frage genommen. Nach Maßgabe dieser Universalität ist es ihr verwehrt, im Ansatz sich auf etwas festzulegen, das selbst ein Streitobjekt der Philosophie bildet. Sie darf sich keinen Resultaten, Disziplinen, Problemen verschreiben, weil darin eine Verengung der geschichtlichen Perspektive vollzogen wird. Dem radikalen Nihilismus hat sie das gleiche Recht für die Tradition zuzubilligen wie dem akademischen Apriorismus oder Positivismus. Die Achtung vor der Tradition – nicht eine leere Attitüde, sondern das in der Wesensfrage vollzogene Zurücktreten vor der Geschichte – bezeugt sich in dem *Wagnis der Bodenlosigkeit* für die Bestimmung. Die Wiederholung eines in Vergessenheit Geratenen zuliebe der Geschichte ist ihrer Größe nicht gewachsen. Nur in der bewußten Übernahme aller ihrer, selbst der äußersten Möglichkeiten gibt die Frage ihr Raum.

Wenn der Geisteswissenschaftler die Ursprünge (nicht die bloßen Anlässe zur Aufdeckung) der Philosophie in ihrer Geschichte, also aus dem vergangenen Leben ihrer Urheber gewinnen will, wenn er die ersten Konzeptionen von Problemen, die für das Fragen und Wissen der Folgezeit bis in unsere Problematik hinein maßgebend geworden sind, als die selbst wieder genetisch zu begreifenden Quellen des Apriori anerkennt, dann weiß er um den philosophischen Charakter dieses Anerkennens, dann weiß er sich schon *in einer* Möglichkeit von Philosophie, in der Philosophie unter dem Primat des Lebens. Diese Situation des hermeneutischen Zirkels ist kein Einwand gegen die Situation. Was man an ihr in logischer Formalisierung auf den circulus vitiosus bringen kann, entspricht gerade ihrer Forderung nach Getragenheit durch ein Prinzip, dessen Genealogie nach diesem Prinzip nur empirisch aufzuklären ist. Und zwar einer Forderung, welche die typische Wendung ausmacht, in der allein philosophiert werden, Philosophie erzeugt werden kann, um das Ganze der Welt in dem Gesamtumfang seiner Relationen zur *Lebendigkeit* des nach ihm Fragenden in Sicht und Griff zu bekommen: nämlich das schon zu sein und in dem schon zu stehen, wohin man durch die Antwort erst kommen will. (Nur weil man schon Vernunft hat und gebraucht, sucht man rückgewandt ihr Wesen aufzuklären. Nur weil man schon Gottes Kreatur und Ebenbild ist, gibt es das Problem seines Wesens, unseres Verhältnisses zu ihm, das in der Rückwendung gefaßt und überwunden werden soll. Nur weil man schon ist, in der Welt ist, Mensch ist, lebt, gibt es die Möglichkeit, nach den Möglichkeiten des Lebens, Mensch-Seins, In-der-Welt-Seins, Seins zu suchen.) Aber diese Situation der Vorgelagertheit als durch eine spezifische Wendung der Vorgabe, welche die geschichtlich konkreten Menschen Parmenides, Plato, Aristoteles usw. gemacht haben oder welche das Dasein in ihnen (das Leben in bereits ontischer Interpretation!) gemacht hat, *entstanden* zu denken und danach in der Aufklärung des Philosophierens, in der »Kritik« der Philosophie zu fragen, ist eben selbst schon Philosophie und bezeugt ein Darinnensein in ihr als *einer* ihrer Möglichkeiten. Bricht man an diesem Punkte den Rückbezug der Vorgelagertheit des Problemhorizonts auf eine (wie immer zu interpretierende, zu charakterisierende) Vorgabeoperation ab und sagt:

dies ist die wahre, zu sich selbst durchgebrochene, die einzige, endgültige, natürliche Philosophie, dies ist sogar der Rückgang hinter sie, in ihren Quellgrund, also hier z. B. in den Menschen, und sieht dabei nicht, daß diese Aussage selbst schon getragen ist von einem Prinzip, das nichts über und hinter sich hat, das selbst schon Vorgabeoperation und also Prinzip einer *Philosophie* ist, – dann gibt man das lebensphilosophische Prinzip der offenen Frage, der Unergründlichkeit und der offenen Immanenz auf, wird inkonsequent, verabsolutiert das Leben oder den endlichen Menschen, verabsolutiert unter Umständen die Empirie und erklärt damit, sei es in der Heideggerschen oder in einer anderen Fassung, den Primat der Anthropologie, des Menschen, wenn vielleicht auch nur in der unverbindlich erscheinenden Form eines notwendigen Ausgehens vom Menschen aus. Alle die berühmten Streitigkeiten um die »natürliche Rangordnung«, in der allein die Fragen aufzurollen sind, um die »wahre Fundierung« der Probleme oder wenigstens um die einzig sinn- und sachgemäßen Zugänge zu den Sachen, um die Methode der Philosophie sind dann die unweigerliche Folge davon. Wenn das endlich einmal ad acta gelegt werden soll, was einer vergangenen und überwundenen Einsichtslage angehört, einer *naturrechtlichen* Bewußtseinshaltung, die – durch die Entdeckung der geschichtlichen Welt aufgelöst – heute mit Hilfe einer sich für Philosophie nehmenden Phänomenologie zu reiner Scheinlebendigkeit galvanisiert worden ist; wenn endlich die durch Kant und die ihm folgende Deutsche Bewegung errungene Wissenshaltung, frei gemacht von dem einengenden Gerüst aus dem 18. Jahrhundert: Vermögensschematik, Bewußtseinsontologie und theologischem Weltaspekt, als der Durchbruch in eine um ihre Selbstmächtigkeit wissende Haltung *des auf die Bodenlosigkeit des Wirklichen gewagten Wissens* begriffen ist, – dann ist kein Raum mehr für Streitigkeiten um ein legitimes, natürliches Vorgehen nach Maßgabe einer seienden Rangordnung der Probleme. Denn die natürliche Legitimität ist tot, auch in der Philosophie.
Und der natürliche Aspekt der Lebensphilosophie? Ihr der offenen Immanenz, der natürlichen Daseinslage des Menschen »entsprechendes« Prinzip? Ihr Denken in der Richtung des Lebens

selber? Warum gibt sie sich diese Prädikate, wenn sie nicht von ihrer Vorzugstellung und Wahrheit, der Lebenswahrheit, überzeugt ist? Muß nicht auch sie, wie jede Philosophie bisher, sich absolut setzen, gerade weil sie die Proklamierung der absoluten Relativität und des ewigen Wechsels will?
Gerade das ist das Neue der von Dilthey ausgehenden Richtung, daß sie nicht in's Unbedingte weist und keine unbedingte Verankerung zu haben behauptet. Sie nimmt die Sehweise des mit dem Geschehen mitgehenden Historikers, des Erzählers, des Verstehenden, des in Schulterhöhe mit dem sich aussprechenden Leben der Leute, der Großen und Kleinen, der Edlen und der Geringen in Kontakt stehenden Menschen zu ihrem Prinzip, um sich eben in dieser Ebene, in der sich für uns alles ereignet, der Ebene von Überraschung und Erinnerung, zu halten. Was dieses alles von oben aus göttlicher, von unten aus kosmischer Perspektive gesehen besagt, läßt sie ebenso offen, wie ihre eigene Perspektive offen sich ins Unergründliche verliert, in der allein Furcht und Hoffnung, Wunsch und Wille sich entfalten. Die Unüberholbarkeit dieser Lage im Alltäglichen, aber ebenso ihre Uneinholbarkeit durch das auf endlose Aufgaben entworfene Wissen der wesentlich unfertigen Wissenschaft findet ihre adäquate Wissensbewältigung in den Wissensformen, die aus ihr selber aufsteigen, um ihrer situationsmäßigen Geschlossenheit zu dienen, sie zum Ausdruck zu bringen. So hat das Leben immer schon seinen einheimischen Ausdruck und läßt, wenn man in dieser Richtung den Hervorgang des »zunächst« lebensgebundenen Denkens und Sagens verfolgen will, die dem Menschen in seiner Lebensführung natürliche Weise sehen, nach der er im tätigen und betrachtenden Verhalten sich ausdrückt, evoziert und zur Aussage übergeht. Hier liegt die Aufgabe der von Dilthey in Umrissen konzipierten Kategorienlehre des Lebens, deren Ausbau in einer die Sphäre des Evozierens (also des nicht urteilsmäßigen Aussagens) zur Basis nehmenden Logik von Misch gefordert und in Angriff genommen ist.
Eine solche Logik ist die dem Menschen und seiner natürlichen Daseinslage entsprechende Aufklärung alles dessen, wozu er mächtig ist, indem er ihm zum Ausdruck verhilft und es sich im

Ausdruck zu bedeuten gibt. Eine solche Logik und Kategorienlehre ist also die dem Menschen gemäße, in der Richtung des Lebens gelegene, seiner Entfaltung zum menschlich Bedeutsamen folgende Existentialanalyse oder Anthropologie. Und wenn vielleicht nicht die ganze, so doch ihr Blickpunkt und ihr legitimer, ihr von Natur des Lebens erster Beginn. Weil aber in dieser Richtung die Leistungen entspringen, zu denen seit den großen Kulturvölkern des Ostens und den Griechen auch Philosophie gehört, fällt der hermeneutischen Logik die Funktion zu, die Wurzeln der Philosophie auszugraben und in ständigem Kontakt mit den geschichtlichen Ereignissen ihrer Entwicklung die spezifischen Wendungen ans Licht zu heben, die, Bestand der Tradition geworden, wie eine Stützsubstanz zeitlos und geistig unser Leben verdichtend durchdringen. Von Natur des Lebens πρώτη φιλοσοφία ist diese Logik des Bedeutens und Verstehens aber nur darum, weil sie der von der menschlichen Daseinslage selbst (ihr also immanent) gewiesenen Richtung folgt. Diese Lage besteht jedoch *keineswegs* absolut unbeweglich quer durch die Geschichte hin oder unter ihr, sondern *ihre Veränderungen* sind es gerade, welche Geschichte machen und aus der Geschichte erfahren werden. So muß die Logik ihr Aufklärungswerk immer *relativ* auf die jeweils den Ausdruckssystemen gemäße Lage des Menschen einer Zeit und Kultur in Angriff nehmen. Sie sucht zu diesen Systemen der Bedeutung den *jeweils* äußersten schöpferischen Gesichtspunkt, aus dem die Menschen zu diesen Systemen gekommen sind. In dem Entwurf solcher zu der Mannigfaltigkeit der Bedeutungssysteme, welche in der Geschichte auftreten, kovarianter Maßsysteme besteht die hermeneutische Kunst der neuen Logik.

IV. Nach dem Prinzip der Lebensphilosophie hätte die hermeneutische Logik und Kategorienlehre als die unter diesem Prinzip einzig mögliche Anthropologie den Primat; über die Philosophie, insofern die Genesis der Philosophie und des Philosophierens aus dem Leben als der noch vorphilosophischen und vorwissenschaftlichen Durchschnittlichkeit und Alltäglichkeit durch sie begriffen wird; in der Philosophie, insofern diese Genesis selbst wieder ihren Problemkreis durch das Prinzip der verbindlichen Unergründlichkeit vorgezeichnet bekommt. Der Primat der Anthropologie bzw. der menschlichen Perspektive des zum Können-ermächtigt-Seins, unter dem wir Menschen unser Philosophieren in seinem Ursprung greifen können, gilt also nur wieder auf Grund des Primats der Lebensphilosophie und nach Maßgabe ihres Prinzips, so daß wir, um zur Philosophie zu kommen, schon in ihr stehen müssen, und sie selber immer es ist, die ihren Ursprung zu erkennen gibt.

Von dieser Einsicht aus müssen die hermeneutischen Kategorien, z. B. die natürliche Lebenslage, das Denken in der Richtung des Lebens, der natürliche Primat der Logik und der daseinsrelativen Rangordnung der philosophischen Probleme, Ausdruck, Evokation, das dem Leben Einheimische – bei voller Beachtung ihres der geschichtlichen Erfahrung immanenten Bedeutungsgehalts, aber auch ihrer transzendentalen Funktion, geschichtliche Erfahrung aus ihr selber heraus »möglich« zu machen – *als Konzeptionen einer besonderen Art Philosophie, der Lebensphilosophie*, die im Bunde mit dem geschichtlich denkenden *und handelnden* Menschen arbeitet, durchschaut werden. Dieses Bündnis mit der Empirie des Lebens ist ja nur in ihrer Blickstellung, welche unser Leben seit gut hundert Jahren beherrscht, eine Garantie ihrer Notwendigkeit, ein Kriterium ihrer Richtigkeit. Für die Blickstellung macht bereits sie das Leben selber zum Zeugen, das Leben, welches nur in dem von ihr selbst angestrengten Prozeß als Zeuge vernommen werden kann.

Leben, Mensch, Geschichte enthüllen damit ihren philosophischen Sinn. Das Vorwissenschaftliche und Vorphilosophische erweist sich als prinzipiell bedingt und in der freien Selbstnahme des Prinzips der Verbindlichkeit des Unergründlichen zu seinen eigenen, immanenten, einheimischen Perspektiven, zu seiner Schöpferwelt entlassen. *Was aber heißt das anderes* als die Erklärung des Primats der Philosophie über die Anthropologie und die geschichtliche Weltansicht, wenn das schon, was wir als das Natürlichste und Selbstverständlichste empfinden, nicht bloß eine Deutung, sondern in seiner Deutbarkeit sogar durch das Prinzip geschaffen ist. Die Verhältnisse kehren sich also um. Philosophie hat jetzt einmal den Primat in der Anthropologie, d. h. als einer Lebensphilosophie, insofern es ihre *Prinzipien* sind, welche der genetischen Betrachtung am Leitfaden der Erfahrung zugrunde liegen und den ganzen Apparat der Hermeneutik mitsamt seiner spezifischen Lebensnähe bedingen; und sie hat zweitens den Primat *über* die Anthropologie, wenn sie für deren gesamte Themen des Lebens und Menschen als schon philosophischen Thesen und Vorgriffen das Prinzip der offenen Immanenz und der Unergründlichkeit geltend macht.

Scheinbar ist damit eine Situation entstanden, welche die Lebensphilosophie nicht mehr in ihrem Gesichtskreis meistern kann. In Wirklichkeit ist sie gerade aus dieser Situation der *Nichtentscheidbarkeit des Vorrangs von Philosophie und Anthropologie* heraus gedacht. Denn in dieser Nichtentscheidbarkeit begegnet das Gleiche, was wir oben die offene Frage nannten, als die der Mensch den Menschen in Leben und Denken zu nehmen habe. Indem er sich als offene Frage nimmt und in die Unbestimmtheitsrelation zu sich eintritt, konzipiert er sich als Macht des Könnens und sichtet so den Horizont seiner im Anblick des Kommenden erst Geschichte werdenden Vergangenheit.

Die Unentscheidbarkeit des Vorrangs zwischen Philosophie und Anthropologie gibt beide auf das Leben oder den Menschen in seiner unergründlichen Macht frei und spannt sie damit in den gleichen Umkreis ein, den die *Politik* als selbstmächtige Gestaltung und Behauptung menschlicher Macht einnimmt. Keine von den Dreien hat also den Primat und doch tragen sich alle wechselseitig, so daß es keine Wahrheit gibt, die nicht apriori politisch *relevant* wäre, aber auch keine Politik ohne eine Wahrheit, wenn es ihre Bedeutung ausmacht, daß in ihr der Mensch sich zu sich und über sich entscheidet. Indem wir die Welt auf den Menschen als ihr Zurechnungssubjekt relativieren, mit dem Verzicht auf Absolutsetzung sie ihrem objektiv-ontischen Sinn überlassen und sie dadurch ganz von allen dem Erkennen heterogenen Wert- und Zweckaspekten befreien, wissen wir um die *Gebundenheit* dieses auf die Bodenlosigkeit des Seienden gewagten Wissens *an eine bestimmte Haltung* in und zum Leben. Eine Haltung, die an einer

bestimmten Tradition des vom Griechentum und Christentum, von Humanismus und Reformation Geschaffenen orientiert ist und die Werte der Selbständigkeit, der erkämpften Einsicht, der Entwicklung zu immer höherer Souveränität über das Dasein, der Bereitschaft, immer auch wieder von vorn anzufangen, in freier Übernahme für verbindlich erklärt. Eine Haltung, welche um die Gefährlichkeit dieser vie expérimentale um die Zerbrechlichkeit ihrer sozialen, ethnischen, ökonomischen Basis weiß, die sich nicht von selbst in die Zukunft erstrecken wird, wenn ihr nicht die einzelnen Menschen durch Erziehung und ständige schöpferische Arbeit an den für wichtig genommenen Problemen vorausgehen. Eine Haltung von politischer Entschlossenheit, welche die Abhängigkeit ihrer selbst von der Sprache und ihrer Weltgeltung, von einem bestimmten Wohlstand der sie weitertragenden Schichten, von der ganzen Lage ihres Volkes, das zu dieser Tradition als *seiner* Vergangenheit bluthafte Affinität besitzt, ständig im Auge behält und darum entschlossen ist, das Dasein ihrer Nation im geistig-werktätigen, im wirtschaftlichen, im boden- und siedlungspolitischen Vorgriff mit allen geeigneten Mitteln zu verteidigen. In diesem je schon gesichteten Horizont eines politischen Projekts kommt allein die von den Griechen entdeckte, vom nachmittelalterlichen Europa wiederentdeckte und heute zu planetarischer Universalität gebrachte (und um so mehr gefährdete) Macht zur Offenheit objektiven Könnens zu lebendiger Wirksamkeit, in der Antlitz und Wesen der Menschheit real verändert und der verschwiegenen Natur ihre letzten Kräfte entrungen werden.
So ist Politik nicht eine letzte, peripherste Anwendung philosophischer und anthropologischer Erkenntnisse; denn die Erkenntnisse aus zweckfreier Objektivität sind nie zu Ende, nie definitiv, nie unüberholbar und nie einholbar vom Leben. Das Erkennen als dieser Prozeß ist nie so weit wie das Leben und immer weiter als das Leben. Politik aber ist die Kunst des rechten Augenblicks, der günstigen Gelegenheit. Auf den Moment kommt es an. In dieser Besorgtheit um die Bezwingung der konkreten Situation bekundet sich allgemein schon der Primat des selbstmächtigen Lebens und der offenen Frage, bekundet sich die Übernahme der

Bodenlosigkeit in das Prinzip der Lebensführung, die ebenso elementar die Problematik der Philosophie und die Problematik des zur Philosophie mächtigen Menschen erzeugt als sie entdeckt. Daher ist Anthropologie nur als politisch relevante, auch Philosophie daher nur als politisch relevante möglich, gerade dann, wenn ihre Erkenntnis von jeder Rücksicht auf Zwecke und Werte radikal befreit worden ist, deren Verfolgung die bis in's letzte konsequente Objektivität abbiegen könnte.[21]
So ist Politik ein Organon der Philosophie, wie sie ein Organon der Anthropologie ist. Ein Satz, der sofort in die Hände von Spielern und Falschmünzern geraten kann, wenn man ihn nach Art der von der geschichtlichen Weltansicht gerade überwundenen Legitimität als einen Primat der politischen Absicht und Rücksicht in der *Problemstellung* der Philosophie und Anthropologie auffaßt. Ein Satz, der seinen ursprünglichen Sinn nur unter der Bedingung behält, daß man von der Politik den sie degradierenden Gedanken eines bloßen Betätigungsfeldes und technischen Berufes abhält, wie man ihn von Wissenschaft, Kunst, Religion abhält, auch wenn man weiß, daß ihre Ausübung nicht ohne Delegation an Menschen, die dazu geschickt und geweiht sind, möglich ist. Und nur weil Politik als der *geschichtsaufschließende* Horizont eines Lebens, das sich zur ganzen Welt ermächtigt weiß, jener offenen Haltung zur offenen Frage entspringt, der auch Philosophie und Anthropologie als theoretische Mächte entspringen – Mächte, welche die moderne Wissenskultur tragen –, tritt sie in den unentscheidbaren Kampf um den Primat, den Philosophie und Anthropologie untereinander führen, mit ein.
Hier erst begreift man, warum es ebenso wie einen rational nicht entscheidbaren Kampf der Völker um ihre Daseinsprinzipien einen rational nicht entscheidbaren Kampf der Philosophien und An-

---

21 Politisch relevant heißt hier sowohl für Politik bedeutsam als auch durch Politik bestimmbar. Das Wissen, das spezifisch aufs Ganze geht – Philosophie und Anthropologie – ist nicht wie irgend ein Fachwissen auf bestimmten »Gebieten« gegen irrationale Lebensentscheidungen neutralisierbar. Welt und Mensch sind keine Gebiete, sondern Größen, die zu ihrem »Sein« einen immer noch zu vollziehenden Einsatz des Lebens brauchen.

thropologien geben muß. Warum zugleich eine neutrale Position gegenüber diesem Kampf nicht möglich ist, sondern jede Position selber schon im Kampffelde liegt, so daß es keine indifferente Wesensbetrachtung des Menschen gibt, die sich nicht schon im Ansatz ihrer Frage für eine bestimmte Auffassung entschieden hätte; es keine vorphilosophische Logik, Ethik, Systematologie und Kritik der Philosophie gibt, die nicht selbst schon wieder die Konsequenz einer besonderen Art von Philosophie, und sei es der Philosophie des Lebens, darstellte; es keine eigentliche Form des Menschseins und keine Wesentlichkeit des Lebens gibt, die nicht schon partikular und parteiisch die bestimmten und ausschließenden Züge mindestens eines besonderen Volkstums trüge.

Nur das kann der Mensch mit dem europäischen Prinzip der offenen Immanenz und des sich aus dem Leben her auf das Leben hin Verstehens: trotz und in der Partikularität die universal verbindliche Position des nur in ihr wahrhaft und eigentlich Mensch-Seins behaupten, trotz der monadischen Vereinzelung und Geschlossenheit der volkhaften, der philosophischen, der politischen Positionen gegeneinander das sie alle verbindende kontinuierliche Medium *schaffend* zur Geltung zu bringen, das – in der griechischen Entdeckung der mathematischen Allgemeingültigkeit als Möglichkeit in Sicht gekommen – ihnen mit der Entgottung der Welt in Wirklichkeit verloren zu gehen droht.

11. Ohnmacht und Berechenbarkeit des Menschen

Den Menschen als offene Frage behandeln heißt die Entscheidung über den Primat von Philosophie, Anthropologie, Politik offen lassen. Für die Lebensphilosophie ist sie damit dem menschlichen Leben in seiner Geschichte anheimgestellt: was der Mensch ist, kann er nur durch die Geschichte erfahren. Für die Lebensphilosophie ist in dieser Perspektive aber zugleich mehr als nur diese Perspektive eingenommen, weil sie um ihre Relativität weiß. Das Offene, dem sie die Entscheidung überläßt als eine jeweils ge-

schichtlich, d. h. unvorhersehbar getroffene, per hiatum irrationalem des Geschicks vermochte und zugleich überraschende Entscheidung, spricht die Lebensphilosophie als das »Leben«, die »Menschen« an. Aber sie weiß – sollte es immer wissen –, daß dieses als Leben und Menschen Ansprechen *nicht nur* »schon Interpretation, Auslegung, Deutung« ist, denn diese Kategorien liegen bereits im hermeneutischen »Verständnis«system (was die wiederum selbstverständliche Anwendung ihres lebensphilosophischen Prinzips auf sie selber, den durch sie geschlossenen hermeneutischen Zirkels, den Kreislauf zwischen ihr, der Philosophie oder Anthropologie oder Logik, und dem erfahrenen Leben sichert). Sondern daß dieses sich im Kreislauf Halten und Wissen *auch gestiftet,* auch eine geschichtliche Entdeckung ist, eine Möglichkeit und Wendung, die (das Leben, der Mensch) vermocht hat, durch die er sich in sein eigenes Blickfeld brachte. Daß gerade durch diese Wendung Dasjenige oder Derjenige, der die Wendung hervorgebracht hat – wir deuteten es deshalb mit der Einklammerung der Worte an –, selbst fraglich geworden ist. Daß diese Wendung, in der die dem Leben, dem Menschen natürliche Wissenshaltung aus ihm hervorging, damit in ihrer Natürlichkeit und Notwendigkeit problematisch wird, weil nur *innerhalb* dieser errungenen philosophischen Betrachtungsart, die eine neue Empirie in Freiheit setzte, die Lebensnotwendigkeit und Natürlichkeit der Wendung »zu sich« besteht und sich mit Gründen verteidigen läßt. Und daß schließlich die Entdeckung des historischen Charakters dieser Wendung zu einem neuen Wissen verknüpft ist mit der Einsicht in die Unmöglichkeit, die Frage, was und wer »sich« da gewendet hat, direkt und außerhalb der geschichtlichen Erfahrung und ihrer philosophischen Perspektive zu beantworten, verknüpft, ja gehalten ist durch das Prinzip der verbindlichen Unergründlichkeit dieses Was und Wer.
Innerhalb ihrer Perspektive steht Lebensphilosophie außerhalb ihrer Perspektive. Ihre Immanenz ist eine offene Immanenz und nicht mit der alten geschlossenen Immanenz zu vergleichen, welche am Modell des Bewußtseins, das nur Bewußtseinsinhalte hat und faßt, orientiert war und als Prinzip (auf die Tatsache der Ein-

gebundenheit des Denkens und Wissens in die Geschichte, in die Gesellschaft und ihre ökonomische Daseinsverfassung angewendet) den Historismus und Relativismus erzeugt. Ihre Immanenz überwindet gerade den historischen Relativismus in eine das Wissen zur Objektivität freigebende Denkhaltung, welche mit seiner notwendigen Relativität auf Standorte den »Raum« oder das Medium der Standorte offen läßt. Die eigentümliche Verschränkung ihrer Perspektiven, derzufolge ein Blicken in ihr, ein hermeneutisches Denken, ein lebensphilosophisches Interpretieren auf den Menschen im Sinne eines zur Welt als seiner Äußerung Mächtigen ein selber nur geschichtlich notwendiges, ein relativ auf sie, auf ihn, das »Subjekt« der Geschichte, natürliches Blicken und Denken ist, hat also mit Dialektik im Hegelschen Verstande gar nichts zu tun.
Das ist ebenso methodisch wie politisch wichtig. Für Hegel zeigt sich das Eine stets als das Andere in einem sie gemeinsam durchdringenden Medium des Geistes oder der Vernunft. Jede Setzung und Perspektive hat an ihr notwendig, d. h. aus der Wesensnatur des Mediums oder Kontinuums des Geistes bereits garantiert, ihr Gegenteil und führt deshalb von selbst zum Umschlag in ihr Gegenteil. Deshalb kann die Politik auch nur darin bestehen, die je faktisch vorhandene Situation sich selber und ihrer natürlichen Reifung in's Gegenteil, ihrer natürlichen Entwicklung zu überlassen, weil ihr die Vernünftigkeit mit der Selbstbeweglichkeit bereits gesichert ist. Der Weltgeist als das durchdringende und selbstmächtige Medium sorgt schon von sich aus und gebraucht die Individuen mit ihren subjektiven Perspektiven als die List, der Idee in einem den Perspektiven überraschenden und für sie u. U. ungewollten Sinne Realität zu geben. So denkt der Konservative, einerlei ob er die Beharrung oder den natürlichen Fortschritt will, wie sich denn auf dieses Moment in Hegel die Konservative Partei und der marxistische Revisionismus in Deutschland gestützt haben.
Innerhalb seiner Perspektive außerhalb seiner stehen ist als die Position des Menschen, wie sie die hermeneutische Lebensphilosophie zeigt und selber zum Prinzip ihres Zeigens hat, keine

dialektische Wahrheit und überhaupt kein Widerspruch. Die Verschränkung wird nur zum Widerspruch, weil die Formulierung dem (nicht nur grammatischen, sondern durch den Leitgedanken des Ursprungs und der Macht zum Ursprung bedingten) Zwang gehorcht, das Offene und Fragliche dessen, was und wer der ist, der da entspringen läßt und die geschichtliche Wendung vollzieht, als ein Subjekt (auch als Satzsubjekt): Leben, Mensch, Geschichte ausdrücklich zu denken. Ein solches Bestimmen wird damit aber nicht dem Prinzip der Unbestimmbarkeit und der offenen Frage untreu, *sondern folgt ihm in seinen eigenen Sinn hinein*. Durch die von den großen Historikern, vor allem Ranke, geschaffene, von Dilthey zum Prinzip der Philosophie gemachte Weltstellung des erfahrenden Wissens ist der Mensch, d. h. auch wir, in den uns als Spielraum unseres lebendigen Verhaltens natürlichen offenen Horizonten einer wohltätigen Dunkelheit im Woher und Wohin zum Prinzip und Ansatzsubjekt in dieser Philosophie geworden. Wir wissen uns damit der Philosophie in ihrer gesamten Geschichte mit Einschluß der dieses »Wir Wissen« ermöglichenden Philosophie des Lebens mächtig und für sie verantwortlich. Und wir wissen damit zugleich – so stehen wir außerhalb ihrer Perspektive –, daß nur eine *geschichtlich* einmal nötig gewordene, also wohl auch wieder vergehende Philosophie (des Lebens) (uns) dazu ermächtigt hat. Denn das besagt ja gerade die von der Lebensphilosophie vollzogene Verbindung mit der Geschichte im hermeneutischen Aufklären der Ursprünge der Philosophie, also auch ihres eigenen Ursprungs, daß die Philosophie, also auch sich, auf die Geschichte oder den Menschen als Macht, als das Unbestimmte, das Unbekannte, die offene Frage relativiert. Indem sie sich *auf* ihn relativiert, relativiert sie sich aber zugleich *gegen* ihn. Die Erkenntnis, daß der Mensch (in seiner methodisch genommenen Fraglichkeit) das die Philosophie machende Subjekt ist, führt sofort in die Gegenrichtung einer anderen Erkenntnis, welche die erste durchaus nicht aufhebt, sondern (undialektisch) bekräftigt und bestätigt: in die Erkenntnis, daß die Philosophie es ist, die ihn zum »Menschen« macht. Gerade in seiner Relativität einer christlich-griechischen Konzeption begriffen, kommt am Menschen als dem Zurechnungssubjekt seiner Welt das Andere seiner selbst, das Gegenteil davon, die Unzurechnungsfähigkeit zum Vorschein; beginnt an der Geschichte das menschliche Leben, welches das Mächtige ist, auf seine *Ohnmacht* hin durchscheinend zu werden.

Die Unentscheidbarkeit der Frage, ob Philosophie oder Anthropologie oder Politik den Primat hat, welche der geschichtlichen Weltansicht entspricht – sie ist in ihrem Prinzip der Unergründlichkeit des Menschen von vornherein angelegt –, kommt selber als ein Grundcharakter der menschlichen Lebenssituation in ihrer *Transparenz* zum Vorschein. Mensch-Sein ist das Andere seiner selbst Sein. Erst seine Durchsichtigkeit in ein anderes Reich bezeugt ihn als offene Unergründlichkeit. Man darf diese Einsicht nicht rationalisieren bzw. banalisieren, daß man sie dahin umbiegt: Macht ist erst Macht auf dem Hintergrunde von Ohnmacht; selbst Sein ist erst Selbst-Sein auf dem Grunde eines Nichtselbstseins. Man darf weiterhin dieser Einsicht nicht die Form einer Fundierung geben, als ob das Ohnmächtige das Mächtige trüge oder gar aus sich hervorgehen ließe; dann wäre ja das Prinzip der Unentscheidbarkeit preisgegeben und ein Primat der (ontologischen) Philosophie anerkannt. Und schließlich, was ebenso auf den Primat einer Philosophie hinausliefe, Macht und Ohnmacht, Zurechnungsfähigkeit und Unzurechnungsfähigkeit stehen nicht im dialektischen Verhältnis zueinander.

Keines von beiden ist das Frühere. Sie setzen einander nicht mit und rufen einander nicht logisch hervor. Sie tragen einander nicht und gehen nicht ontisch auseinander hervor. Sie sind nicht ein- und dasselbe, nur von zwei Seiten aus gesehen. Zwischen ihnen klafft Leere. Ihre Verbindung ist Undverbindung und Auchverbindung. So als das Andere seiner selbst *auch* er selbst ist der Mensch ein Ding, ein Körper, ein Seiender unter Seienden, welches auf der Erde vorkommt, eine Größe der Natur, ihren Schwerkrafts- und Fallgesetzen, ihren Wachstums- und Vererbungsgesetzen wie ein Stück Vieh unterworfen, mit Maß und Gewicht zu messen, bluthaft bedingt, dem Elend und der Herrlichkeit einer blinden Unermeßlichkeit ausgeliefert. Blind wie sie steigen aus ihr in seinem Bezirk die Gewalten der Triebe und stoßen ihn, letzten

Endes *berechenbar,* in die Bahn der lebendigen, sterblichen Dinge. Darum hat der Mensch nicht bloß einen Körper, den er wie einen Mantel dereinst ablegen kann, sondern er ist Körper, in demselben Range wie er der mächtige Verantwortliche ist. Physisch ist er sich ebenso nah – und fern, wie seine einheimischen Regionen der Lebendigkeit ihm nah – und fern sind. Er ist auch das, worin er sich nicht selbst ist, und er ist es in keinem äußerlicheren und geringeren und nachgeordneten Sinne.

Nur, daß es um dieses »sich« willen in der Transparenz für ihn, der er ist, keine Ruhe gibt. Der Mensch wird den Bezirk seines Daseins, dessen Grenzen ihm mit den Grenzen der Verständlichkeit zusammenfallen, bevorzugen und als den *eigentlichen* ansprechen, da er ihm als die Sphäre der dem Leben einheimischen Bedeutungen immer darin bezeugt wird, daß er selbst in ihnen von sich Kunde bekommt. Er wird stets dieses immanente Plus seiner Innerlichkeitsperspektive gegen die Identifikation seines Wesens mit seinem Körper (als einem Anderen seiner selbst) ausspielen müssen und Himmel und Hölle gegen die Möglichkeit des Materialismus aufbieten. Das Andere seiner selbst distanziert er zu sich und macht es so zu einem Anderen als er selbst, um mit dieser Wendung jene berühmten Lösungen der Zwei- oder Drei-Wesentheorie zu erreichen, die durch die Begriffe von Körper, Seele und Geist die philosophische Anthropologie beherrscht haben. Wieder muß man sagen, kann es weder bei diesen dualistisch-trialistischen Kompositionsvorstellungen noch auch bei der bedingungslosen Unterbindung der materialistischen Deutungsmöglichkeit sein Bewenden haben. Auch der Materialismus ist ebenso wie die sich ihm entgegenstellenden Theorien eine echte Möglichkeit, zu der ihn die Bodenlosigkeit und Transparenz menschlicher Situation ermächtigt. Zu der ihn letzten Endes das methodische Prinzip der Unentscheidbarkeit des Primats von Philosophie, Anthropologie, Politik ermächtigt, nach welchem der Kampf der Aspekte des Lebens nie zur Ruhe kommt.

In seiner Macht scheint der Mensch also auf seine Ohnmacht oder seine Dinglichkeit durch. Er ist eigentlich auch Körper. Von diesem Körper läßt sich der Mensch bis in's Letzte bestimmen, auch wenn er dagegen den Kampf aufnehmen kann, mit seinen Begierden, Krankheiten in Konflikt gerät. Geburt, Abstammung, Tod haben über ihn Gewalt und stellen sich mit dem gleichen Anspruch auf Essentialität und Universalität, wie ihn der dem Menschen einheimische Bezirk des sich selber aussprechenden Lebens erhebt, seiner Macht entgegen. Ding und Macht kollidieren, indem sie in der Undverbindung das Kompositum Mensch bilden, das in Transparenz die durch Nichts vermittelte Einheit seines offenen Wesens ausmacht. Auf das Andere seiner Macht und seines Selbst durchscheinend ist der Mensch in eine Ebene mit physischen Dingen durchgegeben und erscheint von ihm aus dem Reich eines besonderen Seins belebter Körper, der Pflanzen und Tiere, eingegliedert.

Philosophisch bedeutet das die notwendige Möglichkeit, das Wesen des Menschen am Leitfaden einer regionalen Ontologie des Organischen als einer Kategorienlehre der Biologie und ihrer Phänomene zu entwickeln. Weil nur *unter der Vorgabe* einer (gerade falschen) Verabsolutierung des hermeneutischen Prinzips das Leben in der Richtung seiner natürlichen Kundgabe als das dem Menschen nächste Ansatzfeld seiner Selbsterkenntnis, der Mensch als sich selber Nächstes erscheint. Demgegenüber besteht Nietzsches Satz: Jeder ist sich selbst der Fernste nicht nur psychologisch bzw. hermeneutisch zu Recht. Sondern in der scheinenden Durchgegebenheit der unergründlichen Macht auf die »Schicht« des ohnmächtigen Ausgeliefertseins an die Naturgesetze verlieren die einheimischen Horizonte des von sich zu sich kündenden Lebens die methodisch-existentielle Nahestellung und rücken an die äußerste Peripherie. Der Mensch ist damit eigentlich Stoff in der Form des je mein Körper Seins: sein Gehirn spiegelt ihm die Welt samt ihrer Geschichte.

Politisch bedeutet die Durchgegebenheit des Menschen in die Ebene eines naturwissenschaftlich berechenbaren Seins, das in der Verkürzung der politisch relevanten Augenblicklichkeit vom Wissen der Wissenschaft allerdings nie eingeholt werden, aber auch nie überholt werden kann, das Rechnen mit einem voraussagbaren Geschehen; eine Stütze für die nüchterne Objektivität der entlarvenden Haltung, die hinter jedem Argument die vital-biologischen Faktoren wirksam weiß und die Determination der Ideale und Ideen und der gegenseitig sich vorzuspielenden Ewigkeitswerte von unten her ernst nimmt und sie benutzt, wo irgend sie es kann.

12. Gebundenheit an ein Volk

Unter der Vorgabe des relativ auf die Geschichte und gegen sie genommenen hermeneutischen Prinzips der Lebensphilosophie kommt man in ihren Perspektiven aus ihr heraus, so daß sie eine neben anderen »mögliche« souveräne Form zu philosophieren erscheint. Das gerade ist ihre letzte Freigebigkeit, daß sie durchscheinend Horizonte aufschließt, die jenseits ihrer liegen. So bezeugt sie ihr Europäertum, das im Zurücktreten von seiner Monopolisierung der Menschlichkeit das Fremde zu seiner Selbstbestimmung nach eigener Willkür entbindet und mit ihm in einer neu errungenen Sphäre von Freiheit auf gleichem Niveau das fair play beginnt. Sie vollzieht darin die gleiche Wendung, welche das politische Leben hin zur Nationalstaatlichkeit genommen hat, der für das nächste Säculum, sieht man auf den Orient und Afrika, die Zukunft gehört und solange die Zukunft gehören wird, als Menschen an sich als dem Unergründlichen festhalten, Welt und Leben nach allen Dimensionen offen halten.

Die Vorgabe des lebensphilosophischen Aspekts läßt den Menschen als Natur oder das nicht mehr Verständliche sehen; als das Ding, das in einigen Milliarden Exemplaren über den Planeten hin vorkommt, in Rassen aufgesplittert vorhanden ist. Als das Ding, das sich durch gewisse körperliche Merkmale von den Anthropoiden unterscheidet und auf Grund dieser Merkmale für eine gewisse Einheit dessen, was Menschenantlitz trägt, die Benennung Mensch gerade in der zoologischen Sphäre erlaubt. Jede Lehre, die das erforschen will, was den Menschen zum Menschen macht, sei sie ontologisch oder hermeneutisch-logisch, und die methodisch oder im Ergebnis an der Naturseite menschlicher Existenz vorbeisieht oder sie unter Zubilligung ihrer Auch-Wichtigkeit als das Nicht-Eigentliche bagatellisiert, für die Philosophie oder für das Leben als das mindestens Sekundäre behandelt, ist falsch, weil im Fundament zu schwach, in der Anlage zu einseitig, in der Konzeption von religiösen oder metaphysischen Vorurteilen beherrscht. Gerade weil die geschichtliche Weltansicht ihr Fundament, den Menschen, in Rücksicht auf eine unvorhersehbare, d. h. nur geschichtlich erfahrbare Änderung seines Selbst und seiner Selbstauffassung unbestimmt läßt, führt sie aus der schulmäßigen Dogmatisierung einer (keineswegs methodisch-apriorisch verfahrenden) Hermeneutik heraus und gibt den Blick in ganz andere Bezirke philosophischen Nachdenkens frei, wenn dieses Nachdenken die Verabsolutierung seiner Position entschlossen opfert und mit dem Prinzip der Verbindlichkeit des Unergründlichen für das Wissen zugleich die Unentscheidbarkeit eines Primats für die Philosophie und einer legitimen Rangordnung für die Aufrollung ihrer Probleme anerkennt.[22]

22 Von dieser neuen Offenheit eines auf die Bodenlosigkeit endlos erschließbarer Zonen des »Seienden« und des »Lebenden« gewagten Wissens, das Objektivität, aber nicht Absolutheit will, ist gerade die der Diltheyschen Richtung scheinbar entgegengesetzte neue Ontologie Hartmanns getragen, die aus der Gegenstandstheorie Meinongs und der phänomenologischen Forschung mindestens ebenso stark herausgewachsen ist wie aus dem transzendentalen Logismus der Marburger Schule. Ein neues Weltgefühl offener, richtungsloser, wirklichkeitsverbundener Sachnähe dokumentiert sich in diesen beiden, in Deutschland sicher wohl am weitesten voneinander Abstand nehmenden Möglichkeiten zu philosophieren, das Weltgefühl der positiven Erfahrung, von dem Naturwissenschaft und Geisteswissenschaft gleichermaßen beflügelt sind. Und wenn es heute nach einer Periode kantischen, fichteschen, hegelschen Philosophierens, in einer Periode phänomenologischen Forschens, das offenbar der Gefahr erlegen ist, sich selber für Philosophie zu nehmen, und zu den Philosophien des Platon und Aristoteles, Thomas von Aquino und der christlichen Theologie zurückgefunden hat (man denke nur an den von Weltgrundkonzeption und Logosmetaphysik auch nicht in seinen letzten Jahren losgekommenen Scheler), wenn es heute über den Pragmatismus und Historismus und Perspektivismus von Nietzsche, Bergson, Spengler, James wirklich hinausführende neue Möglichkeiten des Philosophierens geben soll, dann werden sie das Prinzip und die Fülle der Erfahrung in ihre apriorische Grundidee schon mit aufgenommen haben müssen, damit die zuletzt noch vom Phänomenologismus praktizierte Absperrung des Philosophierens vom Erfahren endlich überwunden wird.

Offen wie die Welt ist der Mensch in ihr außer ihr. Offen sind die Zugänge zu ihm und nicht eher natürlich geordnet, als bis wir, d. h. Philosophie, in ihrer bewußten Verantwortung vor der Geschichte und für sie, jene geordnet haben. In seiner Transparenz auf Natur durchgegeben ist er trotz der hermeneutischen Zugänglichkeit ebenso eigentlich Körper als er es eigentlich nicht ist, da er eine »tiefere« geheime Essenz besitzt: die von sich kündende Macht der Existenz. In dieser Offenheit hat er sein Leben zu führen, ungewiß, welche seiner Seiten das Übergewicht hat, von denen das Leben ihm immer schon Aufschluß über sein Selbst gibt, während der Körper ihm die Selbständigkeit letzten Endes nimmt und ihn dem Lauf der Dinge ausliefert. In dieser Offenheit hat ihn die Wissenschaft, die Philosophie zu erfassen, keiner »Seite«, keinem Gliede dieser Undverbindung den Vorrang zu geben, bei keinem monistischen oder pluralistischen Kompositionsmodell sich zu beruhigen. Als exzentrische Position des In sich – Über sich ist er das Andere seiner selbst: Mensch, sich weder der Nächste noch der Fernste – und auch der Nächste mit seinen ihm einheimischen Weisen, auch der Fernste, das letzte Rätsel der Welt.

Sich erschlossen, in einem Kreis von Vertrautheit, Selbstverständlichkeit und zugleich durchgegeben auf etwas Zufälliges, Unverständliches, nur künstlich Begreifbares –, es liegt gewiß nebeneinander, aber es geht auch zusammen in der Sphäre, die in der Exzentrizität freilich gebrochen und dadurch transparent erscheint, der aber der Mensch angehört, welcher nicht nur Ding, sondern Organismus ist. In der Sphäre des Lebendigen, die er nicht dadurch einnimmt, daß er ein Leben »irgendwie führt« (und so sein »Eigentliches« stets zu verlieren droht), sondern durch die er leibhaft als das Andere seines in Führung und Kündigung ihm erschlossenen Selbst ontisch konstituiert ist. Diese Sphäre bildet die Verschränkung des belebten Körpers in sein Feld zur Einheit der Lebenssituation nach Maßgabe der Gesetze der Positionalität.[23]

23 Vgl. Helmuth Plessner, Die Stufen des Organischen und der Mensch. Einleitung in die philosophische Anthropologie, Berlin und Leipzig 1928. Jetzt in: Gesammelte Schriften, Bd. IV. Dort habe ich die Gesetze der Positionalität am Leitfaden einer Kategorienlehre des Lebendigen entwickelt.

Gebundenheit an ein Volk 231

Exzentrische Position als Durchgegebenheit in das Andere seiner Selbst im Kern des Selbst ist die offene Einheit der Verschränkung des hermeneutischen in den ontisch-ontologischen Aspekt: der Möglichkeit, den Menschen zu verstehen, und der Möglichkeit, ihn zu erklären, *ohne* die Grenzen der Verständlichkeit mit den Grenzen der Erklärbarkeit zur Deckung bringen zu können; ist als Sein Leben, trägt das Leben, und doch emanzipiert sich das Leben von ihm, vom Vorhandensein und beharrt in der unergründlichen Aufschließbarkeit seines Kündens und Deutens.

Diese Unstimmigkeit tritt an der Gebrochenheit der menschlichen Transparenz hervor, von der man, da die Grenzen der Verständlichkeit und des Lebens mit den Grenzen der Erklärbarkeit und des Vorhandenseins nicht zusammenfallen, nicht sagen kann, wer für sie verantwortlich zu machen ist: das Leben in Kündung und Deutung oder die physische Natur. *Diese Gebrochenheit* der menschlichen Transparenz ist der beschränkte Daseins- und Gesichtskreis eines *Volkes* oder die *Volkhaftigkeit* der menschlichen Existenz. Wenn es mit der offenen Fraglichkeit und Unergründlichkeit gegeben ist, daß der Mensch nur als Freund oder Feind gemeinschaftsoffen zu leben vermag, so ist mit der gleichfalls die offene Fraglichkeit zum Ausdruck bringenden Transparenz oder Exzentrizität ihre Brechung und damit die Volkhaftigkeit seines Lebens und Seins gegeben. Da jedoch die gemeinschaftsoffene Weise gleichursprünglich mit dem Gegencharakter seiner Situation, mit der Abgesetztheit einer vertrauten, einheimischen gegen eine unvertraute, fremde Sphäre verknüpft ist, der Mensch also – was auch an seiner Objektivität, seinem Vermögen zur Gegenständlichkeit greifbar wird – ein primär Abstand von etwas nehmendes Wesen ist (weil er unbestimmt und offene Frage bleibt), so gerät das menschliche Leben notwendig in eine ihm relativ zufällige Existenzform eines bestimmten, und zwar gegen andere gleich zufällige Existenzformen abgesetzten und bestimmten Volkes. Nach dem Prinzip der Unbestimmtheitsrelation zu sich oder der offenen Frage kann der Mensch nicht nur die Notwendigkeit, in einer Gemeinschaft bzw. Gesellschaft überhaupt existieren zu müssen, sondern auch die Notwendigkeit der *Partikularität* seiner

Existenz in gegeneinander gestellten Völkern mit verschiedenen Sprachen und Sitten, also verschiedenen Vertrautheitssphären und Traditionen begreifen. Vermittelt wird ihm diese Einsicht in der transparenten Durchgegebenheit auf die Naturhaftigkeit seines Wesens als das Andere seiner selbst. Vermittelt, nicht begründet durch sie. Denn die Gründe dafür kann er mit der gleichen Ursprünglichkeit und dem gleichen Recht dem Vorhandensein wie dem kündend-deutenden Leben entnehmen, deren Bezirke zwar essentiell verschieden, aber ineinander verschränkt sind, so daß es unmöglich ist, ihre Grenzlinie anzugeben. Die Zersplitterung aber in gerade diese und keine anderen Völker ist ein pures Faktum der ethnobiologischen und historischen Erfahrung.

Man hat wohl früher versucht, ihre Mannigfaltigkeit nach einem Plan dramatischer Sukzession oder Kooperation zu verstehen und den Weltvölkern auf diese Weise eine Notwendigkeit und einen Sinn zu geben, der zwar durch die Geschichte bezeugt werden, aber selber zeitlos der Geschichte überlegen sein soll. Die Bemühungen der idealistischen Philosophie seit Fichte um das philosophische Verständnis der historisch-biologischen Fakten sind unvergessen. Aber gerade diese Art der Sinnverleihung muß überwunden werden, wenn die Weltgeschichte als das Weltgericht begriffen sein soll, das keinen seiner Urteilssprüche *ohne Revisionsmöglichkeit* fällt. Wie die romantische Denkweise, im Wirklichen der Geschichte Vernunft zu sehen, die Geschichte zu dem Schauplatz degradiert, auf dem ein überweltliches Drama des absoluten Geistes zur Aufführung kommt, die Völker nach Stichworten gleichsam im rechten Augenblick auftreten und wieder verschwinden, so nimmt sie damit dem Wirklichen die Relativität, das Unbestimmte und damit die Macht, das, was geschehen ist, durch eigene Kraft ins Unvorhersehbare hinein zu ändern. Weil die Geschichte den Absolutismus von für die Geschichte maßgebenden Plänen ein für allemal überwunden hat, der dem Sinn einer bis in die fernsten Fernen hinein offenen Erfahrung widerstreitet, kann ein Volk unter Völkern nur soweit notwendig sein, als es sich nötig und notwendig macht. Darin liegt der Sinn seiner *Politik,* mit und gegen die anderen seine Tradition durchzusetzen als den Horizont, aus dessen Vertrautheit heraus es sich mehr als nur dies Volk, als es sich die Menschheit in ihrer eigentlichen Gestalt ist. Aus dem Bewußtsein der Zufälligkeit aber des eigenen Volkstums, die ihm in der Durchgegebenheit auf die gleiche Zufälligkeit des fremden Volkstums als Partikularität der eigenen Position gegen die übergreifende Universalität der Menschheit faßlich wird (wenn das Volk an der abendländischen Tradition des Menschen als dem Mächtigen und Verantwortlichen festhält), beschränkt sich zugleich die Politik zur eigentlichen Kunst des Möglichen in der Richtung nicht auf das Maximum, sondern Optimum für die eigene Daseinslage. Mit der allmählichen Überwindung der Absolutsetzung des eigenen Volkstums, das gleichwohl seinen Absolutheitsaspekt hat – in der Sphäre seines sich je schon Erschlossenseins und Verstandenhabens –, zivilisiert sich die Politik. Die Kampfmittel werden andere und die Ziele werden relativer. Aber der Kampf verliert weder seine Schärfe noch sein Gewicht für die letzten menschlichen Entscheidungen.

In dem Gesichtskreis seines Volkes liegen für den Menschen alle politischen Probleme beschlossen, weil er nur in diesem Gesichtskreis, in der zufälligen Gebrochenheit dieser Möglichkeit existiert. Die Verschränkung von Vorhandensein und Leben, in der keines der beiden den Vorrang hat, erlaubt dem Menschen keine reine Realisierung, weder im Denken noch im Tun, weder im Glauben noch im Schauen, sondern nur die auf ein bestimmtes Volkstum relative, dem er bluthaft und traditional immer schon angehört. Volkheit ist ein Wesenszug des Menschen wie: Ich und Du sagen Können, wie Vertrautheit und Fremdheit, wie Gewagtheit und Eigentlichkeit seines ihm zur Führung überantworteten Lebens. Solange man diese elementare Bedeutung der Volkheit nicht erkennt und nicht in ihr den Möglichkeitsgrund ergreift, auf dem allein z. B. so etwas wie der »Mensch in je seiner Möglichkeit« aus der Tiefe des Gewissens und der Entschlossenheit sein Schicksal höchst persönlich übernehmen kann, solange man nicht sieht, daß auch noch die letzte individuelle Entscheidung – eine europäische Möglichkeit bisher – auf ein Volkstum hin getroffen, weil von ihm her ermächtigt ist, geht man an der Politik als einem für die wesentlichen Dinge unseres Lebens gleichgültigen Geschäft vorüber. Wenn aber eine Philosophie, die das Dasein (Mensch) in die Alternative eines je zu sich und seiner persönlichen Möglichkeit Hinfindens und eines Verfallens an das Man einer depravierten Öffentlichkeit spannt und damit den durch das Luthertum tragisch erzeugten Riß zwischen einer privaten Sphäre des Heils der Seele und einer öffentlichen Sphäre der Gewalt saekularisiert, in Deutschland gerade bei den philosophisch Gebildeten Erfolg haben konnte, so zeigt das die Gefahr, der unser Staat und unser Volk durch den politischen Indifferentismus des Geistes ausgesetzt sind.

Was nützt es denn, bei festlichen Anlässen der Schicksalsverbundenheit des Staatsvolkes zu gedenken, wenn sich die Geistigen ihm, und zwar durch ihre Arbeit entziehen. Gewiß ist die Politik und der Zwang zur Politik kein Argument in sachlicher Arbeit, für die die Sache und das Können allein entscheiden. Die grauenhafte Parteilichkeit, die wir bei uns auch in Dingen der Kulturpflege nur noch mit größter Mühe bekämpfen können, versündigt sich stündlich gegen dieses Grundgesetz. Aber wenn man sie als Politisierung des geistigen Lebens bezeichnet und damit treffen will, so darf man nicht darüber den Schuldigen vergessen: die Gleichgültigkeit der Geistigen gegen die Politik und ihre in der zweiten Hälfte des 19. Jahrhunderts zur Tradition, zur Ehrensache gewordene Bagatellisierung durch die Philosophie. Verdrängen wir die Politik aus den höheren Gebieten interessenfreien Denkens und Handelns, dann dürfen wir uns nicht wundern, wenn sie als Krankheit der Parteipatronage unser geistiges Leben von unten her anfällt und zu ersticken droht.

Es ist für ein zu politischer Selbstbestimmung spät genug gekommenes Volk in gleicher Weise wie für die Philosophie, die nicht auf den Tag und die Stunde, sondern auf das Leben in seiner Größe sieht, eine Notwendigkeit, zu begreifen, daß beide Mächte aufeinander angewiesen, weil durch die Gemeinsamkeit ihres Gesichtsfeldes aufeinander gewiesen sind; ihres Gesichtsfeldes, das in das unergründliche Wohin geöffnet ist, aus dem Philosophie und Politik, ohne einander zur Stütze zu brauchen, im wagenden Vorgriff »vor Gott und der Geschichte« den Sinn unseres Lebens gestalten.

Über das gegenwärtige Verhältnis zwischen Krieg und Frieden

(1939/1949)

Daß ein im Jahre 1939 kurz nach Ausbruch des Krieges in Holland, auf damals noch neutralem Boden, gehaltener Vortrag über das gleiche Thema[1] noch nichts von seiner Aktualität eingebüßt hat, darf zugleich als Entschuldigung für seine erneute Veröffentlichung, diesmal in deutscher Sprache, dienen. Wer gehofft hatte, daß der zweite Weltkrieg die Luft reinigen und die Wiederkehr eines Zustandes, auf den weder der Begriff Krieg noch der Begriff Frieden in mehr als allenfalls technischer Bedeutung paßt, verhindern werde, sieht sich enttäuscht. In vergrößertem Maßstab beherrscht er das augenblickliche Leben der Völker. Was besagt sein bedrohliches Zwiegesicht? Daß die Vermeidung offener militärischer Gewalt in Heeresverband nicht mehr die Wahrung oder Wiederherstellung einer Friedensordnung automatisch einschließt.[2]

1 Helmuth Plessner, De huidige verhouding tusschen oorlog en vrede. Publicaties van het Sociologisch Instituut te Groningen, Groningen/Batavia 1939.
2 Im Zusammenhang mit der Entstehung und unter dem Druck des Hitlerstaates sind die Fragen der »Totalität« in der deutschen Völkerrechtsliteratur eingehend erörtert. Ich nenne einige, die für das hier erörterte Problem verglichen werden sollten: Georg Kappus, Der völkerrechtliche Kriegsbegriff in seiner Abgrenzung gegenüber militärischen Repressalien, Breslau 1936; Josef Laurenz Kunz, Kriegsrecht und Neutralitätsrecht, Wien 1935; Onno Oncken, Die politischen Streitigkeiten im Völkerrecht. Ein Beitrag zu den Grenzen der Staatsgerichtsbarkeit, Berlin 1936; Carl Schmitt, Die Wendung zum diskriminierenden Kriegsbegriff. Schriften der Akademie für deutsches Recht, Gruppe Völkerrecht, Bd. 5, München 1938; ders., Völkerrechtliche Neutralität und völkische Totalität, in: Monatshefte für auswärtige Politik V. 7. (1938), S. 613-618; ders., Inter pacem et bellum nihil medium, in: Zeitschrift der Akademie für deutsches Recht VI (1939), S. 594-595; Ulrich Scheuner, Die völkerrechtlichen Auswirkungen des modernen Wirtschaftskrieges, in: Zeitschrift für die gesamte Staatswissenschaft CIV (1944), S. 237-273; Gustav Adolf Walz, Nationalboykott und Völkerrecht. Schriften der Akademie für deutsches Recht, Gruppe Völkerrecht, Bd. 7, Berlin 1939; ders., Nationalboykott und Zersetzungspropaganda. Völkerrechtliche Betrachtungen zu den Problemen des wirtschaftlichen und moralischen Krieges, in: Deutsche Rechtswissenschaft IV (1939), S. 289-313; Hans Wehberg, Hat Japan durch die Besetzung der Mandschurei

Der klassische Grundsatz: »inter pacem et bellum nihil medium«[3] hat, wiewohl im Prinzip noch respektiert, seit dem Ausbruch der russischen Revolution bzw. dem Ende des ersten Weltkrieges in wachsendem Maße an praktischer Anwendbarkeit eingebüßt. Der Gefahr des Wiederausbrechens des »Schießkrieges« hat sich eine neue zugesellt: die Gefahr der Verewigung eben desjenigen Zustandes, aus dem der zweite Weltkrieg hervorging, von dem aus er fast wie eine Befreiung von quälender Ungewißheit empfunden wurde, des Zustandes effektiver und zugleich unkontrollierbarer Friedlosigkeit. Ein Waffenstillstand im Schatten fortdauernden ideologischen Glaubenskrieges, der von der einen Seite als internationaler Klassenkampf mit dem Mittel »fünfter Kolonnen« geführt wird und die Gegenseite zu entsprechenden Abwehrmaßnahmen zwingt, scheint die Völker in zwei Heerlager »mitten im Frieden« trennen zu wollen, solange als die eine Gruppe, sei's auch aus rein ideellen Gründen, an wirtschaftlicher Autarkie festhalten zu müssen glaubt, um die Hegemonie der anderen Gruppe abzuwehren.

Das ihnen damit aufgezwungene Spiel mit ideologisch gestützten sozialen und ökonomischen Alternativen birgt die tödliche Gefahr in sich, eine durch zwei totale Kriege hindurchgegangene Menschheit, deren wirtschaftliches Denken und Leben die nationalstaatlichen Grenzen nur zögernd hinter sich läßt, der Idee einer wirklichen, d. h. außerstaatlichen und überstaatlichen Friedenssphäre völlig zu entwöhnen und an das schleichende Siechtum der Friedlosigkeit zu gewöhnen. Will man einem derartigen Verfall vorbeugen, dann muß dem totalen Krieg der Gedanke eines totalen – wir sagen nicht: ewigen – Friedens entgegengesetzt werden, der nicht nur Unterbindung militärischer Machtformung im Auge hat, sondern den aus dem Widerspruch zwischen nationalstaatlicher Tradi-

---

das Völkerrecht verletzt?, in: Die Friedenswarte XXXII. 1. (1932), S. 1-13; ders., Das Kriegsproblem in der Entwicklung des Völkerrechts, in: Die Friedenswarte XXXVIII. 3./4. (1938), S. 129-149. – Von den Apologeten der Totalität läßt sich ebensoviel lernen wie von ihren Gegnern.
3 Marcus Tullius Cicero, Philippica VIII. 1. 4.; Hugo Grotius, De jure belli ac pacis, III. 21. 1.

tion und moderner Wirtschaft resultierenden Unfrieden, den Keim des Kriegswillens, in Zukunft unmöglich macht. Kein Zweifel übrigens, daß sich in diesem Punkt die beiden außereuropäischen, dem europäischen Nationalstaatsgedanken fremd oder entfremdet gegenüberstehenden Großmächte des Westens und des Ostens einig sind. Nur über die Art, wie sie ihre Einigkeit verwirklichen können, sind sie sich nicht einig, da jeder seine Lebensordnung der des anderen opfern müßte. Womit sich diese Übernationen oder Überstaaten dem Gesetz der Macht unterworfen haben, dessen Anerkennung durch die alten Staatsvölker sie gleichermaßen als Anachronismus verurteilen.

In solcher Lage ist geschichtliche Besinnung auf die Verhältnismäßigkeit der Größen Krieg und Frieden doppelt nützlich, wenn sie zur Erkenntnis ihrer gegenwärtigen Form beitragen kann. Über die Variabilität des Krieges sind Historiker und Ethnologen gut unterrichtet. Mit der Soziologie des Krieges steht es, trotz Steinmetz, weniger gut. Aber über sein Korrelat und Gegenphänomen, den Frieden, eine als Idee und als Wirklichkeit geschichtlich wechselnde, weil gesellschaftlich und geistig bedingte Größe, wissen wir noch viel zu wenig. Wir können wohl vermuten, daß jede Art von Krieg ihre Art von Frieden sich gegenüber hat, wie jeder Frieden seinen Krieg. Wir fordern dementsprechend auch als Antwort auf das weltgeschichtliche Novum des totalen Krieges einen ihm gewachsenen totalen Frieden, ohne doch imstande zu sein, von ihm ein Bild zu entwerfen, das mehr enthält als eben die Verneinung seines uns wohlbekannten Gegenbildes.

Gleichwohl, auch wenn unsere kurze Betrachtung nur den Wert hätte, uns an diesen Mangel zu erinnern, wird sie in der Diskussion über den realisierbaren Frieden einer nahen oder ferneren Zukunft mitsprechen dürfen. Denn wichtiger fast als die heute schon wieder zu Parolen im Machtkampf gewordenen ewigen Forderungen ist die Erinnerung an die Beschränktheit, Bedingtheit und Vergänglichkeit geschichtlicher Lagen, aus denen und gegen die sie erhoben werden.

In der Epoche, die vom Ende der napoleonischen Kriege bis zum Beginn des ersten Weltkrieges reicht, dem Zeitraum der Hochblüte kapitalistischer Wirtschaft und bürgerlicher Kultur, hatte der Gedanke des *begrenzten* Krieges allgemeine Anerkennung gefunden. Begrenzt in Raum und Zeit, im Aufwand an Geld, Menschen und Material, begrenzt im Ziel, sollte der Krieg ein Mittel bleiben, um nach Erschöpfung aller friedlich-diplomatischen Methoden den Willen des Staates gegen den anderen durchzusetzen. Als Instrument der Staatsführung durfte er ein gewisses Maß nicht überschreiten, denn ein Instrument soll vor allem handlich sein. Das Mittel mußte in der Hand des Staates bleiben, damit die Staatsführung ihm gegenüber zu allen Zeiten ihre Freiheit bewahren konnte. Der Staat durfte nicht zum Gefangenen seines Werkzeugs, die Substanz des Staates nicht der Kriegführung geopfert werden, weder als ihr Subjekt noch als ihr Objekt.

Wie oft hat man sich nicht zur Bekräftigung dieser Wahrheit im 19. Jahrhundert auf die klassische Formel des Generals v. Clausewitz berufen, daß der Krieg die Fortsetzung der Politik mit anderen Mitteln sei. Obwohl die Formel, wie wir noch sehen werden, zweideutig ist und auch einer diametral entgegengesetzten Wirklichkeit zur Rechtfertigung dienen kann, war nach damaliger Ansicht in ihr der Vorrang der Diplomatie vor der Strategie, des Friedens vor dem Kriege zum Ausdruck gebracht. Ja, man ging noch einen Schritt weiter und las daraus das Prinzip, daß der Krieg auf die Interessen des Friedens Rücksicht zu nehmen habe und das geistige, soziale und ökonomische, mit einem Wort das damals außerstaatliche Leben so wenig wie möglich in seinem normalen Fortgang stören dürfe.

Begreiflicherweise hatte sich mit diesem Gedanken des begrenzten Krieges die Vorstellung verbunden, es müßten Friedenszustand und Kriegszustand scharf gegeneinander abgesetzt sein. So wenig Einhelligkeit in der Frage bestand, ob es einmal möglich werden könne, ja ob es überhaupt wünschbar sei, auf Krieg zu verzichten, darüber gab es keine Diskussion, daß der Krieg weder durch seine Vorbereitung noch durch seine Nachwirkung dem Frieden verderblich werden dürfe. Und weil die Schärfe der staats- und völ-

kerrechtlichen Abgrenzung des Krieges vom Frieden mit der Schärfe ihrer Abgrenzung in der Wirklichkeit harmonierte, vergaß man, in der Begrenzung ein Problem zu sehen bzw. hielt man sie für eine ausschließlich politisch-juristische Frage.
Erst die nach 1914 einsetzende Entwicklung des Krieges zum Industrie- und Materialkrieg, vor dessen unabsehbaren Folgen Einsichtige gewarnt hatten, revolutionierte das Verhältnis des Krieges zum Frieden. Während des hinter uns liegenden Interims von zwanzig Jahren zwischen dem ersten und dem zweiten Weltkrieg geriet ein großer Teil der Weltmächte in den Zustand wachsender Friedlosigkeit, demgegenüber die üblichen Abgrenzungen zwischen diplomatischer und militärischer Aktion gegenstandslos wurden. Natürlich lassen sich dafür als nächstliegende die politischen Ursachen ausweisen, die Verschärfung des Nationalismus durch die Vermehrung selbständiger Staaten in Europa, durch die Tatsache des Kommunismus als Macht und Ideologie, durch die Unzufriedenheit mit den neuen Grenzen. Kämpfe von Freikorps und Privatarmeen, erklärte und nicht erklärte Kriege zwischen Staaten, militärische Aktionen unter verschiedenen Masken, Bürgerkriege halb außenpolitischen, halb innenpolitischen Charakters, Grenzveränderungen und Annexionen auf unblutigem Wege, mit einem Wort Gewaltmaßnahmen, die ein ganzes Spektrum von der diplomatischen Drohung bis zum offenen Krieg bilden, gaben dem Interim das Gepräge. War die Umkehrung des Clausewitzschen Satzes Wahrheit, die Politik ein Mittel des Krieges geworden? Auf diese Frage – und darin steckt das uns beunruhigende Phänomen – war eine Antwort nicht mehr möglich. Auch der zweite Weltkrieg hat darauf keine Antwort gegeben. Die Trennung zwischen Politik und Kriegführung, eine in Jahrhunderten bürgerlicher Entwicklung geschaffene Realität, begann sich zu zersetzen und hat einem Zustand der Doppeldeutigkeit Platz gemacht, der auch den Übergang in den Kriegszustand in sein Zwielicht rückt.
Wenn ein Soziologe versucht, den Gründen dieses Zustandes auf die Spur zu kommen, so geht er dabei von zwei Thesen aus: Erstens sind die Gründe nicht ausschließlich machtpolitischer Natur

und zweitens wird dieser Zustand in aller seiner geschichtlichen Eigenart für das Verhältnis zwischen Krieg und Frieden überhaupt aufschlußreich sein. Nur die Überzeugung, daß auch gesellschaftliche Kräfte, die nicht national gebunden sind, hier eine Rolle spielen und ein Problem schaffen, mit dem die menschliche Gesellschaft sich immer wieder auseinanderzusetzen hatte, rechtfertigt es, wenn neben dem Historiker auch der Soziologe sich zu Wort meldet und die Frage stellt: Welche gesellschaftlichen Kräfte haben der Begrenzung des Friedenszustandes gegen den Kriegszustand die Schärfe und Eindeutigkeit genommen, die bis zum ersten Weltkrieg für das Verhalten der Großmächte maßgebend war? Und welche Perspektiven, die nicht von den führenden Persönlichkeiten, der Geschichtsauffassung und den Machtzielen der kämpfenden Nationen abhängen, ergeben sich aus dem veränderten Verhältnis von Diplomatie zu Kriegsführung?
Um bei der Epoche des 19. Jahrhunderts zu beginnen, die uns zur Folie dient und für die das Verhältnis des Krieges zum Frieden auch in Wirklichkeit alternativ ausgeprägt war: Diese Epoche wußte vielleicht nicht, was Frieden war, aber sie kannte ihn. Zwischen den hochzivilisierten Staaten bestand ein friedlicher Lebenskonnex von erprobter Elastizität, der zahlreiche bewaffnete Zusammenstöße überdauerte, sie lokalisierte, in ihrer Dauer beschränkte und ihre dem Volkstum und der Wirtschaft schädlichen Nachwirkungen rasch wieder ausglich. Merkwürdig genug, denn das Bestehen dieses zwischenstaatlichen Lebenszusammenhanges fiel in eine Zeit großer politischer Instabilität, die mit der nationalstaatlichen Formung Italiens und Deutschlands und der industriellen Entwicklung gegeben war. Durch das sprunghafte Wachstum der Großindustrie mit ihrer rapiden Bevölkerungszunahme und gründlichen Veränderung der Lebensweise war die Ausblutung Europas durch die Kriege Napoleons unverhältnismäßig rasch überwunden worden, hatten der Krimkrieg oder die deutschen Einigungskriege keine ernsten sozialen Störungen im Gefolge.
Unabhängig von der machtpolitischen Konfliktsphäre der Staaten

bildete sich eine neutrale Zone weltwirtschaftlicher Konkurrenz und echter Solidarität der Interessen. Gegensätze außenpolitischer Art, Verschiedenheit in Staatsverfassung und Staatsauffassung stellten die Neutralität wirtschaftlichen Austauschs kaum in Frage. Dieser ökonomische Liberalismus war durch Staaten gewährleistet, die sich gegenüber ihren Bürgern Beschränkungen auferlegten. Im Schutz der bürgerlichen Freiheiten (von Person, Vertrag, Gewerbe, Meinungsäußerung, Forschung und Lehre) entfaltete sich das freie Spiel der Interessen, ein inner- und zwischenstaatliches Leben von nichtstaatlichem, unpolitischem Charakter. Staat und Gesellschaft waren oder glaubten sich deutlich voneinander getrennt, und solange als industrielle Entwicklungsmöglichkeiten bestanden, die selbständige Regelung des Marktes gut funktionierte, konnte der Glaube an die befriedende Macht der freien Wirtschaft Wurzel schlagen. Ihr entsprach die Lehre Spencers, des großen Philosophen der viktorianischen Epoche, daß der Entwicklungsgang der Menschheit vom staatlichen Zustand in kriegerischer Verfassung zur Gemeinschaft in freier Vereinbarung nach wirtschaftlichen Gesichtspunkten führe.

Was auch immer daraus geworden sein mag, nicht zuletzt durch die entbundenen Energien dieses Systems selbst, die Großindustrie, das Anwachsen der Massen und die Rückwirkungen auf Gesellschaft und Staat: Diese neutrale Zone innerstaatlichen und zwischenstaatlichen Austauschs gab der Idee des Friedens über die rechtlichen Kriterien hinaus einen positiven Inhalt von universalem Charakter. Er wird in keiner Weise dadurch beeinträchtigt, daß er mit den Interessen und Möglichkeiten des britischen Empire in der damaligen Epoche besonders gut harmonierte. War vielleicht die Erwartung trügerisch, daß Freihandel die ökonomischen Kriegsursachen beseitigen könne, und der Gedanke verkehrt, daß Kriege nur aus ökonomischen Ursachen entstünden, sicher bildete im Bewußtsein der damaligen Zeit die wirtschaftliche Solidarität die reale Voraussetzung und den Maßstab des Friedens unter den Völkern.

Man sollte infolgedessen annehmen, daß die Kriegführung im 19. Jahrhundert den Interessen der Ökonomie sich untergeordnet ha-

be. Die Rücksichtnahme der Staaten auf die freie Wirtschaft, die Auffassung vom Krieg als einem Instrument der Politik, die kurzen Kriege und ihre relativ geringfügigen Nachwirkungen auf Volkstum und Wirtschaft sprechen dafür. Sieht man aber näher zu, so zeigt sich paradoxerweise, daß diese Rücksicht bei der Kriegführung nicht bestand.
Der Krieg des 19. Jahrhunderts hält an der Strategie Napoleons fest, nach einem Wort von Clausewitz der Strategie »in ihrer absoluten Vollkommenheit«. Mit ihr begann die Ära der grenzenlosen Kriegführung unter Aufgebot aller Mittel, unter Vernachlässigung des im 18. Jahrhundert befolgten Grundsatzes der optimalen, d. h. der zugleich wirtschaftlich tragbarsten und militärisch wirksamsten Heeresgröße. Napoleon konnte, ja mußte diesen Grundsatz verlassen, denn ihn drängten zwei neue Kräfte, die reale Dynamik der revolutionären Masse und die ideelle Dynamik des Nationalgefühls. Den von der Revolution geschaffenen Grundsätzen bedingungsloser Unterordnung der Ökonomie und der Versorgung von Heer und Bevölkerung unter das Interesse der militärischen Operationen bleibt er bis ans Ende treu. Wie unter Wallenstein im Dreißigjährigen Kriege wird der Krieg in die Länder getragen, wo Beute zu machen ist, nach dem Prinzip des Raubbaus an eigenen und feindlichen Kräften. Dieses sog. »System, ohne Magazine Krieg zu führen«, wirkt nämlich im Gegensatz zu den Aktionen des Dreißigjährigen Krieges nunmehr beschleunigend. Napoleon drängt zur Entscheidungsschlacht, um die Sorge um die Verpflegung los zu werden, und verbindet zugleich damit die Expansion des revolutionären Gedankens. Er kann es, weil seit dem 18. Jahrhundert die Staaten sich straffer organisiert und zentralisiert haben. Damit ist die innere Sicherheit der Bevölkerung gestiegen, der Staat selber aber angreifbar geworden. Besetzung der feindlichen Verwaltungszentrale bedeutet Unterbindung der feindlichen Widerstandsquellen. Dabei darf man nicht vergessen, daß die materiellen Bedingungen der napoleonischen Kriegführung die gleichen waren wie im 17. Jahrhundert.
Ist Napoleons Verständnislosigkeit für den Zusammenhang von Strategie und Wirtschaft die Ursache seines Erliegens im Kampf

gegen England gewesen, wie war es dann möglich, daß in einer so ausgesprochen ökonomisch denkenden Zeit wie im 19. Jahrhundert seine grenzenlose Kriegführung bis zum Weltkrieg Vorbild sein konnte?
Drei Gründe scheinen hierfür maßgebend gewesen zu sein. Erstens werden ihre ungeheueren Kosten an Gut und Blut durch die Erträge der neuartigen industriellen Entwicklung mehr als ausgeglichen, so daß keine nachfolgende Periode der Verarmung das strahlende Bild seines Genius verdunkelte. Zweitens kam der großräumige Stil seiner Operationsweise den neuen Verkehrsmöglichkeiten von Eisenbahn, Auto, Flugzeug, Telegraf, Telefon entgegen, er forderte sie geradezu. Und schließlich – und das ist vielleicht der wichtigste Grund – entsprach der Krieg des emanzipierten Militärs, des von allen unmilitärischen Sorgen befreiten Strategen der Struktur des liberalen Staates mit seiner Trennung von Staatssphäre und Wirtschaft. Was am Anfang nur durch die revolutionäre Masse und das erwachende Nationalbewußtsein möglich war – die Preisgabe der Kriegführung mit ständiger ökonomischer Rückendeckung –, wird im Laufe des 19. Jahrhunderts durch die wachsende Technisierung der Industrie, des Verkehrs- und Nachrichtenwesens vorwärtsgetragen. Sie nimmt den Militärs die Fesseln einer regional, einer an kleine Räume gebundenen Proviantierung ab. Es ist kein Problem mehr, ohne »Magazine« Krieg zu führen. Technik und expansive Wirtschaft setzen die Strategie in Freiheit, machen die Militärs autonom.
Dank eines scheinbar grenzenlosen Wachstums wirtschaftlicher und technischer Möglichkeiten geriet die Strategie im Weltkrieg wieder in die Fesseln des zivilen Lebens. Zwei Faktoren, die Technisierung der wesentlichen Kriegsmittel und die allgemeine Wehrpflicht, wirkten dahin, daß die Trennung zwischen dem Militär und der zivilen Arbeitssphäre verschwand. Die Technisierung der Mittel liegt in der Linie des allgemeinen industriellen Fortschritts. Die allgemeine Wehrpflicht, ein Produkt der napoleonischen Epoche und ursprünglich eine defensive Maßnahme gegen die revolutionären Massenheere, liegt in der Linie der allgemeinen Demokratisierung. Volksheer und technischer Krieg vergrößern den Ak-

tionsradius der strategischen Operation ins Riesige, engen aber die Bewegungsfreiheit des Strategen ein.

Was 1914 die wenigsten voraussehen konnten, den Ruin des Krieges nach rein militärischem Begriff durch das hemmungslose Größenwachstum seiner Mittel, wurde sehr bald zur Wirklichkeit. Der Krieg erstarrte an seinen Dimensionen auf begrenztem Raum zum Stellungskrieg, verlor den Spielraum für die strategische Operationsfreiheit und erzeugte so die Notwendigkeit der Durchbruchsschlacht von dem neuen Typus der Materialschlacht. Ihre Forderungen verwandelten den Krieg in einen Kampf der Industrien, der eine Entscheidung durch strategische Mittel ersetzen soll. Mit ihm endet die Epoche des von allen außermilitärischen Rücksichten emanzipierten Krieges napoleonischer Prägung. Die Entscheidung ist den Strategen durch die Industrie aus den Händen genommen.

In der Tat kennt die Geschichte des Krieges nächst der Umwälzung durch die Feuerwaffen keinen durchgreifenderen Wandel: Vom militärischen Kriege der Soldaten unter Führung vom Strategen zum technischen Kriege der Maschinen unter Führung von Ingenieuren und Wirtschaftlern, zum Material- und Wirtschaftskrieg. Seine exorbitanten Aufgaben haben den Übergang von der Friedens- zur Kriegswirtschaft erzwungen und damit die Wirtschaft, die alte Domäne des Friedens, dem Interesse der kommenden Kriegführung unterworfen.

Diese Entwicklung gab in allen Staaten den Anstoß zu einer grundsätzlichen Überprüfung des Verhältnisses zwischen außermilitärischer und militärischer Kapazität, zwischen industriellem und soldatischem Potential, um dem Strategen seine Freiheit zurückzugewinnen. Können die Militärs nicht mehr wie im 19. Jahrhundert ihre Kriege aus den Überschüssen einer sich ständig ausbreitenden Wirtschaft führen und erstickt auf der anderen Seite die klassische Strategie an der Technisierung, dann muß der Staat diesen Gefahren begegnen, um die Handlichkeit seines Instruments, mit dem er seine Souveränität zur Geltung bringen will, zu gewährleisten. Er muß mitten im Frieden die Industrie für den Ernstfall bereit machen. Er muß die Finanzierung, unter Preisgabe der klassischen Anschauungen, entsprechend kontrollieren und den gesamten technischen Apparat mit Einschluß auch derjenigen Betriebe, die scheinbar weitab liegen, wie wissenschaftliche Laboratorien, Kliniken, selbst die Organe der öffentlichen Meinung mindestens potentiell dem Strategen verfügbar machen. Mit einem Wort: Die moderne Großmacht muß mit dem totalen Kriege rechnen und steht infolgedessen auch dann, wenn sie keine aggressiven Absichten hegt, und in einem wie geringen Umfang auch, unter dem Gesetz totaler Mobilmachung.

Warnend stand allen der Erste Weltkrieg vor Augen. Wenn wirklich materielle Dinge auf dem Spiel stehen, dann hat ein Krieg zwischen Konkurrenten doch nur den Sinn für sie, die Machtentscheidung auf einem Gebiet zu suchen, das *nicht* ins Gebiet der Konkurrenz fällt. Wird die Waffe aber zum umgewandelten Industrieerzeugnis, dann kämpft schließlich doch nur Kapital gegen Kapital wie vorher, nur unter Opferung der Substanz. Da dieselbe Grenze, die im friedlichen Konkurrenzkampf gilt, wenn der Sieg noch ein wirtschaftlicher Erfolg sein soll, natürlich auch die Grenze der Kräfteanspannung im Wirtschaftskriege bestimmt, ist diese Art »Wirtschaftskrieg« maximal unwirtschaftlich. Alle Produktionskräfte auf Kriegszweck umstellen heißt: das aufopfern, was man sichern will; heißt: dem Frieden seine reale Basis, seinen Eigenwert nehmen. Denn der totale Krieg wirft in alle Lebensbezirke seinen Schatten voraus.

Tatsächlich war schon der Krieg von 1914/18 nicht mehr aus den Überschüssen der Industrie zu bezahlen. Selbst bei Fortdauer der abnormalen industriellen Entwicklung, wie sie das 19. Jahrhundert gesehen hat, wäre es nicht möglich gewesen, die Schuldenlast unter Schonung der Kapitalsubstanz zu tilgen. Mit den abnormalen Ausdehnungsmöglichkeiten der Wirtschaft ging es aber zu Ende. Der Kapitalismus stieß überall an seine Grenzen, die atypische Bevölkerungszunahme in Europa verlangsamte sich erheblich. Keine konjunkturelle Krise mehr, eine strukturelle Krise lähmte die Wirtschaft. So trafen zwei Entwicklungen zusammen, die Untragbarkeit des totalen Krieges durch eine nach klassischen Anschauungen von Rentabilität abweichende Finanz und Industrie und das

Stationärwerden der kapitalistischen Wirtschaft. Bedeutet allein schon die Einstellung des zivilen Lebens auf die Möglichkeit eines totalen Krieges die Aufhebung der Grenzen zwischen Krieg und Frieden »mitten im Frieden«, die Grenze, welche zugleich zwischen Staat und Gesellschaft läuft, so wirkt die ökonomische Krise im gleichen Sinne, denn sie zwingt den Staat, die Wirtschaft – wenn nicht ganz zu übernehmen, so doch zu stützen.

Kein Staat kann der Arbeitslosigkeit, dem Bankrott der großen Industrien und der Freisetzung unbeherrschbarer Massen untätig zusehen. Er muß sie wieder an die Arbeit bringen und wird so zum größten Auftraggeber und Abnehmer. Das Anteilverhältnis des Staates an der Wirtschaft, das im 19. Jahrhundert herrschte und in welchem sich der Staat gewissermaßen auf die Dividende beschränken konnte, welche die Industrie abwarf, wandelt sich zum Kontrollverhältnis, zum Zustand der Intervention, der Übernahme der Verluste und der direkten Finanzierung durch Auftragserteilung. Staatssphäre und bürgerliche Wirtschaftssphäre beginnen ineinander überzugehen, und es hängt nunmehr außer von den tatsächlichen Hilfsquellen und von der Anpassungsfähigkeit der Industrie und des Handels letzten Endes von der politischen Entscheidung ab, ob ein Staat am Prinzip der liberalen Ökonomie festhält oder es zugunsten eines totalitären Prinzips, des faschistischen oder des kommunistischen, aufgibt. In jedem Falle treibt das, was als Unterstützungsaktion begonnen war, am Ende zur Aufhebung des freien Handels, zu Planwirtschaft und Bürokratisierung, droht, aus Kaufleuten Angestellte und Beamte zu machen, in welche die Entwicklung der Industrie sie ohnehin transformiert.

Auch wenn für die großen öffentlichen Aufträge nicht in erster Linie der Ausbau einer mächtigen Kriegsindustrie, die starke Arbeitermassen binden kann, das Gegebene wäre, auch wenn keine revolutionären Tendenzen, keine politischen Ziele zur Aggression trieben, bedeutete dieser Zustand die Aufhebung des normalen Verhältnisses zwischen Krieg und Frieden, den Eintritt in die Friedlosigkeit. Denn alles zwischenstaatliche und innerstaatliche zivile Leben, soweit es sich überhaupt noch entfalten kann, steht im Zwielicht des potentiel de guerre, der totalen Mobilmachung. Der Gegensatz zwischen Bürger und Soldat verliert sich. Ein neuer Typus entsteht, dessen Funktion weder eindeutig kriegerisch noch eindeutig friedlich ist. Die Bildung paramilitärischer Milizen, eine Sicherheitsmaßnahme gegen soziale Unruhen, ist auch dafür kennzeichnend. Kein Beruf kann sich dem Urteil seiner möglichen Kriegswichtigkeit entziehen. Der Gegensatz zwischen Bürger und Soldat verliert sich aber auch in umgekehrter Richtung. Durch technische Komplizierung der Waffen setzt sich Typus und Geist des Facharbeitertums im Heer viel stärker durch als früher. Mit der enormen Zunahme des Anteils der Bevölkerung, der in der Heimat für die Front arbeiten muß, fällt auch noch die letzte Schranke zwischen Kämpfern und Nichtkämpfern: Das Volk in Waffen ist zum Volk als Waffe geworden. Wie durch das Flugzeug der Begriff des Kriegsschauplatzes seinen alten Sinn verloren hat, der Gegensatz zwischen Kriegsgebiet und Heimat relativ geworden ist, so wird auch die militärpolitische und kriegsrechtliche Differenzierung zwischen kriegswichtigen und kriegsunwichtigen Gebieten, Tätigkeiten, Personen, selbst zwischen Männern und Frauen fraglich.

Versucht man sich diesen ganzen Komplex zu vergegenwärtigen, der dem Verhältnis zwischen Friedenszustand und Kriegszustand die Schärfe und Eindeutigkeit genommen hat, so muß man in seiner Bewertung für die politische Entwicklung vorsichtig sein. Die Tendenz zur Totalität, der die Trennung zwischen Staat und Gesellschaft, Friedenswirtschaft und Kriegswirtschaft zum Opfer fällt, ist weder gleichbedeutend mit Krieg noch mit einer der Formen des totalen Staates, die wir kennen. Sie ermöglichte das eine wie das andere, sie hatte und hat daran lebendigen Anteil, aber sie erzwang weder eine bestimmte Staatsform noch eine politische Entscheidung. Auch die parlamentarischen Demokratien mußten sich mit dem Komplex auseinandersetzen und Wege finden, das ehrwürdige Prinzip der Trennung der Gewalten, auf dem die Zivilisation der modernen Welt ruht, in Einklang mit den Anforderungen der totalen Kriegführung und der Krise des Kapitalismus zu bringen.

Auch nach dem letzten Kriege kann niemand sagen, welche der durch die verschiedenen Staatssysteme gegebenen Antworten sich als die dauerhafteste erweisen wird. Die Vorstellung, daß der Einparteienstaat die ideale Form für eine totale und permanente Mobilmachung bietet, da er ja im Grunde nichts als Vorwegnahme des Krieges in den Frieden sein will, ist nicht richtig. Das Plus an Dezision der Leitung, Straffheit der Zusammenfassung aller Kräfte in Richtung auf ein Ziel und Geschwindigkeit des Handelns wird nur auf Kosten sehr elementarer Freiheitsbedürfnisse wirksam, nur durch eine starke Propaganda, d. h. mit einem Minus auf der psychologischen Seite, erreicht. Intensives Training kann für rasche Aktionen einen entscheidenden Vorsprung bedeuten, langdauernde Kriege haben unverbrauchte Reserven und eine deutliche Vorstellung von Frieden nötig, für den man kämpft.

Die erste Frage, welche gesellschaftlichen Kräfte dem Verhältnis zwischen Friedenszustand und Kriegszustand die Schärfe und Eindeutigkeit genommen haben, die für das 19. Jahrhundert charakteristisch war, ist im wesentlichen beantwortet. Seine drei Dominanten, Kapitalismus, Nationalismus, Militarismus, die die großbürgerliche Zeit beherrschten, bestimmen auch den heutigen Zustand. Freilich nicht mehr in ihrer früheren Form, als sie dem Aufstieg der Völker dienten. Nun sind sie in Frage gestellt, der Kapitalismus durch den Verfall der Weltwirtschaft, der Nationalismus durch die Unmöglichkeit, die völkischen Gegensätze nationalstaatlich auszugleichen, der Militarismus durch die zur Hauptsache technisch bedingte Entwicklung des Volkes in Waffen zum Volk als Waffe. Bürger und Soldat, Ökonomie und Staat bewegen sich nicht mehr in so scharf gegeneinander abgegrenzten Bezirken wie früher. Die nivellierende Macht der Demokratisierung, die den Obrigkeitscharakter des Staates schwächt und die Volkssouveränität stärkt, die alten Standesgrenzen zugunsten der Zweckmäßigkeit im sozialen Leben verwischt, hat diesem Vorgang nicht weniger vorgearbeitet wie die Entstehung der modernen Masse. Ausschlaggebend für die Veränderung des Verhältnisses von Krieg und Frieden ist aber in diesem Kräftefeld das Zusammentreffen vornehmlich zweier Entwicklungen, von denen die eine den Krieg, die andere den Frieden revolutioniert: Die Technisierung der Waffen mit ihren Anforderungen an Wissenschaft, Industrie, Wirtschaft und Volksorganisation mitten im Frieden und – um es mit einem Schlagwort zu sagen – die Krise des Kapitalismus.

Und nun die zweite Frage: Welche Perspektiven, die nicht national bedingt sind, nicht mit Tradition und Machtzielen der Staaten zusammenhängen, ergeben sich aus dem veränderten Verhältnis von Diplomatie zur Kriegführung? An diese Frage denkt man meistens nicht, und doch ist sie, da das fragliche Verhältnis zwei Seiten hat, gewissermaßen die Kehrseite der Medaille. Der Frieden ist unter dem Gesetz der totalen Mobilmachung, d. h. im Hinblick auf den Ernstfall, seines früheren Wesens beraubt worden. An die Stelle des Friedens trat Friedlosigkeit. Wie aber wirkt sich der Verlust des Friedensbildes auf die Kriegführung aus? Welchen Einflüssen unterliegt sie durch die Perspektiven, welche mit der verminderten Schärfe und Eindeutigkeit der Abgrenzung gegen den Friedenszustand verbunden sind?

Dies ist keine Frage an die Zukunft, sondern nach den Konsequenzen. Niemand kann, auch nach dem letzten Kriege nicht, prophezeien, wie im Zeitalter des totalen Krieges kommende Kriege geführt werden. In geschichtlichen Dingen läßt sich nichts voraussagen, am allerwenigsten in solchen, die von Urbeginn an unter der Herrschaft der Fortuna standen. Keine noch so große Berechnung vermag den Gott der Schlachten auszuschalten. Unsere Frage bezieht sich also nicht auf das, was kommen kann, nicht auf das Schauspiel, welches die Geschichte mit dem Fundus des totalen Krieges aufführen wird. Sie bezieht sich auf die Perspektiven, die er eröffnet, auf die Konsequenzen, soweit sie sein Verhältnis zum Frieden überhaupt betreffen.

Gehen wir davon aus, daß die Erfahrung des letzten Krieges und die Erwägung der Größe des Einsatzes aller Mittel zu einer politischen, ökonomisch, psychologisch, technisch und militärisch aufeinander abgestimmten Kriegführung zwingen. Die Epoche der emanzipierten, rein militärischen Gesichtspunkten folgenden Strategie ist vorbei. In der Konzeption des totalen Krieges liegt also nicht nur ein entfesseltes, sondern ebenfalls ein bindendes Element. Der rein militärische, vom sozialen Ganzen aus gesehen: der partikulare Krieg des 19. Jahrhunderts schien sich gegenüber der Gesellschaft zu begrenzen. Das erwies sich als Schein, nachdem das Wachstum der Wirtschaft mit dem Wachstum der Kriegsmittel nicht mehr gleichen Schritt halten konnte. Er entpuppte sich als in Wahrheit entfesselter Krieg. Der totale Krieg begrenzt sich gegenüber der Gesellschaft nicht (soweit dem Staat überhaupt noch eine freie Gesellschaft gegenübersteht), ist aber durch seine Grenzenlosigkeit gezwungen, im Rahmen einer Gesamtplanung die militärische Aktion auf das soziale Ganze, seine Möglichkeiten und Kräfte abzustimmen. Er ist seinem Wesen nach gebundener Krieg. »Sein« Friede muß daher ein an das soziale Ganze gebundener sozialer Friede sein.

Diese Gebundenheit an die Totalplanung bedeutet keine Rückentwicklung zu den Prinzipien der optimalen Heeresgröße und der wirtschaftlichen Kriegführung im Sinne des 18. Jahrhunderts. Heute rechnet der Staat mit einer Industrie, die von einer sich ständig umbildenden Technik, von einem dynamisierten Markt lebt, der auf Überbietung der jeweils bestehenden Verhältnisse durch Erfindungen angelegt ist. Heute ist die Kriegführung mit der dauernden Chance belastet, daß neue Waffen den verfügbaren Apparat außer Kraft setzen. Heute ist auch jede nichtmilitärische Tätigkeit der Kriegführung eingeordnet. Die Gebundenheit kann also nicht in einer künstlichen Selbstbeschränkung der militärischen Aktion gegenüber dem bürgerlichen Leben zum Ausdruck kommen, keinem ausbalancierten Zustand zustreben, der die Arbeit des Staates zwischen Krieg und Frieden aufteilt. Sie muß diese Balance vielmehr in jedem Lebensgebiet selbst erreichen, d. h. die Mobilität, Beweglichkeit, Wendigkeit und Umschaltbarkeit in allen Bezirken erhöhen.

Wie diese Aufgabe gelöst wird, ist eine Sache für sich. Die Lösung durch den totalautoritären Staat ist jedenfalls nicht die einzige. Aber sicher ist, daß allen Lösungen die Tendenz gemeinsam sein wird, den Zwang und die Suprematie der rein militärischen Aktion zu lockern, die Staatsführung nicht der einseitigen Logik des Strategen auszuliefern. Die für das 19. Jahrhundert besonders bezeichnenden inneren Spannungen und Kämpfe zwischen Staatsmann und Feldherrn, zwischen Diplomatie und Kriegführung wird man durch den Gesamtentwurf der politischen Aktion unterbinden. Das heißt: *Die Kriegführung nimmt in demselben Maße diplomatischen Charakter an, in welchem die Diplomatie kriegerische Züge gewinnt.* Man wird bestrebt sein, die Schwerfälligkeit sowohl des Ingangkommens wie des Beendens von Feldzügen zu mildern, so wie man bestrebt ist, auch rechtlich den Kontrastcharakter des Krieges zum Frieden abzuschwächen, auf Kriegserklärungen zu verzichten oder einen faktisch bestehenden Kriegszustand nicht als solchen gelten zu lassen. Zivilisierung bzw. Kodifizierung und Verwilderung streiten um den Vorrang.

Womit nicht gesagt ist, daß im gegebenen Fall nicht unvorstellbare Vernichtungsschläge ausgeteilt werden. Die Möglichkeit der Verwendung von Bakterien, Gas oder Atomkraft hängt als Drohung über den Völkern. Aber die Furcht vor den unübersehbaren Folgen, materiellen und geistigen, die Furcht nicht zuletzt vor der Vertilgung auch noch der letzten Reste einer ritterlichen Kriegführung durch kaum mehr einzudämmende Waffen zwingt zu größter Vorsicht. Das Bewußtsein, dank der erfinderischen Naturwissenschaft über Möglichkeiten zu gebieten, welche die gesamte Kultur und die Masse ihrer Träger einer ungewissen Zukunft ausliefert, wirkt unweigerlich mäßigend auf ihre Verwendung ein. Denn alle wissen, daß Krieg ohne Gnade und Schranken heute die Völker in ihrer nackten Existenz trifft und – wenn auch auf höchstem wissenschaftlichen Niveau – den Zustand der antiken Freistaaten oder der Prähistorie wieder aufleben läßt, in dem Sieg die völlige Vernichtung des Volkes bedeutete.

In eben dieser Perspektive wird die Ächtung des Krieges als Mittels nationaler Politik, abgesehen davon, daß sie im Kellogpakt von 1930 zum erstenmal ausgesprochen ist, zu einer moralischen Abwehrkraft sehr problematischer Art, zu einer Realität, mit der heute alle Staaten rechnen müssen. Die ökonomische, technische und menschliche Unverhältnismäßigkeit der verfügbaren Kriegsmittel hat den Abscheu gegen den Krieg im Vergleich zum 19. Jahrhundert zweifellos verstärkt und legt damit den Staaten Beschränkungen auf, die im Kampf um das moralische Alibi ebenso zum Ausdruck kommen wie in der Kriegführung selbst.

Kriege von solchen Perspektiven stehen nicht im Dienste der Ziele, um derentwillen sie entfesselt werden. Sie gehen um größere Dinge, um wirkliche Existenzfragen der Völker, die nicht mit Rohstoffen, Volksgruppen und Grenzlinien beantwortet werden. Bei ihnen stehen Weltauffassungen auf dem Spiel, d. h. sie werden geführt nicht um irgendeines Friedens, sondern um des wahren Friedens willen. Deshalb liegt auf dem totalen Krieg der Schatten einer ganzen Geschichte verlorener Hoffnungen, diesen wahren, d. h. nicht mehr politischen Frieden durch Demokratisierung der Verfassungen, durch Freihandel oder durch Sozialismus zu verwirklichen. Zwar sind diese Hoffnungen nicht widerlegt worden – Geschichte widerlegt nie. Aber die einfache Erfahrung, daß Demokratie und Völkerbund, Freihandel und Sozialismus nicht von selbst die Befriedigung herbeiführen, sondern Macht brauchen, Übermacht eines Friedenswillens, hat im Interim zwischen den letzten Kriegen die Hoffnung auf die Erreichbarkeit eines mehr als politischen Friedens diskreditiert. Die Enttäuschung darüber, daß die Fundamente fraglich geworden sind, auf die man glaubte, einen Frieden gründen zu können, der stärker war als jeder politische Gleichgewichtszustand –, diese Enttäuschung bildet den Hintergrund für das veränderte Verhältnis zwischen Krieg und Frieden.

Um das seltsame Problem noch einmal im Ganzen zu überschauen, sei es gestattet, den Hintergrund, von dem es sich abhebt, geschichtlich zu vertiefen. Wir nehmen hierfür die Hilfe eines Historikers, Friedrich Meinecke, in Anspruch, der in seinem Buch »Die Idee der Staatsräson« auf die gleiche Frage gestoßen ist.[4]

Stets, so sagt er, hing das alte Spiel der rationalen Interessenpolitik und Machtausdehnung ab von den Mitteln, die der gesellschaftli-

---

[4] Friedrich Meinecke, Die Idee der Staatsraison in der neueren Geschichte, München 1924.

che, wirtschaftliche und technische Zustand der Zeiten lieferte. Drei Epochen lassen sich darin unterscheiden, die erste des werdenden Absolutismus bis etwa zur Mitte des 17. Jahrhunderts, die zweite des reifen Absolutismus bis zur französischen Revolution, die dritte der werdenden modernen Nationalstaaten bis zum Ende des 19. Jahrhunderts. Allen drei Epochen gemeinsam ist die vorwiegend agrarische Grundlage, ergänzt durch den städtischen Gewerbebetrieb. Erst in der dritten Epoche beginnt dieser sich zum Industrialismus zu steigern.

In der ersten Epoche des feudalen Agrarstaates war der Staat nach außen und innen relativ schwach. Kriege mit kleinen, mühsam aufgebrachten Söldnerheeren brachten selten durchgreifende Entscheidungen. Daher ging der Krieg sozusagen im Frieden weiter, daher die merkwürdigen Erscheinungen im 16. und 17. Jahrhundert wie mehrjährige Waffenstillstände, Konspiration mit den oppositionellen Elementen im Nachbarland mitten im Frieden, Feindseligkeiten ohne Kriegserklärung und ohne Abbruch der diplomatischen Beziehungen – mit einem Worte: Friedlosigkeit. Der Krieg schwelte im Frieden weiter, der offene Krieg ließ mancherlei Verkehr nebenher zu; allgemein geringere Sicherheit bei größerer Skrupellosigkeit des Machtkampfes. So bezeichnend es ist, daß zu Beginn dieser Epoche Machiavelli auftritt, so bezeichnend ist die Figur von Hugo Grotius an ihrem Ende. Die Friedlosigkeit der Epoche beruht auf der Schwäche der Machtmittel.

Mit der Begründung der stehenden Heere, der Niederwerfung der feudalständischen Widerstände, der merkantilistischen Wirtschaftspolitik wachsen die Machtmittel des Staates. Die innere Sicherheit und Ordnung steigt, die Arbeitsteilung zwischen Berufsheeren und friedlichen Untertanen wird strenger. Die machtpolitischen Abstände zwischen den Staaten nehmen zu und mit der Verstärkung der Mittel wächst die Sorge um das Prestige, die Größe des Risikos und entsprechend die Vertragstreue. Krieg und Frieden treten schärfer auseinander. Der Bürger sollte möglichst wenig merken, wenn der Landesherr Krieg führte. Die Strategie sucht die blutige Schlacht durch das unblutige Manöver zu ersetzen. Staats- und Kriegskunst geben dem Krieg etwas von der Farbe des Friedens. Aber dieser haushälterische Rationalismus entspricht doch auch der Tatsache, daß die Machtmittel des 18. Jahrhunderts ihre sehr bestimmten Grenzen hatten.

Durch die soziale Umwälzung der Revolutionszeit, die Massenheere der allgemeinen Wehrpflicht entstanden ungeahnte machtpolitische Möglichkeiten. Krieg und Frieden gerieten wieder, wie im ersten Zeitraum, nur in weit größeren Dimensionen durcheinander. Und wenn sie in der nachnapoleonischen Epoche der Restauration des alten Staatensystems wieder auseinandertraten, so ist das nicht nur, wie Meinecke sagt, der Furcht der Regierenden vor den dämonischen Mächten der Tiefe zuzuschreiben, die man entfesselt gesehen hatte, sondern dem welthistorischen Novum des Kapitalismus und der progressiven Technik. So konnten kurze Niederwerfungskriege anstelle langatmiger Ermattungskriege die Regel werden und gegen den intensiver gewordenen Krieg ein intensiverer Friede sich abzeichnen.

Aber dabei ist es nicht geblieben. Die Machtmittel wuchsen, und die Reibungsflächen nahmen an Zahl zu. Die zunehmende Verschmelzung von Kapitalismus, Nationalismus und Militarismus ließen den industrialisierten, den technisierten Volksmassenkrieg entstehen. Statt Milderung der kriegerischen Spannung zwischen Staaten, die man von der Republikanisierung erhofft hatte, sieht man sich der neuen Gefahr einer nationalistischen und bellizistischen Fanatisierung der Masse gegenüber. Dabei erzeugte der Kapitalismus neue Kriegsziele in den Gebieten weltwirtschaftlicher Expansion und steigerte die Gefahr, daß jeder Konflikt zwischen Großmächten zum Weltkrieg wird und jeder Weltkrieg zum ideologischen Religionskrieg.

Auf diese Situation gibt der totale Krieg die Antwort. Wenn in der ersten Epoche der neueren Geschichte die Schwäche der Machtmittel Ursache dafür war, daß Krieg und Frieden durcheinanderflossen, so bringt nunmehr im Beginn ihrer vierten Epoche die übergroße Stärke der staatlichen Machtmittel das Gleiche hervor. Nur verbindet sich dem Element der Zweideutigkeit und Friedlosigkeit das Element haushälterischer Planung und Ökonomie, das im 18. Jahrhundert, im Zeitalter des reifen Absolutismus, seine erste Entfaltung gehabt hatte. Unsere Zeit steht, in Erkenntnis der Schrecken, die in ihre Hand gegeben sind, unter dem Gesetz einer dämonischen Synthese aus den Elementen der vergangenen Epochen, aus Planmäßigkeit und Friedlosigkeit.[5]

---

[5] Auf ein paar weniger bekannte Arbeiten sei zum Schluß verwiesen. Zum Problem der Strategie: Edward M. Earle (Ed.), Makers of modern strategy. Military thought from Machiavelli to Hitler, Oxford 1944; Adolf Caspary, Wirtschafts-Strategie und Kriegsführung. Wirtschaftliche Vorbereitung, Führung und Auswirkung des Krieges in geschichtlichem Aufriß, Berlin 1932. Zur Frage Krieg und soziale Struktur: Ernst Rudolf Huber, Heer und Staat in der deutschen Geschichte, Hamburg 1938; auch: Otto Brunner, Land und Herrschaft. Grundfragen der territorialen Verfassungsgeschichte Süddeutschlands im Mittelalter. Veröffentlichungen des Instituts für Geschichtsforschung und Archivwissenschaft, Brünn 1942; weiterhin natürlich Carl Schmitt. Seine Arbeiten wie diejenigen E. Jüngers, Ludendorffs u. a. zum Problem der Totalität dürfen als bekannt vorausgesetzt werden. Einschlägige Literatur auch bei Paul Schmitthenner, Krieg und Kriegführung im Wandel der Weltgeschichte, Potsdam 1930. Zur Frage Krieg und Wirtschaft: E. Silberner, La guerre dans la pensée economique du XVIe au XVIIIe siècle, Paris 1939; ders., The problem of war in nineteenth century economic thought, Oxford 1946. Zum Begriff des Friedens: Harald Fuchs, Augustin und der antike Friedensgedanke. Untersuchungen zum 19. Buch der Civitas Dei, Berlin 1926 (Nachdruck Berlin und Zürich 1965); Hendrik Wagenvoort, Pax Augusta. Gedachten over wereldvrede in het Augusteïsch tijdvak, Groningen und Den Haag 1930; Hans Prutz, Die Friedensidee. Ihr Ursprung, anfänglicher Sinn und allmählicher Wandel, München 1917; Max Scheler, Die Idee des Friedens und der Pazifismus. Aus dem Nachlaß herausgegeben von Maria Scheler, Berlin 1931; Gerhard Ritter, Vom sittlichen Problem der Macht. Fünf Essays, Berlin 1948.

Die Emanzipation der Macht

(1962)

1. Machtfragen hat es immer gegeben, solange Menschen in einer Ordnung zusammen leben. Sie stellt sich nur als Über- und Unterordnung her. Einer soll Herr sein, und wenn es kein Häuptling oder Stammesfürst, kein gekröntes Haupt oder Tyrann sein darf, sondern das Produkt einer Wahl, ein Gremium womöglich im Namen des souveränen Volkes: An den Gesetzen der Macht ändert sich damit nichts.
Irgendwo, irgendwie müssen Entscheidungen fallen, und wer trifft sie? Derjenige, der die Macht dazu hat.
Macht haben kann als übermächtig sein verstanden werden. Dann erweitert sich der Anwendungsbereich des Begriffs auf biologische Verhältnisse, denen der Mensch nie ganz entwächst. In jeder Herde, jedem Rudel gibt es Dominanzen. Die Hackordnung auf dem Hühnerhof oder die Position des Leittieres resultieren aus »Macht«-kämpfen. Die Stärke bestimmt das Übergewicht. Damit ist aber nicht gesagt, daß die Stärke der Position objektive Züge annimmt, ebenso wenig wie die Position selbst. Die Stärke zeigt sich im Vollzug, und im Vollzug gibt sich die Position zu erkennen. Bei menschlicher Macht ist es oft nicht anders, kann es aber anders sein. Sie stellt dann eine Verfügungsgewalt dar, die – wie auch immer erworben – Umschreibung verlangt und Definition braucht. Jede derartige Festlegung schafft Recht und beruft sich auf Recht, unabhängig davon, welcher Art dieses Recht ist, ob traditionell gesichertes Gewohnheitsrecht, geheiligte Sitte oder Recht durch Satzung und Gesetz; unabhängig übrigens vom Umfang der Machtvollkommenheit. Denn auch eine unbeschränkte Macht ist festgelegt.
Beim Menschen geht Macht also nicht in Mächtigkeit auf, sondern löst sich von ihr ab. Sie wird zu einer objektiv zu behandelnden Möglichkeit und figuriert als Verfügungsgewalt von je besonderer Art im Rahmen einer Rechtsordnung, die ihrerseits auf sie angewiesen bleibt. Macht im menschlichen Sinne ist notwendig auf

Recht bezogen. Macht und Recht gehören strukturell zusammen, auch wenn sehr oft das eine als Widerpart und Bedrohung des anderen erscheint, das Recht als Zügel und Schranke, die Macht als sprengende, anomische Kraft. Machterwerb und Machtgebrauch fügen sich nur bedingt vorgegebenen Regeln und schließen von Natur die Gefahr in sich, eine Ordnung zu stören und umzustoßen.

Macht im entfalteten Sinne gehört demnach zur res publica und konnte, solange das politische Gemeinwesen wie eine sachliche Gegebenheit hingenommen wurde, nicht für sich ins Blickfeld treten. Die antike Philosophie, Patristik und Scholastik waren am Aufbau und an der Aufrechterhaltung einer gerechten Ordnung interessiert und hatten Herrschaft und Herrscher zum Gegenstand. Was sie zum Denken brachte, war die Erfahrung des Machtmißbrauchs und der Brüchigkeit jeder Herrschaft. Wechsel der Verfassung, Verlust alten Rechts, Unterdrückung und Empörung haben sich in ihren Reflexionen niedergeschlagen, sie aber nicht dazu vermocht, die in eine politische Ontologie eingeschmolzenen Fragen nach der besten Staatsordnung einzuklammern und zur Fragwürdigkeit einer Staatsordnung überhaupt vorzustoßen. Erst ein derart grundsätzliches Mißtrauen gegen überkommene Gegebenheiten hätte die Voraussetzung für die Entdeckung jener Wirklichkeit geschaffen, in der sich die Machtkämpfe abspielen und Macht als normsetzende und -zerstörende, selbst aber normlose Größe in Erscheinung tritt.

Dazu war ein Standort dem Staat gegenüber notwendig. »... so hat ihn die alttestamentliche Prophetie, so das Neue Testament (der Staat wird nicht einfach als Tatsache hingenommen, sondern er bedarf der Legitimierung)«.[1] »Seit dem Christentum ist Staatstheorie im letzten Grunde nicht mehr konstatierendes, sondern rechtfertigendes und kritisierendes Denken. Und zwar ist dies Denken gegenüber einem in der Hauptsache noch traditionalen Staat, den es hinnehmen muß und höchstens noch rationalisieren kann, praktisch auf Grenzziehung beschränkt: christliche, aufklä-

---

[1] Rudolf Smend, Das Problem der Institutionen und der Staat. Staat als Beruf, in: Zeitschrift für evangelische Ethik VI.2. (1962), S. 67.

Die Emanzipation der Macht

rerische, liberale Staatstheorie sind praktisch sämtlich Fragen nach den Grenzen des Staats.«²
Rudolf Smend, den wir hier zitieren, betont, daß diese zweite Stufe in der »Weltgeschichte des Staatsproblems« sich nicht einfach von der ersten ablösen läßt, sondern von ihr »jahrhunderte-, ja jahrtausendelang« überlagert war. So macht sich die Überlagerung etwa in der niedrigeren Einschätzung des Staates bei den Kirchenvätern und Scholastikern bis hin zu Machiavelli bemerkbar. »Erst als die traditionalen Gegebenheiten mehr oder weniger aufgelöst sind, wird aus einer negativen Theorie der Grenzen endgültig und notwendig eine positive Theorie der staatlichen Aufgaben. Das ist das, was Rousseau, Hegel, Marx gemeinsam ist, was aber dann auch die Gegenwehr gegen sie im Grunde übernehmen muß. Aus der Kritik wird die Verteidigung des Staates zur eigentlichen Aufgabe der Theorie, vollends seit seiner radikalen Krise ... im 20. Jahrhundert. Die beiden früheren Fragen nach seinem Wesen und seinen Grenzen sind abgelöst durch die dritte, die apologetische Frage nach seinen Aufgaben, die ihn rechtfertigen ... Das wahre Problem des Staats und seiner Theorie liegt ... in seiner Neubegründung in der Leere zwischen den Schutthaufen des zweiten Weltkrieges.«³
Die Konzeption dieser Dreistufenfolge des Denkens über den Staat erweist sich als fruchtbar für das Problem der Macht. Realisiert man sich nämlich die Bedeutung, welche der Glaube an den allmächtigen Gott und seine Gebote für die Haltung zum irdischen Staat hatte, so wird verständlich, daß der mit der Glaubensspaltung in der Reformation und mit der Aufklärung in Gang gekommene Säkularisierungsprozeß den transzendenten Machtbegriff nicht unangetastet lassen konnte und ihn der menschlichen Sphäre annähern mußte. Die radikale Infragestellung, welche sodann die Emanzipation der bürgerlichen Gesellschaft vom (bereits verfassungsmäßig angegriffenen) Staat und schließlich die Industrialisierung ermöglicht haben – die moderne Skepsis ist ihr Spiegel und zugleich ein wesentlich die Auflösungsvorgänge vorantreibender Faktor –, mündet in der Problematik der menschlichen

2 Ibid., S. 67.
3 Ibid., S. 67.

Macht als Quelle (und Zweck?) des »Staates«. Mit dem Schwinden der Selbstverständlichkeit einer gegebenen staatlichen Ordnung wächst das Interesse am Begriff der Macht, der in der Lage ist, den staatlichen Bereich der politischen Sphäre, diese aber wiederum der gesellschaftlichen Wirklichkeit einzuordnen. Machtbegriff und Machttheorie sind daher jungen Datums und Spätprodukte eines Denkens, das zur Staatlichkeit kein natürliches Vertrauensverhältnis mehr besitzt.

2. Kein Zweifel: Die Tatsache, daß das Thema Macht als solches literarisch heute eine weit größere Rolle spielt als noch im 19. Jahrhundert, hängt nicht nur damit zusammen, daß die stärkere Ausfächerung der Wissenschaften von Mensch und Gesellschaft mehr Gelegenheit zu derartigen gelehrten Diskussionen bietet, als vielmehr mit den Ursachen, welche dieser Ausfächerung zugrunde liegen. Das steigende Bedürfnis, gerade auf Macht und Machtverhältnis dabei den Nachdruck zu legen, wird offenbar durch eine Fülle beunruhigender Vorgänge in Staat und Wirtschaft geweckt, die zur Genüge bekannt sind, wie schwindende Autorität überkommener Einrichtungen, Hypertrophie in Gesetzgebung und Verwaltung, Entstehung und Ausbreitung intermediärer Machtzentren (»Herrschaft der Verbände«), Ideologisierung des politischen Handelns und, last not least, die Entdeckung des Machtpotentials der Wissenschaft. Deutlich haben diese Transformationen seit 1914 an Schnelligkeit und Umfang zugenommen. Sie charakterisieren die Spätphase des Imperialismus der hochindustrialisierten Staaten ebenso wie die Epoche, an deren Beginn wir stehen, der Bildung moderner Großmächte im Osten und der nationalen Emanzipation der alten Kolonialgebiete.

Die Thematisierung der Macht spiegelt alle diese Vorgänge wider, die ihre geschichtliche Herkunft nicht verleugnen können. Gleichwohl sind sie von solcher Art und Intensität, daß sie den Rahmen sprengen, in dem früher Fragen der Macht vornehmlich behandelt wurden. Die Arcana der Macht gehörten dem Staat und der Kirche als den von Gott dem Herrn eingesetzten Hütern menschlicher Ordnung. Sie besaßen kraft ihrer Auctoritas und Potestas das legi-

Die Emanzipation der Macht

time Monopol physischer Gewaltanwendung gegen den Rechtsbrecher. Wenn sich die Sanktionen der kirchlichen Macht im Laufe der nachmittelalterlichen und nachreformatorischen Geschichte physischer Gewaltsamkeit, wie sie der Staat anwendet, zunehmend enthielten – was natürlich der irdischen Entmachtung der Kirchen entsprach –, so bedeutet dieser Vorgang im Endresultat die Bekräftigung eines für die christliche Welt immer schon anerkannten Dualismus geistlicher und weltlicher Macht, damit aber die unvermeidliche Hinwendung zu einer Formalisierung des Machtbegriffs, der auf diese Weise zu verstehen gibt, zwei verschiedene Arten von »Macht« zu umfassen. Konfessionalisierung des Glaubens unter zunehmender Akzentuierung des Gewissens des einzelnen und Bildung des Staatenpluralismus wirkten schließlich dahin, daß die geistliche Macht, unbeschadet ihrer Verkörperung in der Kirche, verinnerlicht, die weltliche Macht im Gegensatz dazu veräußerlicht und an sichtbare Manifestation gebunden wurde. Der Barockfürst will seine Macht »zeigen«.
Die Vermutung liegt nahe, daß der moderne Rationalisierungsvorgang, dessen Auswirkungen auf die staatliche Lebenssphäre im 17. Jahrhundert zu klaren und dauerhaften Einrichtungen geführt hat, so wie er selbst ein Produkt gesteigerten Machtbewußtseins gewesen ist, auch das Gefühl für Macht als einer spezifisch menschlichen Größe befördern mußte, und zwar im ambivalenten Sinn, als das, was Ordnung sichert, und als das, was sie bedroht. Jede Regelung bedeutet Eindämmung und schafft als solche ihr Gegenteil. Wo immer wir kanalisieren, engen wir Abflußmöglichkeiten von Energie ein. Bei Wasser oder Elektrizität mag das zu übersehen sein, ob aber bei menschlicher Begierde, ist eine offene Frage. Denn wir wissen aus Erfahrung, daß Bedürfnisse gemacht werden können und daß menschliches Verlangen nicht nur unbegrenzt, sondern auch unbestimmt ist. Jeder Nomos bezwingt eine Anomie, um eine von ihm nicht bedachte Anomie in die Welt zu setzen. Zunahme der Beherrschung natürlicher und, wenn auch in bescheidenerem Maße, menschlicher Dinge, muß die Räume des Unbeherrschbaren wenn nicht geradezu vergrößern, so doch dem planenden Willen aufdringlicher machen, das eigene Könnensbe-

wußtsein verstärken und damit das Interesse an Macht als solcher dominant werden lassen.

Damit ist gesagt, daß für Gesellschaften, die noch nicht den Weg der »Rationalisierung« eingeschlagen haben, wie die europäische Welt ihn seit dem Ende des Mittelalters mit wachsender Bewußtheit geht, solche Probleme unzugänglich, genauer: undurchsichtig sein mußten oder sich gar nicht erst stellen konnten. Natürlich kannten sie Machtprobleme, aber eben nicht als Probleme einer wertindifferenten Dynamik, die dem menschlichen Zusammenleben inhärent ist. Sie begegneten ihnen in der Form von Herrschaft und Herrentum, von gerechter und ungerechter Ausübung von Autorität, Geschütztsein und Bedrücktsein durch eine Ordnung, die, solange sie gilt und hingenommen wird, ihren Machtcharakter verhüllt und ihn erst fühlbar werden läßt, wenn sie aus irgendeinem Grunde brüchig geworden ist. Als im alten Griechenland die angestammte Ordnung ländlich-familialer Struktur an und in den Städten dem Ehrgeiz neuer Schichten und der Kritik ihrer Wortführer zum Opfer fiel, suchte Plato ihren Argumenten zu begegnen und die Berufung auf das Naturrecht des Stärkeren ad absurdum zu führen. Machtkampf war die Voraussetzung der Debatte, auch wenn es ihr thematisch um gerechte, richtige, gute Ordnung ging. Wenn bei Aristoteles der Zyklus der Regierungsformen als innerlich motivierter Kreislauf erscheint, so hat sich in dieser These reiche Erfahrung mit Machtkörpern niedergeschlagen. Aber was ihn daran interessierte, war nicht die Einsicht in die Dynamik der Machtbildung, sondern in die Unhaltbarkeit extremer Verfassungen.

Einen wesentlichen Schritt zur Emanzipation des Machtgedankens, das heißt der Freilegung des Begriffs der reinen Macht in einem schließlich wertneutralen Sinne, erzwang die Geschichte mit der ihr durch den Dualismus von Kirche und weltlichem Staat gewonnenen Zuwachs an Dimension für den Bereich von Auctoritas und Potestas.[4] Papst und Kaiser, Statthalter des Allmächtigen auf Erden, waren miteinander konkurrierende Gewalten, die in dem Maße ihrer gegenseitigen Kompetenzabgrenzung (etwa im

---

[4] Über ihre ursprüngliche Bedeutung vgl.: Franz Wieacker, Vom römischen Recht. Zehn Versuche, 2. neubearb. u. erw. Aufl., Stuttgart 1961, S. 11 ff.

Sinne der Zweischwertertheorie) als zwei Arten eines übergeordneten Genus erscheinen. Ihre Notwendigkeit wiederum wurzelt im Sündenfall. Korrupte menschliche Natur und göttliche Gnade sind in der Duplizität von Civitas terrena und Civitas dei inkorporiert, so zwar, daß diese Institutionen der Herrschaft den geistigen Raum nicht zur Gänze ausfüllen, sondern sich selbst noch wieder von einem Hintergrund abheben, den die nie erloschene Erinnerung an urchristliche Liebesgemeinschaft und völlige Gewaltlosigkeit im Bewußtsein der Gläubigen bildet. Gegen dieses Ideal gehalten wird Macht schlechthin zu etwas Vorläufigem, irdische Macht zu etwas Bösem, ob sie nun gerecht oder ungerecht zur Anwendung kommt. Der späteren Formalisierung des Machtbegriffs war damit entscheidend vorgearbeitet. Denn war einmal die Kirche gezwungen, im Zuge der Konfessionalisierung des Glaubens ihre geistliche Macht zu verinnerlichen und sich in steigendem Maße physischer Gewaltmittel zu enthalten, dann bewirkte dieser Prozeß eine Vergeistigung ihres eigenen Machtauftrages. Im Kontrast dazu veräußerlichte sich die irdische Staatsmacht. Gleichwohl erfuhr auch sie eine Formalisierung, weil sie nicht in einem einzigen Staatskörper repräsentiert war, sondern sich auf viele Staaten verteilte. Der neuzeitliche Staatenpluralismus beförderte also auf seine Weise die allmähliche Herausarbeitung eines allgemeinen politischen Machtbegriffs und wurde zur Stütze der durch die Glaubensspaltung unvermeidlich gewordenen Vergeistigung und Generalisierung kirchlicher Macht.

3. So bedeutsam diese Differenzierungsvorgänge auch gewesen sind, um das Interesse an Macht als einer gesellschaftlichen Größe von politischem Gewicht zu entwickeln, ist die Emanzipation des Machtbegriffs im wertneutralen Sinn doch erst durch das naturwissenschaftliche Denken vollendet worden. Nun erst reicherte er sich mit einer Bedeutung an, die Menschen und Dinge in eine gemeinsame Perspektive rückt, mit der Bedeutung von Kraft als einer »Körper« und »Bürger« gleichermaßen beherrschenden Größe.[5]

[5] Vgl. (Anonymus), Grundsätze der Realpolitik, angewendet auf die staatlichen

Programmatisch geschieht das zum ersten Male bei Hobbes, der unter Voraussetzung einer elementaren Kraft (Selbsterhaltungstrieb – Todesfurcht) die in Ansatz gebrachte Anarchie mit Hilfe einer obersten Befehlsgewalt, die ihre Autorität allein von dieser Funktion her bezieht, unwirksam werden läßt. Der Verzicht des einzelnen auf seine Willkür verlangt nur Einsicht in einen Antagonismus von Kräften, denen menschliche Naturen unterworfen sind. In seinem Gewissen, in seinen innerlichen Überzeugungen bleibt der einzelne unangetastet, nur äußern darf er sie nicht, darf sie nicht zu Geltung bringen, will er nicht damit den Bürgerkrieg zum Dauerzustand machen. Mit Totalitarismus im modernen Sinne hat diese Lösung höchstens formal Verwandtschaft. Denn die oberste Befehlsgewalt wird nicht im Namen einer Idee, eines Dogmas ausgeübt; sie ist bloße Ordnungsmacht. Gerade um den unentscheidbaren Überzeugungskämpfen zu entgehen, bleibt den Menschen einzig das Reduit der Unterwerfung unter die Gesetzlichkeit der zentralen Macht.

Einem Machiavelli lagen derartige Gedanken noch völlig fern, auch wenn sein »Principe« mit einem gewissen Recht als Beitrag zur Naturgeschichte der Macht verstanden werden kann. Doch kommt das einfach daher, daß er unter bewußter Ausschaltung jeder moralischen Bewertung das Handeln des Herrschers in gegebenen Situationen analysiert. Gegeben ist ein Machtsubjekt, das seine Position sichern und gegebenenfalls ausbreiten will, und Machiavelli fragt, welche Maßnahmen ergriffen werden müssen, damit ein solcher Wille Erfolg hat. Die Reduktion auf durchschlagende Motive, die er mit seiner Analyse vornimmt, und die strikte Befolgung eines Wenn-So-Schemas in ihr mußten unvermeidlich auf das Generelle einer Machtdynamik hinführen, obwohl sein Traktat an keiner Stelle ausdrücklich davon spricht und ihm programmatische Methodik, wie sie das Denken von Hobbes charak-

---

Zustände Deutschlands, Stuttgart 1853, S. 1: »... daß das Gesetz der Stärke über das Staatswesen eine ähnliche Herrschaft ausübt wie das Gesetz der Schwere über die Körperwelt.«*

* Der Autor der »Grundsätze« ist vermutlich August Ludwig von Rochau; allerdings wird sein Name erst in der zweiten Auflage von 1859 genannt.

terisiert, fremd ist. In der Sicht einer späteren Entwicklung, die er nicht ahnen konnte und die er nicht vorwegnehmen wollte, kann man ihn einen Anatomen und Physiologen der Machtpolitik des italienischen Stadtstaates des Quattrocento nennen. Er selbst wollte nur Anweisungen geben ohne methodische Ambition im Sinne mechanischer Naturwissenschaft, die für Hobbes bereits greifbare Bedeutung besaß. Machiavellis Realismus ist an den römischen Historikern geschult, Hobbes' Rationalismus dagegen nimmt sich die klassische Mechanik zum Vorbild.

Beide Denker sind in der Folgezeit den gröbsten Mißverständnissen ausgesetzt gewesen, was für Machiavelli leicht zu erklären ist, weil er den Fürsten als ein Bündel Interessen zeigt und damit das Vatertabu verletzt. Für Hobbes liegen die Dinge insofern komplizierter, als das 19. Jahrhundert unter dem Eindruck der erreichten Stabilisierung des europäischen Staatensystems, der Verbürgerlichung und des Fortschrittsglaubens seine Situation, in der er geschrieben hat, die verzweifelte Situation eines Bürgerkrieges, nicht mehr verstand. Aber es gibt noch andere Gründe, zumal für die bis heute andauernde Erschwerung des Hobbes-Verständnisses. Daß man ihn in der Zeit des Dritten Reiches zum Theoretiker des Totalitarismus machte (Carl Schmitt), lag nahe, auch wenn dabei entscheidende Differenzen einfach unter den Tisch fielen. Von weit größerer Bedeutung dagegen war, woran man gewöhnlich nicht denkt, die Entwicklung des naturwissenschaftlichen Denkens unter dem Einfluß vor allem der Biologie und der Entwicklungsgeschichte. Das ist um so erstaunlicher, als Darwins Lehre von der Allmacht der Naturzüchtung, die mit dem Gedanken des Kampfes ums Dasein Hobbesschen Gedanken ganz nahesteht, offensichtlich gegen Hobbes ins Feld geführt werden kann und immer noch besser zu Locke, zum Liberalismus und seinem Apologeten Spencer paßt als zur Theorie des absoluten Notstaates und der durch seine höchste Befehlsgewalt erreichbaren Befriedung.

Das Paradox läßt sich verhältnismäßig einfach lösen, wenn man die treibende Kraft in Darwins Konzeption beachtet, den Mechanismus der Selektion. Die Natur selbst heilt die Wunden, die sie schlägt, nicht der Mensch. Dadurch, daß sie das Schwächere ausmerzt, läßt sie das Stärkere und Mächtigere leben, und zwar mit dem Effekt einer Steigerung seiner Macht. Den Organismen (und damit den Menschen) fällt durch den Kampf aller gegen alle, wenn auch in einem langwierigen Entwicklungsgang, das von selbst zu, was eine gewaltsame Planung, wenn überhaupt, dann nur auf immer gefährdete Weise und kurze Zeit und, was der wichtigste Einwand gegen einen derartigen künstlichen Eingriff ist, auf stabilisiertem Niveau erreichen könnte. Die Allmacht der Natur überspielt ihre Geschöpfe, auch ihr bis heute mächtigstes, den Menschen. Wendet man den Gedanken ins Soziologisch-Politische, was Darwin fernlag, nicht aber Spencer, so heißt das: Hände weg vom freien Spiel der Kräfte, Bejahung der Konkurrenz, Befreiung der Wirtschaft und des Handelns von der Vormundschaft des Staates. In dieser Argumentation sitzt natürlich ein Kurzschluß, den auch der Sozialdarwinismus sehr bald herausgefunden hat. Aber darum geht es hier nicht. Wichtig ist in diesem Zusammenhang nur, daß man die Widerstände begreift, welche die Entwicklung des biologischen Denkens im 19. Jahrhundert, im Zusammenhang mit dem typisch wirtschaftlich und industriell motivierten Denken über Staat und Gesellschaft dem Verständnis Hobbes' entgegengesetzt hat.

Mit dem Sozialdarwinismus, der bezeichnenderweise im wilhelminischen Deutschland starke Resonanz fand, weil er dem nicht mehr liberal-ethisch motivierten, ungehemmten Konkurrenzstreben des imperialistischen Kapitalismus eine Rechtfertigung gab, steht es logisch auch nicht besser. Der Kurzschluß läuft nur anders, doch ist das in diesem Zusammenhang unwichtig, wie denn überhaupt logische Haltbarkeit von Argumenten und Ideologien für ihre Anziehungskraft leider wenig besagt. Wohl aber ist der Sozialdarwinismus für die Geschichte des Machtgedankens von Bedeutung. Wenn die Natur, so sagt er, wie ein Züchter verfährt, muß der Mensch (der das Verfahren als einziger unter den Lebewesen durchschaut hat) ihr nachhelfen, und zwar nicht nur bei Tulpen, Rosen, Hunden oder Silberfüchsen, sondern vor allem bei sich selbst. Mit solcher Planung erfüllt er geradezu die durch seine

Entschlußkraft hindurch wirkende Allmacht, und zwar blinde Allmacht der Natur, er macht sie sehend. Er ist mit seinem Erkenntnisvermögen die entwicklungsgeschichtlich gewordene Durchbruchsstelle. Bis zur Erscheinung des darwinistisch aufgeklärten Zoologen ging alles von selbst nach dem Ausmerzmechanismus im Kampf ums Dasein. Die Organismen wurden hochgetrieben, sie erlitten gewissermaßen ihre Entwicklung. Jetzt kann es anders werden. Der allmächtige Naturmechanismus gibt sein Geheimnis preis. Der Mensch kann sich seiner bedienen, sich ihm bewußt anpassen und schließlich, so wie es mit allen erkannten Naturgesetzen bisher gegangen ist, ihn beherrschen und auf ihm spielen. Die Gottheit, aufgenommen in unseren Willen, steigt von ihrem Weltenthron, und der Mensch nimmt ihre Stelle ein.

Wird *er* es dann aber bei ihrer Art von Machtausübung lassen? Wird er weiter so wie sie verfahren, die Starken fördern und die Schwachen ausmerzen? Nietzsche, gewiß kein Wortführer des Sozialdarwinismus, aber in manchen seiner Äußerungen ein ihm sehr genehmer Autor, sagt: Was fallen will, das soll man auch noch stoßen. Darf die blonde Bestie zum Leitbild der planenden Eugenik werden? Hat es Sinn, den Menschen als Rasse zu sehen und durch Heiratsgesetze zu dirigieren? Läßt sich die bis zur Emanzipation der Kolonialvölker unbestritten gewesene Vorherrschaft Europas und Amerikas, der Weißen also, als eine Anweisung der Natur verstehen? Die Sozialdarwinisten stellten diese Fragen kaum, und sie hätten ihre Voraussetzung verleugnen müssen, wären ihnen außerbiologische Möglichkeiten von Stärke und Schwäche in den Sinn gekommen. Nachdem der Nationalsozialismus mit dem Biologismus Ernst gemacht hat, scheint die Sache ein für allemal erledigt zu sein. Aber man täusche sich nicht, ihre Aktualität ist ungebrochen. Die Frage einer möglichen Planung der Erbsubstanz überlebt die dilettantischen Theorien aus der Zeit der letzten Jahrhundertwende und die verbrecherische Praxis des Dritten Reiches. Ja, man kann sagen, daß der Gedanke der Planung durch die Entwicklung der wissenschaftlichen Genetik nun erst unausweichlich zu werden beginnt. Heute steht die Menschheit unter dem Druck der Erfahrung mit der Atomkraft. In ein, zwei Dezennien wird es der schöpferische Eingriff in das Leben selbst sein, der die Politik zu Entscheidungen zwingt.

Das Programm des Sozialdarwinismus mag naiv und dilettantisch gewesen sein, barbarisch war es sicher. Aber daß es überhaupt den Schritt erwog, das, was bisher Sache der Natur gewesen war, in Zukunft selber zu machen und Menschensorten zu züchten (nach welchem Maßstab, kann hier außer Betracht bleiben), bedeutet nicht nur ein Sich-Herr-Fühlen über das Leben, sondern ist allein aus einem spezifisch neuen Machtverständnis des Lebens und der von ihm getragenen menschlichen Gesellschaft zu begreifen. Die dilettantische Rassenwertskala und die Indienstnahme aller menschlichen Lebensäußerungen durch den Staat sind nur symbolische Umschreibungen für die kategorische Forderung, ein Summum an Macht zu produzieren, die, weil sie dem Willen in der Natur, einem blinden Willen, zu Erfüllung verhilft, in die Position des höchsten Gutes einrückt.

Nun hat die Biologie (und in ihrem Gefolge vor allem die Soziologie) den Gedanken eines monolinearen Aufstiegs in der Geschichte der Organismen aufgegeben. Darwin, immer wieder totgesagt, lebt im Neodarwinismus weiter, doch hütet man sich, die formgestaltenden Kräfte des Lebens allein Selektionsmechanismen zuzuschreiben. Man rechnet noch mit anderen, organischen Systemen inhärenten Faktoren. Nur eins ist sicher: Spencer ist tot. Fortschritt als Wertsteigerung gibt es nicht mehr. Die in der Entwicklungsgeschichte der Wirbeltiere zu konstatierende steigende Zerebralisierung bis hin zu den Primaten und ihrem jüngsten Produkt, dem Menschen, läßt sich nicht einfach in den geschichtlichen Rationalisierungsprozeß Europas und seiner Tochterkulturen fortsetzen, wie der naive Evolutionismus um 1900 angenommen hatte. Historische Analyse und vergleichendes Studium der Kulturen haben uns gezwungen, das eigene Wertsystem zu relativieren und die Einseitigkeit dieser Relativierung anzuerkennen. Machtgewinn kann kein Wertmaßstab mehr sein.

4. Für das verhältnismäßig späte Erwachen des Interesses politischer Theorie am Machtbegriff, von dessen geistesgeschichtlichen

Wurzeln – religiösen und naturwissenschaftlichen – bisher die Rede war, gab jedenfalls die Veränderung der politischen Praxis den Ausschlag. So unmittelbar, daß die Frage berechtigt ist, ob nicht die Praxis selbst schon weitgehend von dem Verständnis für den Begriff der Macht bestimmt worden ist und nicht – wie man leichthin annimmt – die Theorie nur von der Praxis als ihr bloßer Reflex. Vermutlich läßt sich die Frage generell nicht entscheiden, nur das eine ist sicher: Praxis und Theorie mußten sich anderen politischen Aufgaben gegenüberfinden als in früheren Jahrhunderten, damit Machtinteresse und Machtbegriff die Szene beherrschen konnten. Solche anderen Aufgaben stellte die durch die Industrialisierung veränderte Gesellschaft, an welcher die staatliche Tradition zerbrach. Die Herausbildung des Machtbegriffs als einer auf alle sozialen Zonen und Prozesse, einschließlich der spezifisch staatlichen, bezogenen Kategorie politischen Handelns begleitet den geschichtlichen Durchbruch zum Imperialismus und zur elitären Demokratie im 19. und 20. Jahrhundert.

Wesentlich verschärfend wirkte sich dabei die Tatsache aus, daß die Industrialisierung im alten Europa durch die Bildung neuer Nationalstaaten angeheizt wurde, die ihrerseits neuen Konfliktstoff schufen und nach Jahrzehnten relativer Stabilität eine Ära der Unruhe und Gewaltsamkeit einleiteten. Die jung etablierten politischen Körper entstammten kriegerischen Entscheidungen und bedurften militärischer Macht, um sich zu halten. Sie bedurften industrieller Macht, um militärisch gerüstet zu sein. Das Interesse an nationalen Industrien, die ihrer Natur nach expansiv sind, zwang den jungen und den alten Staaten zunächst der klassischen Staatengesellschaft Europas den Übergang zur imperialistischen Politik auf. Zugleich aber brachte die industrielle Expansion eine Verschärfung der Klassengegensätze zuwege, deren Überwindung nur international, das heißt durch Lösung der nationalen Interessenbindung der Industrie an den Staat möglich zu sein schien. Von solcher Situation des Konflikts zwischen industrieller Entfaltung, welche nationalstaatliche Fesseln zu sprengen bestrebt sein mußte, und nationaler Selbstbehauptung, ist der Machtbegriff aktualisiert worden: Macht als eine zwar normschaffende, selbst aber normlose Größe, die weiter reicht als der staatliche Interessenhorizont.

Wenn unter dem Eindruck der bestürzenden Erfahrung der Epoche der Weltkriege die Literatur über das Machtproblem erheblich anwuchs – wir erinnern nur an die Bücher von de Jouvenel, Ritter, Russel, Ferrero, Guardini und Wieser, die selbst wieder ohne Nietzsche, Sorel, Mosca und Pareto nicht denkbar sind –, so liegen die Anlässe dazu auf der Hand. Man darf auch nicht vergessen, daß sie auf einen im 19. Jahrhundert zeitweilig stark gewesenen optimistischen Idealismus traf, welcher den Fortschritt der Wissenschaft und Industrie mit der automatischen Eliminierung der Macht (Entscheidung durch Gewalt) gleichsetzte. Wiesers Gesetz von der abnehmenden Macht ist noch ein spätes Dokument dieser Überzeugung, daß von der Wirtschaft die Befreiung kommt. Für Spencer und den klassischen Liberalismus wird die Militärmacht, das heißt die politische Gewaltentscheidung, der wachsenden ökonomischen Interessenverflechtung auf die Dauer weichen. Für Marx treibt der Machtapparat des Staates, da er nur das Mittel zur Aufrechterhaltung einer Klassenherrschaft ist, durch die Logik der Produktionskräfte seinem Untergang zu. Was aber die beiden wirtschaftsgläubigen Bewegungen des 19. Jahrhunderts nicht gesehen hatten und womit sie in der Viktorianischen Epoche auch nicht hatten rechnen können, war die Wandelbarkeit der staatlichen Macht, die mit der Entstehung außerstaatlicher Machtzentren Hand in Hand ging: die Verschiebung der (für sich noch klargewesenen) Abgrenzung zwischen staatlich-obrigkeitlicher und wirtschaftsgesellschaftlicher Domäne.

Mit der Liquidation nicht nur dieser Theoreme, sondern des ganzen Fortschrittsoptimismus – der Fata Morgana des heraufziehenden wissenschaftlichen Zeitalters – verstärkte sich das Machtbewußtsein, Ausdruck enttäuschter Hoffnungen und der Skepsis gegen grundsätzliche Veränderbarkeit des Menschen, der Ernüchterung und des Realismus sogenannter nackter Tatsachen. Hand in Hand damit ging die Umbildung der Gesellschaft von einer durch Aristokratie und Honoratiorenfamilien bestimmten zu einer, wie man gesagt hat, meritokratischen, auf Leistung gestellten, Herkunft und vererbten Besitz zunehmend entwertenden offenen Wettbewerbsgesellschaft: jeder soll nach oben kommen können. Wie aber kann sich dieses Oben anders verstehen, es sei denn als Macht, wenn das Denken in Prestigeskalen unter dem Kommando des Aufstiegs für jedermann allmählich die Gesellschaft beherrscht? Die Niederlegung ständischer Schranken, die Nivellierung der Berufe und Ämter zu Jobs entfärbte die bunte Fülle einer in ihrem Aufbau früher für unveränderlich gehaltenen Gesellschaft zu Möglichkeiten übernehmbarer und auswechselbarer Stellen und Funktionen. Sie wirkte wie ein Reduktionsmittel, das an dem Höher nur ein Mehr, an dem Niedriger nur ein Weniger übrig läßt. Mehr oder weniger Ansehen und Einfluß aber bestimmt sich am Können, am »Vermögen« – nicht notwendig im eingeschränkten Sinne von Kapital, wohl aber im Hinblick auch darauf.[6] In dieser Hinsicht unterscheiden sich die industriellen Gesellschaften heute nicht mehr, ob sie unter kapitalistischem oder kommunistischem Vorzeichen stehen: Beide denken meritokratisch – was als Meriten angesehen wird, mag dabei sehr verschieden sein –, beide funktionieren nach elitärem Prinzip.

Die Auffassung der Gesellschaft und ihrer staatlichen Verfassung als eines Ensembles offener und versperrter Chancen, die sich nach den Fähigkeiten und Verdiensten eines jeden richten sollen, intensiviert im Bewußtsein des einzelnen wie der Öffentlichkeit das Denken in Machtbegriffen, das heißt die Beurteilung jeder Situation unter Gesichtspunkten gegebener oder versagter Verfügungsgewalt. Radikale Demokratie muß genau in dem Maße, in welchem sie sich zum Prinzip der Chancengleichheit für alle bekennt – ein Prinzip offener Beweglichkeit und der Auslese nach Fähigkeit und Leistung –, den Dynamismus der Macht als der Gesellschaft inhärent anerkennen. Für Gesellschaften nichtelitären Typs der vorindustriellen Ära war diese Notwendigkeit nicht gegeben. Ihnen blieb die Kategorie der Macht verborgen oder auf den begrenzten Bereich beschränkt, in welchem Kämpfe um Herrschaft von jeher sich abspielten und entschieden wurden.

[6] Zum Thema der strukturellen Verwandtschaft zwischen Geld und Macht vgl. Georg Simmel, Philosophie des Geldes, Leipzig 1900.

5. Die Emanzipation der Macht vom Staat hat ihren Ausdruck in der berühmten Definition Max Webers gefunden, Macht sei die Chance, innerhalb einer sozialen Beziehung den eigenen Willen auch gegen Widerstreben durchzusetzen, gleichviel, worauf die Chance beruht.[7] Das heißt, Machtverhältnisse sind nicht sozialen Verhältnissen bestimmter Art vorbehalten, sondern können sich in jeder Situation bilden und ihr damit einen »politischen« Charakter verleihen. Wo immer Interessenkonflikte auftreten – die Definition sagt nichts über den Charakter der interessierten Subjekte, ob Individuen oder Gruppen, und läßt demnach die Ansatzflächen, die Auslösungsfaktoren solcher Konflikte offen –, appellieren sie an Macht, welche das jeweilige Übergewicht an physischer oder ökonomischer Stärke, an Ansehen, Autorität oder Einfluß, an Willenskraft, Beharrlichkeit oder Intelligenz dem einzelnen oder der Gruppe verleiht. Die Weite der Definition nimmt in gleicher Weise Rücksicht auf die Fülle historischer und ethnologischer Erfahrung wie auf die strikte Beachtung des wertneutralen Charakters der Macht, die weder an sich gut, etwa im Sinne Nietzsches, noch böse, im Sinne J. Burckhardts, sondern ethisch amorph sei – wie alles Wirkliche schlechthin. Daß aber damit dem Staatsmann als dem Geschäftsträger einer auf Macht verpflichteten Institution gerade eine besondere Verantwortung aufgebürdet ist, der er sich nach dem Prinzip einer Liebes- oder Gesinnungsethik nicht entziehen kann, begründet die Nähe der Weberschen Auffassung von »Politik als Beruf«[8] zu dem unserer Zeit vertrauten Theorem existentieller Entscheidung.

Ist hier immer noch die Verbindung zwischen Staat und Politik festgehalten, weil einem Bewunderer Bismarcks, wie Max Weber es war, der Gedanke einer keiner begrenzenden Instanz mehr verantwortlichen Machtentscheidung unerträglich sein mußte, so löst sich für Carl Schmitt, den Vertreter der nächsten Generation, die nur den Spätwilhelminismus kennenlernen konnte und ihre Staats-

---

[7] Max Weber, Wirtschaft und Gesellschaft, hrsg. von Johannes Winckelmann, Tübingen ⁵1972, S. 28.
[8] Vgl. Max Weber, Politik als Beruf, in: Gesammelte politische Schriften, hrsg. von Johannes Winckelmann, Tübingen ³1971, S. 505-560.

anschauung in den zwanziger Jahren gewann, diese Verbindung auf: staatliches Handeln wird zu einer Unterart politischen Handelns, das nur dem Gegensatz des Freund-Feind-Verhältnisses gehorcht. Der Amoralismus der nackten Macht wurde in Freiheit gesetzt, die letzte Entscheidung ihrer tragischen Schwere beraubt und der Weg in die Diktatur beschritten. Staatsrechtlich gesehen kam hier der Positivismus des hohen und späten 19. Jahrhunderts, der das Recht, das zivile wie das öffentliche, um seiner Objektivität und Unabhängigkeit willen gegen politische und soziale Einflüsse sichern wollte, zu seiner Selbstaufhebung. Als Methode der Abwehr gegen die drohende Interessenverflechtung zwischen Staat und Gesellschaft ursprünglich fixiert, von den edelsten Motiven unparteiischer Gesetzgebung und Verwaltung getragen, wollte er von Anfang an auf eine prinzipielle Auseinandersetzung mit der gegebenen politischen Ordnung verzichten. »Und eben hierin liegt die zweite, die politische Stellungnahme dieser Lehre. Mit der Gründung der nationalen Einheit, mit dem Erfolg des fest gegründeten konstitutionellen Staates waren die Kämpfe der der Revolution von 1848 folgenden Generation zum Abschluß gekommen. Die Führer der positivistischen Schule im Staatsrecht nahmen dies Ergebnis nicht nur an, sie standen auf seiner Seite, und ihre juristische Begriffsbildung stand im Dienste der Verfestigung der gewonnenen Lösung.«[9] Die Macht des faktischen Bestandes gewann damit normative Bedeutung. Verlor sie mit dem Untergang der Monarchie ihren Rückhalt an göttlich-geschichtlicher Legitimität, so mußte sie – auf das Factum brutum ihrer Existenz zurückgeworfen – im Legalismus erstarren und verkümmern. Die juristische Schlüssigkeit des Staatsapparats aber reicht zu seiner Begründung nicht aus. Er wird sie anderswo suchen: im Naturrecht – dessen Tradition im deutschen Denken durch Romantik und Historismus gebrochen war – oder in der Proklamierung der Macht zum Staatszweck – die auf ein Programm des politischen l'art pour

[9] Ulrich Scheuner, Das Wesen des Staates und der Begriff des Politischen in der neueren Staatslehre, in: Konrad Hesse/Siegfried Reicke/Ulrich Scheuner (Hrsg.), Staatsverfassung und Kirchenordnung. Festgabe für Rudolf Smend, Tübingen 1962, S. 227.

l'art hinausläuft, an dessen Erfüllung seine sublimen Verkünder zuerst den Kopf und dann das Gesicht verloren.
Positivismus und Dezisionismus konnten im deutschen Staatsdenken des 19. und 20. Jahrhunderts eine besondere Virulenz entfalten, weil es im Gegensatz zu dem der Nationen des Westens die Verbindung mit den älteren Linien der gemeineuropäischen Staatsanschauung aufgegeben hatte. Ihr politischer Humanismus, dessen Wurzeln in die Frühaufklärung reichen, hatte die Epoche nationalstaatlicher Konsolidierung hinter sich. Eine nationalstaatliche Form für Deutschland[10] fand sich dagegen erst im Ausklang der Romantik unter den Vorzeichen der kommenden Industrialisierung. Um so instruktiver ist die Beobachtung, daß die Problematisierung der Macht in ihrem Verhältnis zum Staat keineswegs auf Deutschland beschränkt ist, wenn sie auch in Frankreich und den angelsächsischen Ländern zum Teil sehr andere Ausdrucksformen gefunden hat. Dort ist eben der menschheitsgläubige Zivilisationsoptimismus des 18. Jahrhunderts in eigener Geschichte, Rechtspraxis und politischen Einrichtungen lebendig geblieben und gewährt andere Möglichkeiten, den Dualismus von Staat und bürgerlicher Gesellschaft zu verarbeiten, als sie bei uns gegeben sind, denen der Respekt vor Bürokratie und Militär, Beamtenadel und Schwertadel erst seit 1919 historische Gegenstände wurden. Wenn Léon Duguit von einer Umwandlung des Staates in ein »ensemble des services publiques« spricht oder H. Laski den Staat als einen neben anderen Verbänden dem Pluralismus gesellschaftlicher Organisationen einfügt, sind das – zum deutschen Staatsdenken nur reziproke – Symptome des gleichen Phänomens der Machtemanzipation.
Sie ist der auf eine ebenso prägnante wie vieldeutige Formel gebrachte Ausdruck für die mit der wachsenden Vergesellschaftung des Staates spürbar werdende Intensivierung des Machtproblems in Praxis und Theorie. Die Handhabung demokratischer Verfassungen in hochindustrialisierten Gesellschaften gibt dem Spiel der Parteien – die selbst umstrittene Organe des Staates sind – und der

10 Vgl. Helmuth Plessner, Die verspätete Nation. Über die Verführbarkeit bürgerlichen Geistes, Stuttgart 1959. Ersch. in: Gesammelte Schriften, Bd. VI.

mit ihnen wiederum nur teilweise sich deckenden Interessengruppen in einer Weise Raum, von der sogar das späte 19. Jahrhundert keine Vorstellung haben konnte. Wer beeinflußt wen? ist heute in dem zunehmenden Verflechtungsprozeß von Bürokratie, Parlament, Wirtschaft und Publizität für den Durchschnittsbürger eine nicht mehr durchsichtige, geschweige denn beantwortbare Frage. Wie die juristisch definierbaren Eigentumsverhältnisse nicht mehr zureichen, um die faktische Verfügung über das Eigentum zu bestimmen, so läßt der Rechtstitel des Machthabers kaum noch etwas von seiner reellen Macht erkennen, ist »die Unterscheidung zwischen der rechtlich begründeten ›Macht‹, rechtsgültige Anordnungen zu geben (»p«-Macht), und der tatsächlichen Macht, den Gebrauch dieser rechtlichen Macht zu beeinflussen oder die von ihr gesetzten Normen zu durchkreuzen (π-Macht)« ebenso grundlegend[11] wie in concreto fließend geworden. Der Emanzipation des Eigentums vom Eigentümer und der Mediatisierung des Eigentümers durch den Manager bzw. Funktionär, die in einer kapitalistischen Wirtschaftsordnung weitgehend schon zu einer Vergesellschaftung des Eigentums de facto geführt haben, entspricht die Emanzipation der Macht vom Machthaber. Deshalb ist, übrigens schon geraume Zeit, die mißtrauische Suche nach den »eigentlichen« Drahtziehern »hinter« der Szene symptomatisch für den Vergesellschaftungsprozeß des Staates.

Die Anonymisierung der Macht, das heißt ihre Ablösung von einem zur Herrschaft legitimierten und begrenzten Kreis von Personen, wird im Zeitalter der wissenschaftlichen Zivilisation, die ihre Propheten schon im ausgehenden 18. Jahrhundert hatte, durch den raschen Zuwachs an technischem Machtpotential verstärkt. Denn die Atomphysiker und Raketentechniker stehen selbst unter dem Zwang der Sache, der sie sich nur um den Preis des radikalen Erkenntnisverzichts verweigern könnten. Ihre Schlüsselposition hat einen zu kleinen Freiheitsgrad, um die persönliche Macht zu effektuieren, die ihr der Möglichkeit nach zukommt. Da aber ganz allgemein der moderne Staat auf Gedeih und Verderb dem tech-

---

11 Vgl. Arnold Brecht, Politische Theorie. Die Grundlagen des politischen Denkens im 20. Jahrhundert, Tübingen 1961, Anm. 7, S. 417.

nisch-wissenschaftlichen Fortschritt ausgeliefert ist, liegt der Schluß auf eine grundsätzliche Mutation des Politischen, auf ein »Absterben des Staates« im Sinne der Herrschaft über Menschen[12] nahe. An so etwas hatten schon die Technokraten älteren Datums gedacht. Aber die Frage K. Mannheims: Wer plant die Planenden? hat demgegenüber nichts von ihrer Dringlichkeit verloren. Im Gegenteil: »Fast könnte man eher besorgen, daß einmal aus den ungeheuer gesteigerten technischen Wirkungsmitteln, der geistigen und sozialen Formbarkeit des modernen Menschen – vielleicht selbst sogar seiner biologischen Umformung – ein erschreckendes Übermaß politischer Beherrschung hervorgehen könnte.«[13] Niemand wird bestreiten wollen, daß der Staat von heute apparathafte Züge annimmt und die Organisationsformen der Wirtschaft, der betriebsförmig gewordenen Wissenschaft und Technik eine Angleichung der staatlichen Verwaltung an diese Weisen und Typen von Betrieb erzwingen. Die Durchrationalisierung wächst, aber mit ihr wächst die Dimension offener Entscheidung und intensiviert sich der Appell an sie. Gerade deshalb droht der parlamentarischen Demokratie in den funktionsteiligen Großgesellschaften der ständige Umschlag in den totalen Staat, der die im System des offenen Pluralismus anonym gewordene Macht an die Kommandogewalt einer hierarchischen Befehlspyramide und damit an einen legitimen Kreis von Personen binden will.

Seit einem halben Jahrhundert erlebt die in Staaten zerklüftete Welt eine Epoche von Blut und Gewalt, die, wollte man sie als Rückfall in die Barbarei bezeichnen, gewissermaßen noch eine vorgeschichtliche oder frühgeschichtliche Unschuldsmiene aufgesetzt bekäme. Die Greuel der Massenvernichtung und der Hexensabbat der Konzentrationslager können kaum als Regression begriffen werden. Weit mehr sind sie als Manifestationen einer durch den fortschreitenden Rationalisierungsprozeß freigesetzten und gesteigerten Triebentfaltung zu verstehen. Dieser dialektische Konflikt zwischen einer sich anbahnenden Weltzivilisation auf der Basis von Industrie und exakter Wissenschaft und der Konsolidie-

---

12 Ulrich Scheuner, Das Wesen des Staates, S. 251.
13 Ibid., S. 251.

rung immer neuer Machtkörper staatlichen oder wirtschaftlichen Charakters reflektiert sich natürlich in einer Literatur, die um das Thema der Macht kreist, ihre Dämonie, ihr Verhältnis zur Ethik, ihre Möglichkeiten von Legitimierung, ihre Unabdingbarkeit für jede Art von staatlicher Friedensordnung, ihre Wurzeln im Wesen des Menschen.

Trotzdem sollte es dem historisch geschärften Blick nicht selbstverständlich erscheinen, daß dieser Literatur, und nicht erst seit 1914, die Kategorie der Macht allzu selbstverständlich geworden ist. Die Idee der Staatsräson z. B., Titel eines bedeutenden Buches von Meinecke,[14] die erheblich älter ist, könnte den Fragenkreis ebensogut decken, wenn nicht – und das ist offenbar für die Verdichtung zum Problem der Macht entscheidend – Staat und Staatsidee selber im Laufe des 19. Jahrhunderts ihre Selbstverständlichkeit verloren hätten. Wenn etwa ein Historiker vom Rang Gerhard Ritters in Machiavelli den Entdecker der Dämonie der Macht sieht, weil er das Handeln des Fürsten nicht mehr nach Gut und Böse beurteilt, sondern wie ein pures Geschehen unter dem vorausgesetzten Zweck des Machtgewinns und der Machterhaltung, so hat er implizit recht. Doch wird der Historiker nicht übersehen dürfen, daß der Text selbst diese Entdeckung als solche nicht ausweist. Explizit ist das Problem der Macht bei Machiavelli nicht gestellt, denn sie ist noch in der von vornherein als Faktum hingenommenen Position des Herrschers enthalten, deren generelle Gesetzlichkeit zwar den Autor des »Principe« beschäftigt, keineswegs aber im Sinne eines »Falles« von Macht. Sie hat sich noch nicht von der fürstlichen Position und ihrem Geschäft gelöst und als eine disponible Größe sui generis zu erkennen gegeben. In hegelscher Sprache: für Machiavelli ist Macht noch nicht für sich geworden.

Das Für-Sich-Werden der Macht hat staatsrechtlich Volkssouveränität und Problematisierung staatlicher Ordnung überhaupt, soziologisch die industrielle Gesellschaft mit ständig wachsendem Machtpotential zur Voraussetzung. Mit der Anonymisierung der

---

14 Friedrich Meinecke, Die Idee der Staatsraison in der neueren Geschichte, München 1924.

Machtträger und der Entpersönlichung der Funktionen in der arbeitsteiligen Großgesellschaft steigert sich das Können des einzelnen und seiner Mittel nicht nur, es wird selber zu einer Institution, zu einer ungreifbaren Institution freilich, weil ihr die legitimen Rückhalte fehlen, wie sie etwa noch die römische Kirche besitzt. Aber ihre Ungreifbarkeit, ihr geisterndes An-Sich, das sich so ausnimmt, als wäre es ein Produkt der Entfremdung »des« Menschen von sich selbst, ist der Preis, den die westliche Welt für ihre Freiheit und Offenheit zahlen muß.

Editorische Notiz

Drucknachweise

»Grenzen der Gemeinschaft. Eine Kritik des sozialen Radikalismus« erschien erstmals 1924 im Verlag Friedrich Cohen in Bonn. Eine Neuauflage wurde 1972 vom Bouvier-Verlag in Bonn besorgt.

»Macht und menschliche Natur. Ein Versuch zur Anthropologie der geschichtlichen Weltansicht« erschien zuerst in: Fachschriften zur Politik und staatsbürgerlichen Erziehung, Nr. 3, Berlin 1931. Aufgenommen in: H. Plessner, Zwischen Philosophie und Gesellschaft. Ausgewählte Abhandlungen und Vorträge, Bern (Francke) 1953, S. 241-317. Sowie in Neuauflage: Frankfurt a. M. 1979 (Suhrkamp-Tb 544), S. 276-363.

»Das gegenwärtige Verhältnis zwischen Krieg und Frieden«, die sogenannte Groninger Inauguralrede, wurde am 28. 10. 1939 unter dem Titel »De huidige verhouding tusschen oorlog en vrede« in Groningen »uitgesproken bij de aanvaarding van het ambt van bijzonder hoogleeraar vanwege de stichting Sociologisch Instituut te Groningen«. Sie erschien zuerst auf niederländisch in der Reihe: Publicaties van het Sociologisch Instituut te Groningen, Groningen/Batavia 1939. Deutsch, in erweiterter Form, in: Schmollers Jahrbuch für Gesetzgebung, Verwaltung und Volkswirtschaft, 69. Jg., Heft 4, Berlin und München 1949, S. 385-400. Aufgenommen in: H. Plessner, Zwischen Philosophie und Gesellschaft. Ausgewählte Abhandlungen und Vorträge, Bern (Francke) 1953, S. 318-334. Sowie in Neuauflage: Frankfurt a. M. 1979 (Suhrkamp-Tb 544), S. 362-382.

»Die Emanzipation der Macht« erschien erstmals in: Von der Macht. Hannoversche Beiträge zur politischen Bildung, Bd. 2, hrsg. von der Niedersächsischen Landeszentrale für politische Bildung, Hannover 1962, S. 7-25. Wieder abgedruckt in: Merkur, 16. Jg. (1962), S. 907-924. Aufgenommen in: H. Plessner, Diesseits der

Utopie. Ausgewählte Beiträge zur Kultursoziologie, Düsseldorf und Köln (Diederichs) 1966, S. 190-209. Sowie in Neuauflage: Frankfurt a. M. 1974 (Suhrkamp-Tb 148), S. 190-209.

Zum Text

Bei der Drucklegung des vorliegenden Bandes wurden folgende Vorlagen benutzt: Der Text von »Grenzen der Gemeinschaft« folgt der ersten Auflage von 1924; bei den übrigen Aufsätzen folgten wir der jeweils letzten von H. Plessner selbst autorisierten Fassung: Bei »Macht und menschliche Natur« und bei der Groninger Inauguralrede der Vorlage in »Zwischen Philosophie und Gesellschaft«, bei »Die Emanzipation der Macht« dem Text in »Diesseits der Utopie«.

Einzelne Versehen in Zitaten sind stillschweigend berichtigt worden; die Zitatnachweise und Literaturangaben wurden ggf. vervollständigt; sofern von zitierten Autoren Gesamtausgaben vorliegen, wurden diese in den Zitatnachweisen und Literaturangaben berücksichtigt.

Anmerkungen der Herausgeber sind mit * gekennzeichnet.

Eine Übersicht über den Inhalt der Gesammelten Schriften erscheint in Band X.